Título original: Atlante dei *misteri*
Dirección editorial: Natalia Hernández
Traducción: Begoña Loza
Corrección: Patricia Hermosa + Equipo Susaeta
Maquetación: Miguel Ángel San Andrés + Equipo Susaeta
Diseño de cubierta: más!gráfica + Equipo Susaeta

Edición italiana
Proyecto, maquetación y redacción
Pier Paolo Puxeddu, Francesca Vitale studio associato

Texto
Irene Bellini y Danilo Grossi

Créditos fotográficos
Archivo Giunti, Florencia; Archivo Voyager;
Alinari; Bridgeman/Alinari; Lessing/Contrasto;
Gamma/Contrasto; Hachette/Contrasto
Corbis; Science Photo Library/Grazia Neri; Sime/Sie; Scala

Imágenes por cortesía de
Adriano Forgione, director de Hera
Roberto Malini, autor de Ufo, il Dizionario Enciclopedico, Giunti - Demetra
National Geographic Channel
NASA

Construcción tridimensional de la pirámide de Keops
Massimo My
Construcción tridimensional de las máquinas de Leonardo
Studioddm, Milano

El editor se declara disponible para regular cualquier problema con las imágenes cuya fuente ha sido imposible localizar.

Promotor de la iniciativa:
Roberto Giacobbo

Agradecimientos:
Contenuti s.r.l., Francesco Maimone, Federica Mura, Ing. Paolo Gigante

C/ Campezo, 13 - 28022 Madrid
Tel.: 91 3009100 - Fax: 91 3009118
www.susaeta.com

ATLAS ILUSTRADO DE LOS

MISTERIOS

Irene Bellini y Danilo Grossi

susaeta

Índice

Si hubiese tenido en mis manos un libro como este cuando empecé mi carrera, todo habría sido más fácil. ¡Cuántas noches en vela, cuántos días de fiesta hablando con expertos y leyendo textos históricos, cuántas llamadas de teléfono a todos los rincones del mundo cuando aún no existía internet! El viaje hacia el misterio es una pasión que he sentido desde pequeño y nunca soñé que terminaría siendo mi profesión. Pero así ha sucedido. El destino me ha hecho un gran regalo y, como dicen los sabios, con el destino no debemos ser avaros; así que, he decidido compartir lo que más me ha interesado a lo largo de estos años con quienes deseéis mantener vuestra mente despierta, con quienes estéis interesados en conocer el pasado para comprender mejor el presente. El Atlas ilustrado de los misterios, *os permitirá viajar, aunque solo sea con la imaginación, por todo el mundo y todas las épocas; una guía para quienes queráis iniciar un camino de conocimiento sin fin.*
Bienvenidos a bordo, espero que estéis cómodos, el viaje va a comenzar.

ROBERTO GIACOBBO

Rey Arturo y Merlín
Lago Ness
Círculos de los sembrados
Tunguska
Stonehenge
Rasputín
Leonardo da Vinci
Drácula
Castel del Monte
Rennes le Château
Pila de Bagdag
Dogón
Rollos de Qumrán
Esfinge
Hatshepsut
Atlántida
Pirámide de Keops

Roswell
Isla de Oak
Castillo de Coral
Cañón del Chaco
Triángulo de las Bermudas
Teotihuacan
Continente Mu
Palenque
El Dorado
Piedras de Ica
Machu Picchu
Nazca
Isla de Pascua

LUGARES MISTERIOSOS

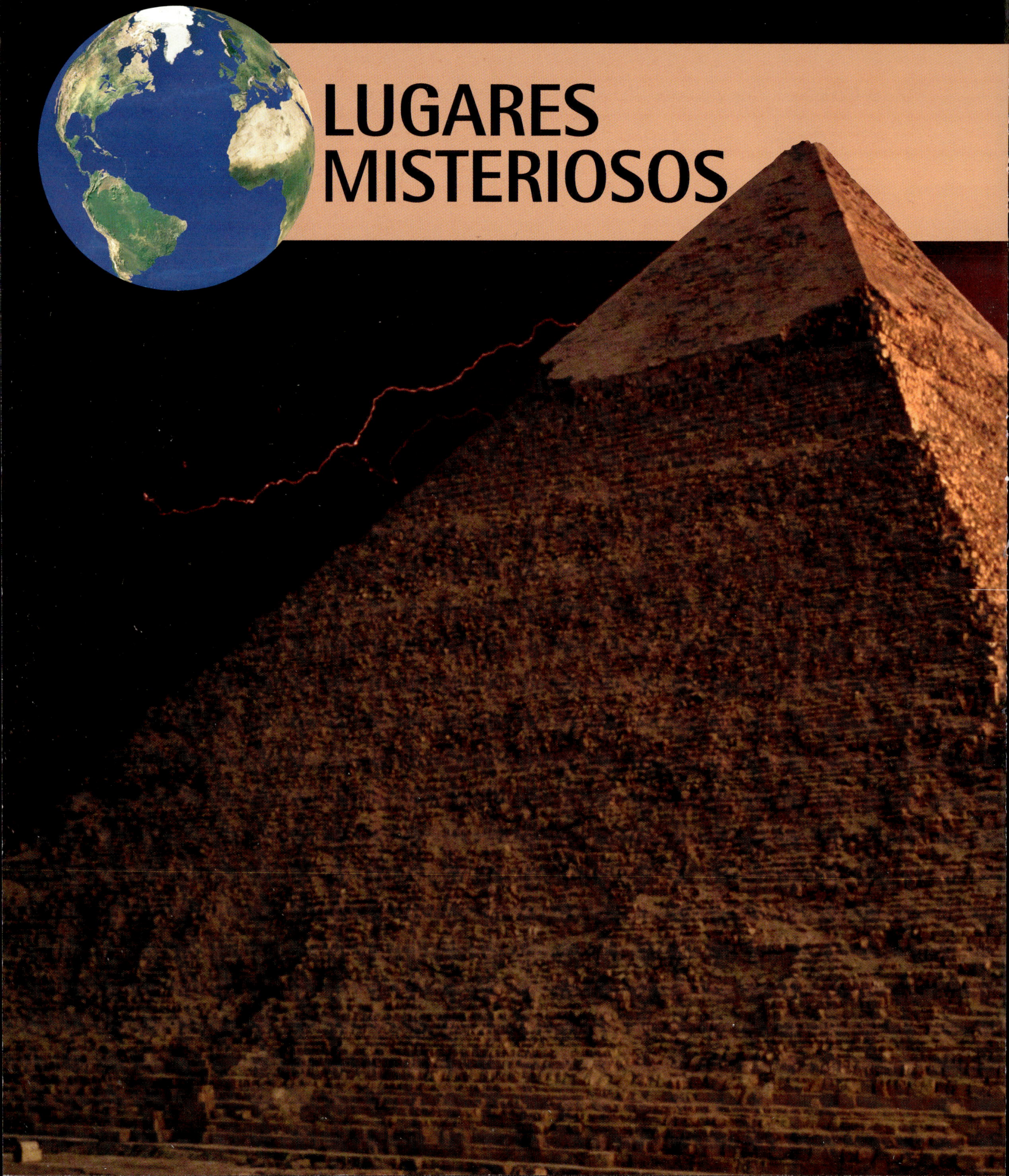

Por lo general creemos que, gracias a las nuevas tecnologías y los satélites, conocemos cada centímetro de nuestro planeta. Sin embargo, existen lugares que parecen esconder misterios que merece la pena descubrir.

Atlántida y Mu, ¿solo una fantasía?

Antiguos testimonios
Platón representado en un busto de la época romana.
Abajo, detalle del *Códice Boturini*, que narra el legendario viaje de los aztecas desde Aztlán hasta las costas de México. Dibujo anónimo azteca del siglo XVI que se conserva en el Museo Nacional de Antropología de México D. F.

En la mitología de antiguas poblaciones de todo el planeta aparecen de forma recurrente leyendas sobre la existencia de civilizaciones milenarias desaparecidas tras un cataclismo. El primero que habló de Atlántida fue Platón; en el *Timeo,* relató los viajes de Solón a Egipto, donde los sacerdotes le hablaron de una guerra, sucedida miles de años atrás, entre los antepasados de los atenienses y los habitantes de Atlántida.

Atlántida, 9500 a. C.

En el centro del océano Atlántico existió una gran isla, una especie de monarquía confederada cuyos diez soberanos gobernaban muchos países. Sus dominios se extendían por varias regiones de África, Egipto, Europa y América del Sur. La capital de Atlántida era una ciudad grande y espléndida, un gran puerto de mar cuyo sistema de defensa consistía en varios círculos concéntricos con accesos alineados unos respecto a otros y grandes canales circulares con altos muros de acero.

Era inexpugnable para los hombres, pero no para las fuerzas de la naturaleza: un gran cataclismo la hundió en las profundidades del océano. La caída de Atlántida provocó un retroceso cultural de las provincias confederadas, de cuyas ruinas nacieron las civilizaciones actuales.

Esto fue lo que relató Platón. Pero, en el siglo XVI, de nuevo se empezó a hablar de Atlántida como posible origen de la civilización que Colón acababa de descubrir en América del Sur. Las leyendas de esta nueva civilización narraban un gran cataclismo que tuvo lugar, más o menos, en la época en la que el filósofo griego situaba sus relatos.

Leyendas paralelas

Una antigua leyenda mexicana cuenta que los habitantes de la isla de Aztlán, situada en el Atlántico, tuvieron que huir porque la isla se hundía. Los supervivientes, que tomaron su nombre de la isla, se hacían llamar *aztecas*, es decir, habitantes de Aztlán.

En 1870, un apasionado de la arqueología, el coronel inglés James Churchward, descubrió en un templo de la India tablillas escritas en una lengua muy antigua. El sumo sacerdote reveló a Churchward que se trataba de unas tablillas sagradas, pues

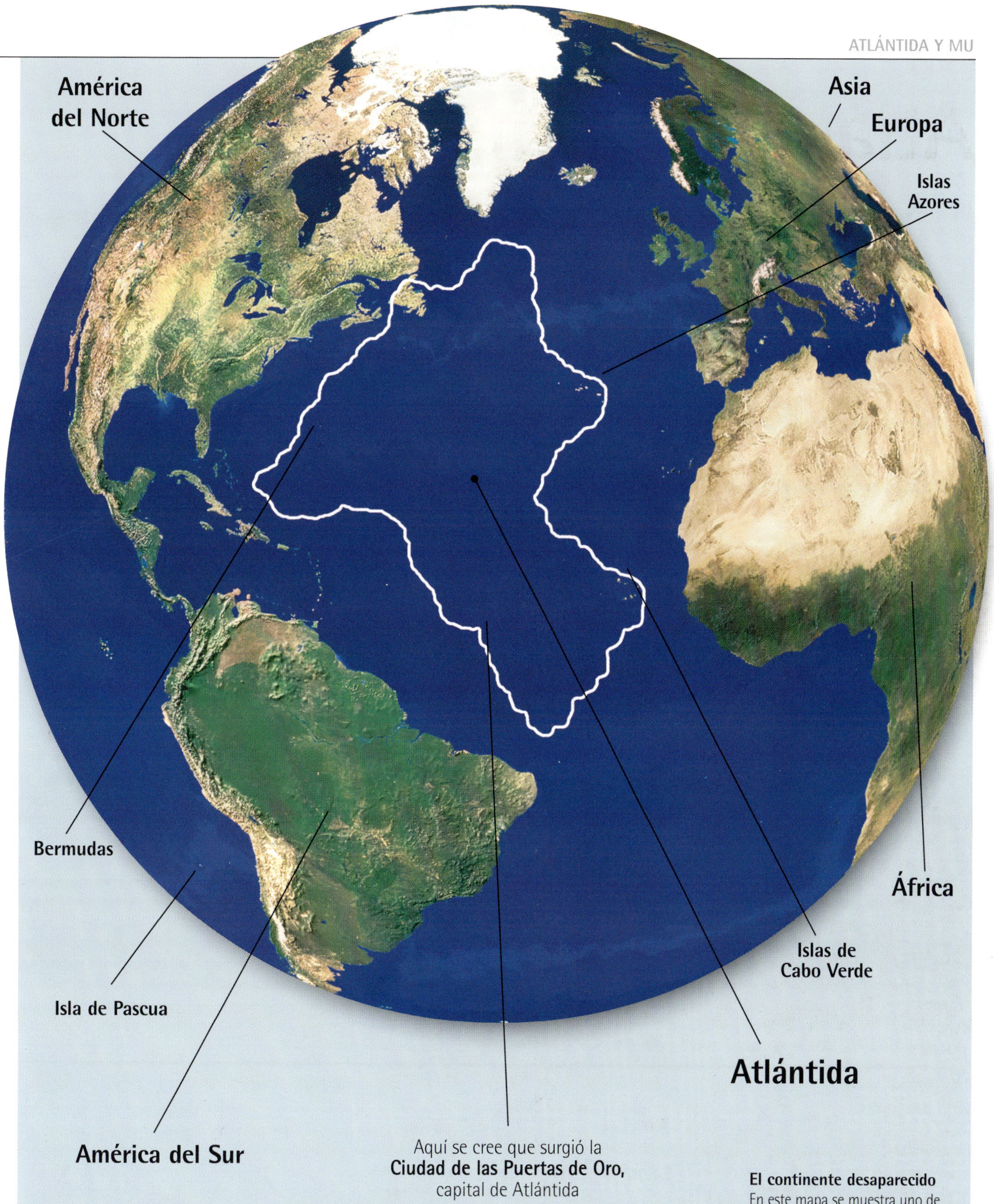

El continente desaparecido
En este mapa se muestra uno de los lugares en los cuales se habría ubicado Atlántida, en el centro del océano Atlántico.

El diagrama cosmogónico de Mu
Según Churchward, de este derivarían todos los símbolos de las cosmogonías posteriores a la civilización de Mu. Los novicios debían aprender el significado con las tablillas, algo parecido a lo que sucede hoy en día con los niños que estudian textos religiosos.

estaban escritas por los Siete Hermanos, llamados «Naacal», que habían llegado desde el continente Mu a llevar la ciencia, la religión y las sagradas escrituras. Según estas tablillas, el ser humano apareció en el continente Mu, actualmente hundido en las profundidades del océano Pacífico tras un cataclismo. Es imposible no advertir las analogías entre los Naacal y el dios egipcio Tot. Y también son numerosos los puntos de conexión entre las civilizaciones de América del Sur y del Antiguo Egipto: las pirámides, particulares técnicas de construcción de muros, la técnica de embalsamado, la división del año en 365 días. ¿Se trata de dos civilizaciones distintas o de un único pueblo?

Según algunas teorías, Mu era un gran continente situado en el océano Pacífico, poblado por diversas razas. El poder estaba en manos de los blancos, quienes adoraban a un único dios conocido con el nombre ficticio de Sol Ra. Los habitantes de Mu colonizaron gran parte de América del Sur y llegaron hasta Asia central y el este de Europa. Más tarde, aproximadamente hacia el año 11000 a. C., y tras unas inmensas erupciones volcánicas, Mu se hundió provocando un maremoto de tal calibre que convulsionó el planeta entero. Poco después, sucedió lo mismo con Atlántida.

Teorías sobre la leyenda

Las últimas teorías sobre la existencia de Atlántida y Mu se caracterizan porque presentan dos civilizaciones distintas e independientes. Sobre Mu, no sabemos mucho más de lo que conjeturó Churchward, mientras que sobre Atlántida existen numerosas hipótesis.

Según una teoría, los hechos relatados por Platón no hacen referencia a nueve mil años antes, sino a novecientos, es decir, a 1450 a. C., cuando la explosión del volcán de la isla de Santorini, entonces llamada Thera, provocó su hundimiento parcial y generó un maremoto que golpeó la isla de

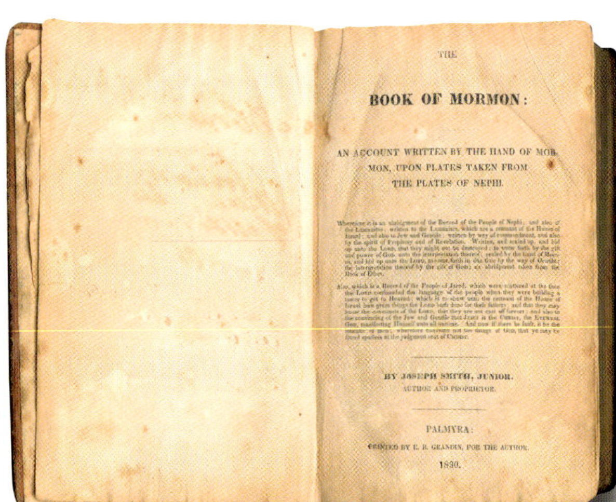

El «Libro de Mormon»

Publicado en 1830, el *Libro de Mormon* representa realmente una segunda Biblia para la secta de los mormones. Narra el encuentro que tuvo lugar en 1815 entre Joseph Smith, un campesino adolescente de Ontario, y el ángel llamado Moroni, que le mostró el escondite de unas tablas antiguas escritas en una lengua desconocida. Smith, gracias a la inspiración del ángel Moroni, tradujo completamente las inscripciones de las tablas, en las que se relata un cataclismo que afectó a toda la Tierra y provocó la destrucción y el hundimiento de muchas ciudades y pueblos enteros. Algunos supervivientes encontraron refugio en lo que llamaron «el país de la Abundancia». Según Smith, unidos en esta nueva tierra, fundaron ciudades y templos, entre los que estarían Machu Picchu y Palenque. Si bien es cierto que en el texto no se mencionan nunca Atlántida y Mu, las analogías entre las historias son más que evidentes. Hoy en día, la Iglesia de los Mormones cuenta en todo el mundo con más de doce millones de fieles que residen, sobre todo, en Estados Unidos.

Creta y destruyó la civilización; las huellas son visibles aún en el territorio. La teoría presenta muchas lagunas, como la de no explicar cómo los pueblos de América del Sur podían conocer hechos que tuvieron lugar en el mar Mediterráneo.

Otro estudio sitúa Atlántida en el actual altiplano subacuático sobre el que se encuentran las islas Azores. Este lugar corresponde con la descripción de Platón de una isla con una cadena montañosa y una vasta planicie. Investigaciones realizadas en los fondos marinos han sacado a la luz lo que parecen ser restos de antiguas obras realizadas por hombres. La teoría se basa en estudios geológicos realizados en la base de la cadena montañosa sumergida en el norte del Atlántico, compuesta sobre todo de basalto. Este tipo de roca tendió a hundirse en zonas próximas a los océanos, mientras que los continentes más antiguos, compuestos en su mayoría de granito, tuvieron bases mucho más sólidas.

Un mito entre los hielos perpetuos

En cambio, una teoría reciente plantea que los restos de Atlántida están en la Antártida, continente que en su día se ubicaría más al norte y, al menos en parte, no estaría helado. A lo largo de los siglos, la fuerza centrífuga generada por la rotación terrestre, unida al peso de toneladas de hielo cercanas a uno de los polos, podría haber provocado un deslizamiento de la corteza terrestre.

Para corroborar esta teoría, que en su momento Einstein consideró «del todo improbable», existirían pruebas: el movi-

La capital de Atlántida
Estas reconstrucciones imaginarias de la capital de Atlántida se basan en los textos de Platón. La ciudad se llamaba Cerne y también era conocida como «la Ciudad de las Puertas de Oro». Tenía forma circular y estaba formada por anillos concéntricos separados por canales.

Los restos de un continente
Según una teoría, algunos archipiélagos del Pacífico serían lo que queda del gran continente Mu, hundido en el abismo del océano (en la página siguiente aparece una reconstrucción ideal de su posible localización). Entre estos «restos» se encuentra la Isla de Pascua, cuyos gigantescos rostros de piedra serían la representación de los antiguos habitantes de Mu.

miento de la corteza terrestre más reciente parece que sucedió entre 15000-10000 a. C., periodo en que una gran parte del continente norteamericano estaba cubierta de hielo. Al terminar la glaciación, toneladas de hielo se derritieron y provocaron la subida del nivel de los mares y el asentamiento de la corteza terrestre, una vez liberada de tal cantidad de peso. Tras los movimientos, la Antártida podría haberse «desplazado» tanto que sería posible que los hielos la cubriesen por completo. ¡Quiere esto decir que las ruinas de una antigua civilización se encuentran bajo los hielos del Polo Sur! Imágenes vía satélite muestran extrañas formaciones circulares en la Antártida occidental. Se trata, probablemente, de cráteres volcánicos, si bien algunos análisis han indicado la presencia de una fuerte concentración de hierro, dato de interés ya que Platón hizo referencia a que los muros de la ciudad eran de metal.

Algunas hipótesis sobre Mu

El primero que planteó la existencia de un antiguo continente situado entre Madagascar, Sri Lanka y Sumatra, fue P. L. Sclater hacia 1850. Tal idea se la sugirió la afinidad zoológica existente entre distintas especies que viven en territorios separados por miles de kilómetros de océano. Según Sclater, evidentemente, en su día debió de existir una tierra que habría hecho posible la difusión de las especies animales en una superficie tan vasta. Sclater, que basaba su teoría sobre todo en los lémures (ver foto de la izquierda), llamó a este continente Lemuria. El naturalista Wallace, en cambio, ubicaba Lemuria entre Australia, Nueva Guinea y las Islas Salomón y Fiyi. Por aquel entonces eran muchos los estudiosos que coincidían en la existencia de un continente sumergido en el Pacífico; pero no sabían dónde ubicarlo. En la disputa, que duró años, entraron en juego otras teorías. Según la Teosofía, el continente de Lemuria habría sido la morada de la Tercera Raza Madre y la cuna de la humanidad. Los estudios sobre los fondos marinos efectuados con tecnologías modernas no han dado ninguna respuesta definitiva a este asunto.

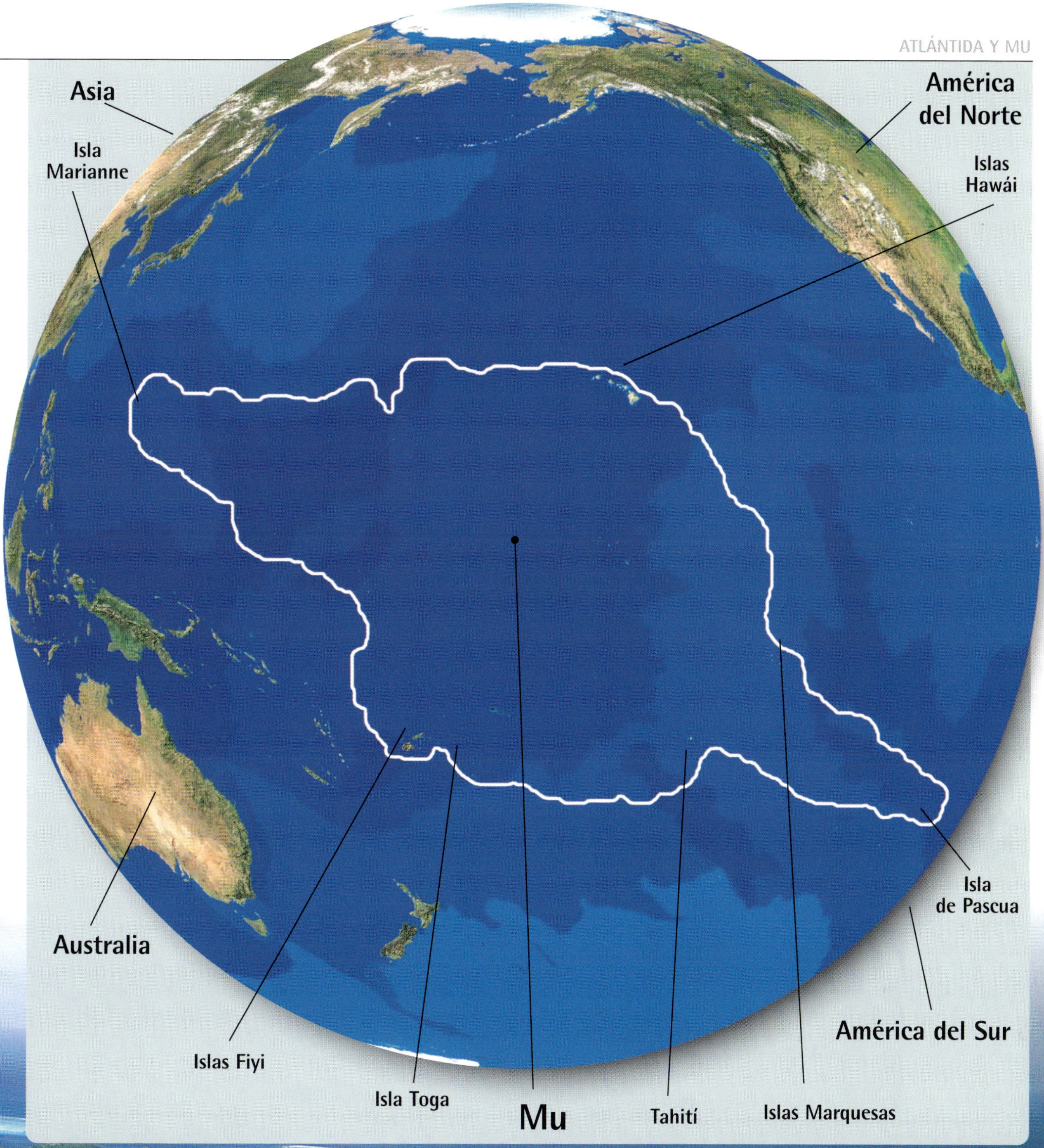
Asia
Isla Marianne
América del Norte
Islas Hawái
Australia
Isla de Pascua
América del Sur
Islas Fiyi
Isla Toga
Mu
Tahití
Islas Marquesas

¿Atlántida en un lago?

Otra interesante teoría es aquella según la cual, en la disputa entre geólogos detractores e investigadores partidarios de la hipótesis de Atlántida, tendrían razón ambos bandos. Es decir, estarían en lo cierto tanto los geólogos, al asegurar que no existen continentes sumergidos en las profundidades del océano Atlántico, como Platón, al afirmar que Atlántida se encontraba más allá de las Columnas de Hércules. Según esta teoría, Atlántida, en realidad, se encontraría en América del Sur y, obviamente, no estaría hundido el continente entero, sino solo Cerne, la capital, que se encontraba en una isla volcánica situada en el centro del antiguo lago Popoo, en el altiplano central de Bolivia. Datos obtenidos vía satélite mostrarían una constitución rectangular, perfectamente nivelada, rodeada por un paisaje similar al descrito por Platón, tanto que se podrían incluso identificar los lechos de los canales y los muros circulares de defensa de la ciudad. Además en la zona se encontrarían minerales que, según lo referido por el filósofo griego, eran la riqueza de la enigmática civilización: oro, plata, cobre y el misterioso oricalco. En definitiva, las teorías sobre Atlántida son tantas que el continente ha sido ubicado un poco en todas partes, pero, a día de hoy, todavía no se ha encontrado ni una sola prueba fehaciente de que haya existido realmente.

Secretos ocultos en el mar
Arriba, la famosa Bimini Road, una especie de escalera subacuática cercana a lo que parecen ser los restos de una antigua calle de unos 100 m de largo. ¿Se trata de una broma de la naturaleza o de una obra artificial? ¿Podría tratarse de los restos de una de las ciudades de Atlántida?

Un viaje fantástico
El mito de Atlántida también influyó en la fantasía ferviente de Julio Verne, que en *Veinte mil leguas de viaje submarino* llevó al Nautilus a descubrir la fantástica ciudad sumergida. Una pasión, la del continente sumergido, que ha llevado a grandes estudiosos a conjeturar su ubicación también cerca de Gran Bretaña y de Cerdeña.

La ira de los dioses, la fuerza de la naturaleza

Según las leyendas, hubo un tiempo en que las civilizaciones de Atlántida y Mu llegaron a ser tan potentes que hacían competencia a los dioses, quienes, como castigo, provocaron su destrucción. No existen pruebas de que Atlántida y Mu no sean más que un mito. En el pasado, siempre se ha negado su existencia, sobre todo por no poner en tela de juicio la fecha de la creación del mundo según el Génesis, que se calcula alrededor del año 3760 a. C.

Hoy en día, según científicos de prestigio, en el fondo del océano no existe huella alguna de un cataclismo de tal magnitud. Pero, aun si hubiese sido así, quedaría por explicar por qué en los mitos y leyendas de todas las civilizaciones se habla de supervivientes de un antiguo pueblo cuya tierra fue destruida por un cataclismo.

Lago Ness, el lago del monstruo

Primeros retratos
Esta famosa fotografía de Nessie –que resultó ser falsa– fue publicada en 1934 por un periódico de Inverness, Escocia, y se conserva en la Biblioteca Municipal de la ciudad.

Unos 39 km de largo, 2 de ancho y una profundidad media de 150 m, que en algunos puntos alcanza los 300. Es uno de los lagos más famosos del mundo, no tanto por la ancestral belleza de los paisajes que lo rodean, sino por el misterio que encierra. Es el lago Ness, en las Highlands escocesas. Los primeros avistamientos del monstruo, conocido cariñosamente como *Nessie,* se remontan al año 565 d. C., cuando, según la *Crónica de San Columbano,* un hombre murió tras ser atacado por una criatura monstruosa que había salido reptando del agua del lago. Pasaron siglos hasta que, a comienzos del siglo XX, se volvió a hablar del monstruo, esta vez con pruebas fotográficas. Hay quien asegura haberlo visto atravesar la carretera con una oveja en la boca y después lanzarse al lago; quien ha ofrecido una recompensa por su cabeza; quien ha encontrado en la orilla del lago huellas enormes parecidas a las de los hipopótamos. A todo esto hay que sumar cuatro mil avistamientos, fotos y vídeos caseros.

¿Un fotomontaje?
Bajo estas líneas, las ruinas del castillo de Urquart, que dominan el lago Ness, y detrás, gigantesco, el monstruo. ¿Realmente esconden estas tranquilas aguas una criatura misteriosa que ha sobrevivido durante siglos?

¿Realidad o leyenda?

Muchas pruebas han resultado falsas: las huellas, por ejemplo, fueron obra de un bromista que tenía patas de hipopótamo disecadas. Pero el misterio sigue sin resolverse. Muchas son las coincidencias entre distintos avistamientos contados por personas que no estaban en contacto. Por desgracia, la escasa calidad de todas las pruebas fotográficas o filmadas impide que se realice un análisis en condiciones. Las descripciones de testigos oculares lo describen como a un enorme reptil anfibio, con una pequeña cabeza al final de un largo cuello. Una criatura que recuerda a los plesiosauros del mesozoico, periodo comprendido entre 250 y 66 millones de años atrás, que se extinguieron hace millones de años.

La investigación científica

Desde los años sesenta, la tecnología ha permitido efectuar numerosas exploraciones con radar y sónar. En 1962 se fundó la *Loch Ness Investigation Bureau* (Oficina de Investigación Lago Ness), que pretendía rastrear el lago con los medios más modernos. La falta de fondos y el hecho de no haber conseguido ni una sola fotografía, obligaron a que la oficina cerrara en 1972.

Ese mismo año, mediante un sónar y otros equipos de búsqueda, se consiguió una fotografía de lo que parecía ser una aleta del presunto monstruo. En 1975 se rastreó de nuevo el lago y, entre las numerosas fotografías recogidas, solo en una se veía lo que parecía ser una criatura con un cuello largo y dos cuernos en la cabeza.

Los plesiosauros

Eran reptiles de cuerpo robusto, cuatro articulaciones en forma de remo, cola corta, cabeza larga y cuello pequeño. Vivían sobre todo en la superficie del agua. Aunque no eran hábiles nadando, podían alcanzar grandes profundidades. En realidad, por su aspecto resulta difícil creer que hayan sobrevivido durante millones de años, ante la competencia de criaturas aparentemente más hábiles. Pero los numerosos fósiles encontrados en distintas zonas del planeta confirman que estos reptiles vivieron por todo el mundo y durante mucho tiempo antes de extinguirse.

Un misterio aún sin resolver

Estos son solo algunos ejemplos. En algunos casos, los investigadores han detectado la presencia de enormes animales que nadan a gran velocidad en el fondo del lago. Los análisis han descartado que se trate de bancos de peces. Por lo tanto, Nessie no estaría solo, lo cual es lógico, porque de lo contrario sería una criatura inmortal. En definitiva, Nessie parece destinado a seguir alimentando nuestra fantasía durante mucho tiempo todavía.

Monstruos antiquísimos
Arriba, Nessie en una ilustración por ordenador realizada según la teoría que lo considera una criatura similar a los plesiosauros. Abajo, Leviatán tal como aparece representado en un manuscrito hebreo de finales del siglo XIII.

Otras criaturas terroríficas

En la Biblia se habla del Leviatán, criatura mitad serpiente mitad dragón, presente también en la mayor parte de las filosofías orientales. En Europa, los primeros relatos fueron de navegantes escandinavos, como Olaus Magnus, que, en 1555, habló de una criatura de 60 m de largo y 6 m de diámetro, un animal negro con una especie de melena y ojos brillantes. En el siglo XVIII se habló de una serpiente de mar gigantesca en las costas noruegas. En los últimos años se oye hablar cada vez más de calamares gigantes. Tuvo mucho eco el ataque de uno de estos «monstruos» a un petrolero de 15 t y 150 m de largo, que navegaba por la costa de Hawái. El calamar atacó el barco en tres ocasiones, y finalmente se abrazó al casco; pero, al no poder aferrarse al metal, la hélice terminó por hacerlo pedazos. Los pocos ejemplares capturados alcanzan los 16 m de largo, pero los restos encontrados en el estómago de las ballenas, sus depredadores naturales, indican que existen ejemplares de hasta 36 m, y por las cicatrices encontradas en la piel de estos enormes cetáceos se podría hablar de calamares de hasta 45 m de largo.

Machu Picchu, la ciudad perdida

Distintos continentes, técnicas similares
Arriba, junto al título, la «roca funeraria», un monolito tallado en la piedra similar a un altar con unos escalones. Algunas construcciones de Machu Picchu están realizadas con bloques ciclópeos, perfectamente encajados, con una estructura similar a la de los edificios egipcios, como es el caso del Templo de la Esfinge, que aparece sobre estas líneas.

Bienvenidos a la ciudad
La entrada principal de Machu Picchu se abre en los muros que la rodean con esta puerta, de la que cabe destacar su arquitrabe monolítico.

Para los conquistadores españoles, Machu Picchu no fue más que una leyenda transmitida por unos campesinos peruanos. De hecho, era conocida como «la ciudad perdida de los incas». Durante siglos, su existencia no pasó de ser una mera leyenda. Sin embargo en 1911, fue descubierta por el arqueólogo americano Hiram Bingham, quien, pensó que se trataba de la ciudad de Vilcabamba, aquella que los españoles habían buscado inútilmente durante tanto tiempo. Pero hoy sabemos que Vilcabamba se encuentra en otro lugar, más abajo, en el valle.

Entre cielo y tierra

Machu Picchu se alza a 2.700 m de altitud sobre el nivel del mar, en una región inaccesible. El paisaje que la rodea es de tal belleza que deja sin respiración, y resulta lógico pensar que solo los dioses hubiesen podido construir y habitar una ciudad semejante. A ella solo se puede acceder por un camino empinado sobre un valle que tiene un desnivel de 400 m. En algunos puntos el camino es tan peligroso que hasta las mulas lo recorren a duras penas. Desde luego, fuese quien fuese el que construyó una ciudad en un lugar tan alto y de tan difícil acceso, debía tener una buena razón para hacerlo.

¿Acaso custodiaba, como cuentan algunas leyendas, el tesoro de los incas? Machu Picchu, más que una ciudad, es un refugio. Teniendo en cuenta que no podía albergar a más de 750 personas, es posible que se tratase de una residencia reservada a los reyes y la aristocracia o, quizás, un lugar de culto para los sacerdotes.

Los edificios están construidos con enormes bloques de piedra de hasta 200 t. Y no solo hay bloques cuadrados o rectangulares: de hecho, existe un bloque que constituye él solo media fachada de un palacio y que cuenta hasta con 32 ángulos.

Un esfuerzo constructivo ímprobo

En el Templo de la Esfinge, en Egipto, se han encontrado bloques de piedra de similares características. Pero ¿por qué realizar tanto esfuerzo para llevar piedras de tales dimensiones a un lugar tan elevado? Además de las piedras, hubo que trasladar toneladas de tierra. Los análisis han demostrado que, inicialmente, el lugar sobre el que está construida la ciudad era pura roca, lo que significa que se transportaron más de 25.000 t de tierra a la cima de la montaña desde un lugar situado mucho más abajo para construir los cimientos de la ciudad.

Algunos misterios

Una de las construcciones más enigmáticas de Machu Picchu es la llamada Intihuatana, «donde se amarra el sol» (foto de la izquierda). Está constituida por una sola pieza de piedra esculpida con complejos motivos geométricos que forman curvas, ángulos, nichos y contrafuertes; en el centro sobresale un robusto diente vertical. Su finalidad todavía es un misterio. Algunos estudiosos sostienen que Machu Picchu, o al menos algunas de sus partes, son más antiguas que la fecha especificada por los arqueólogos, incluso miles de años: en concreto, gracias a estudios realizados sobre la rejilla utilizada para determinar la planta de la ciudad en relación con los puntos cardinales, se podría decir que el complejo fue proyectado hacia 3172 a. C.

El enigma de su fundación

Algunos estudios afirman que la ciudad fue construida en torno al año 1400 d. C., y que poco después fue abandonada, por motivos no muy claros, antes de la llegada de los españoles. Pero otras teorías sostienen que los incas tan solo construyeron algunos edificios sobre las ruinas de una ciudad más antigua. En ese caso, ¿quién pudo edificar una ciudad como esta antes de los incas? Su belleza es tal, que ha sido declarada por la Unesco Patrimonio de la Humanidad.

Un paisaje impresionante
Edificios y terrazas siguen la forma del paso rocoso recortado sobre el valle.

Stonehenge,
el antiguo anillo de piedras

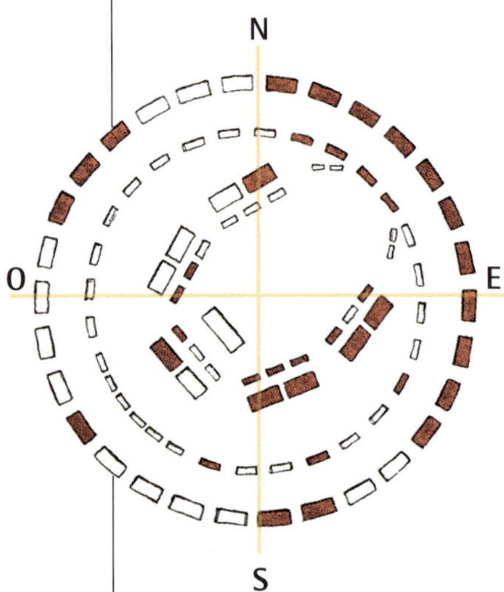

La planta
Los elementos señalados representan los megalitos del yacimiento arqueológico de Stonehenge que se mantienen en pie. Se pueden apreciar los dos círculos externos y la estructura interna en forma de U, realizada en una época posterior.

A día de hoy, se trata del yacimiento arqueológico más visitado de Gran Bretaña. Equipos de televisión y grupos de turistas pasean sin descanso durante todo el día, tratando de no perturbar el encanto de un lugar mágico. Sin embargo, sobre Stonehenge se sabe demasiado poco. No existe ningún tipo de inscripción. El gran círculo de megalitos –piedras enormes y pesadas– es el fruto de un largo trabajo que, a través de distintas reelaboraciones, duró más de mil años en un arco de tiempo que va desde el tercer al segundo milenio antes de Cristo.

Los estudios arqueológicos han determinado que en un primer momento el círculo de Stonehenge se compuso de 56 hoyos, conocidos como «de Aubrey» por su descubridor, dispuestos a igual distancia y que servirían para sujetar gruesos palos. Además del círculo de palos había un gran foso con un diámetro de cerca de 114 m, rodeado a su vez por un terraplén. Algo muy curioso si pensamos que un foso dentro de un terraplén no tiene carácter defensivo.

La estructura de madera original fue sustituida, siglos después, por grandes piedras. En un primer momento, se realizó un gran círculo formado por treinta arcos de piedra cuyos arquitrabes descansaban sobre los monolitos de tal manera que el círculo quedaba completamente cerrado. Más tarde, en el interior del círculo se erigieron otros cinco enormes arcos, esta vez sin unirse unos a otros, cuyos bloques de piedra oscilan entre las 20 y las 50 t de peso.

Características únicas

El anillo externo de Stonehenge, con sus piedras unidas hasta formar una sola estructura, es una construcción única. Ningún otro monumento megalítico tiene características similares. Los cinco arcos en el interior del círculo estaban dispuestos en

Avebury

En torno al año 3500 a. C., apareció a 26 km de Stonehenge otro imponente círculo de enormes piedras, el de Avebury (en la foto). Quien lo conoce asegura que «Avebury es a Stonehenge lo que una catedral es a una iglesia de pueblo». Hoy en día, entre sus piedras vive un pueblo entero, pero en su origen la circunferencia medía más de un kilómetro, frente a los trescientos metros de la de Stonehenge. Pero, si bien los arqueólogos se inclinan a pensar que en su interior tuvieron lugar ritos propiciatorios para la fertilidad, un ex consejero de la NASA, en cambio, declara que ha encontrado increíbles coincidencias entre este círculo de piedras y el de Cydonia, el sector del planeta Marte que alberga la famosa Esfinge Marciana.

forma de U. Si lo dividimos en dos partes simétricas, siguiendo el eje vertical de esta U, obtenemos una línea que, prolongada más allá del círculo, llega hasta una gran piedra vertical, llamada *Heelstone*.

Construir un monumento así no debió de ser tarea fácil, teniendo en cuenta el peso de cada bloque de piedra. Y es más, cada piedra fue transportada más de 30 km, puesto que la cantera de piedra *sarsen* de donde provienen se encuentra en las cercanías de Avebury. Pero para llegar a Stonehenge fue necesario más tiempo y más trabajo. Al círculo original se le añadió otro más, formado con piedras más pequeñas, pero de una variedad calcárea llamada *bluestone*, cuya cantera se encuentra a más de 200 km de la ubicación definitiva de las piedras.

Según la leyenda, fue el Mago Merlín quien, con su magia y la ayuda de los ángeles, transportó hasta este lugar el enorme complejo, un círculo de piedras que ya en la antigüedad había sido transladado por un pueblo de gigantes desde África hasta Irlanda.

Un transporte imposible

En aquella época todavía no existían los instrumentos metálicos, así que, para extraer de sus respectivas canteras tanto el *sarsen* como el *bluestone*, los antiguos constructores dispusieron únicamente de mazos de piedra o cuernos de ciervo. Después tuvieron que trasladar con gran dificultad los enormes bloques de piedra hasta el canal de Bristol, desde donde, primero por mar y luego remontando el río Avon, llegaron a Stonehenge. Hemos de decir que esta teoría todavía no ha sido probada. De hecho, el grupo de voluntarios Millennium Stone Project trató de realizar inútilmente el mismo recorrido valiéndose de los medios

Ruinas sugerentes
En esta imagen aparece Stonehenge en toda su grandiosidad. ¿Conoceremos algún día el mensaje que desde hace milenios encierran estas piedras? Abajo, una cabeza de piedra esculpida de época céltica.

La leyenda de Merlín
En un manuscrito conservado en la Biblioteca del Corpus Christi, en Cambridge, se narra cómo fue el mago Merlín, en el año 483 d. C., quien transportó un antiguo monumento llamado «La danza de los gigantes» hasta la planicie de Salisbury, donde actualmente se encuentra Stonehenge.

actuales, pero la gran piedra que transportaban se hundió en las aguas del canal. Richard Atkinson, uno de los máximos especialista de Stonehenge, ha afirmado que debieron de ser los «bárbaros gritones que se pintaban la cara de azul» quienes lo construyeron. Esta afirmación ha sido desmentida por el análisis con carbono-14 que se ha realizado a los cuernos de ciervo que quedaron durante milenios en el interior de los hoyos. Según los resultados de esta prueba, hoy sabemos que el círculo formado por los grandes bloques de piedra *sarsen* se remonta al año 2200 a. C. aproximadamente.

Las estrellas, el punto de referencia

¿Por qué los hombres de la antigüedad emplearon durante tanto tiempo tantas energías? ¿Para que servía Stonehenge? ¿Se desarrollaban dentro del círculo de piedras ritos ceremoniales de los druidas, los antiguos sacerdotes celtas? Una respuesta a estos interrogantes nos llega de la observación del cielo. Si prolongamos la línea recta imaginaria que divide en dos el círculo de Stonehenge y llega a Heelstone, la gran piedra situada en el exterior del círculo, llegamos al punto exacto del horizonte por el que sale el Sol en el solsticio de verano.

Stonehenge y Atlántida

Según un importante investigador italiano, Stonehenge y otros monumentos megalíticos son los restos de la legendaria Atlántida, cuyo pueblo, llegado desde el Atlántico, se habría trasladado a los continentes caminando sobre la nueva tierra emergida. Una reciente datación con carbono-14 prueba que las muestras provenientes de las tumbas megalíticas son mucho más antiguas de lo que se creía. La civilización megalítica, por lo tanto, podría no ser solo un «embrutecimiento» de desarrolladas culturas llegadas desde Oriente Próximo, como los sumerios, egipcios o griegos, sino más bien expresiones de un pueblo mucho más remoto, miles de años más antiguo. Por otra parte, se pueden encontrar también restos megalíticos en Malta, Cerdeña, Sicilia, Puglia y Córcega, lugares que, según los sacerdotes egipcios, habrían sido dominados por Atlántida.

A partir de este dato, se ha estudiado el círculo desde otra perspectiva, la astronomía. El astrónomo y científico sir Norman Lockyer ha dado una fecha para el complejo. Según él, los grandes megalitos se erigieron a partir del año 2800 a. C. Pero, poco después, fueron derribados para ser colocados de nuevo en su sitio, en torno al año 1500 a. C. Los avatares de este lugar misterioso no acabaron ahí y en los siglos siguientes muchas de las grandes piedras fueron nuevamente extraídas de su sitio. Todavía hoy no existe certeza de que las piedras tuvieran la misma ubicación que en la actualidad. En todo caso, en los años sesenta, otro astrónomo, Gerald Hawkins, retomó los estudios sobre la correspondencia entre las piedras y el cielo.

Un ordenador de piedra

Tras un largo trabajo, Hawkins demostró muchos alineamientos astronómicos, llegando a definir Stonehenge como «un ordenador de piedra». Según él, utilizando un mecanismo basado en la posición de los hoyos de Aubrey, el monumento podía haber sido utilizado para prever los movimientos de la Luna, las variaciones en la salida y la puesta del Sol y, también, los eclipses. En definitiva, los antiguos y misteriosos constructores de Stonehenge debían de tener conocimientos astronómicos muy avanzados, cuyo origen desconocemos.

Hoy en día, aunque los nuevos estudios han cuestionado la precisión de las referencias celestes de Stonehenge, el día 21 de junio de cada año se celebra el solsticio de verano en el momento en el que el Sol asciende justo frente al monumento más misterioso de Europa.

Antiguos ritos propiciatorios
Vista aérea de Stonehenge. Pese a los daños recibidos durante siglos y los diversos reposicionamientos de las piedras, todavía hoy se puede percibir la grandiosidad del monumento. Una atracción que no ha decaído a lo largo del tiempo y que se ha actualizado más aún con los ritos que se celebran actualmente en el día del solsticio de verano.

Isla de Oak,
el pozo del tesoro

«Money Pit», el pozo del dinero
En la imagen, el pozo alrededor del cual, durante doscientos años, se han sucedido decenas de grupos de buscadores. Se cree que la entrada descubierta por McGinnis no es esta, sino otra que hay en las cercanías. Abajo, la isla de Oak, una pequeña isla de cerca de medio kilómetro cuadrado, situada junto a la costa al este de Nueva Escocia (Canadá), en la bahía de Mahone.

La isla de Oak (literalmente, «la isla del roble») es una pequeña isla situada en la costa este de Canadá. Todo comenzó en 1795, cuando al joven Daniel McGinnis, que paseaba tranquilamente, le llamó poderosamente la atención una hondonada en el terreno que había junto a un viejo roble, en cuyas ramas asomaba una especie de polea, parecida a las usadas en los barcos.

Un descubrimiento muy particular

Al día siguiente, Daniel regresó acompañado de dos amigos que conocían las leyendas locales sobre piratas y tesoros escondidos y comenzaron a excavar. Pronto se dieron cuenta de que la hondonada escondía un pozo muy peculiar. A medida que avanzaban, encontraban cada tres metros una plataforma de tablas de madera de roble. Al llegar al tercer nivel tuvieron que abandonar la empresa porque era demasiado complicada para ellos.

Así nació la leyenda de la isla de Oak, y desde entonces el pozo es conocido como *Money Pit,* es decir, el «pozo del dinero».

A comienzos de 1800, la empresa privada Onslow Company, dando crédito a los rumores que hablaban de un tesoro escondido, retomó las excavaciones. En esta ocasión también encontraron niveles de carbón y de arcilla, pero, sobre todo, de fibras de coco, que tenían que proceder de tierras muy lejanas puesto que en Canadá no existen cocoteros.

Cuando llegaron a los 30 m de profundidad, la moral de los hombres se elevó por las nubes: se habían encontrado con una enorme lápida de piedra que tenía unas inscripciones indescifrables.

Era ya de noche cuando, sondeando con una pata de cerdo el terreno bajo la lápida de piedra, golpearon algo duro... ¿sería el cofre del tesoro?

Los obreros, exhaustos, decidieron continuar con el trabajo al día siguiente, pero les aguardaba una sorpresa: durante la noche, el agua del Atlántico inundó por completo el pozo. Los intentos por vaciarlo fueron en vano, el nivel del agua permanecía constante. Parecía como

Inscripciones indescifrables
Arriba, junto al título, una reconstrucción de la lápida de piedra con las misteriosas inscripciones que encontraron los hombres de la Onslow Company a principios de 1800.

Intentos de exploración fallidos
Arriba, la carretera de acceso a la isla, que en la actualidad permanece cerrada para evitar una excesiva afluencia turística. A la derecha, un esquema que representa todo lo que se conoce sobre el pozo tras dos siglos de excavaciones infructuosas.

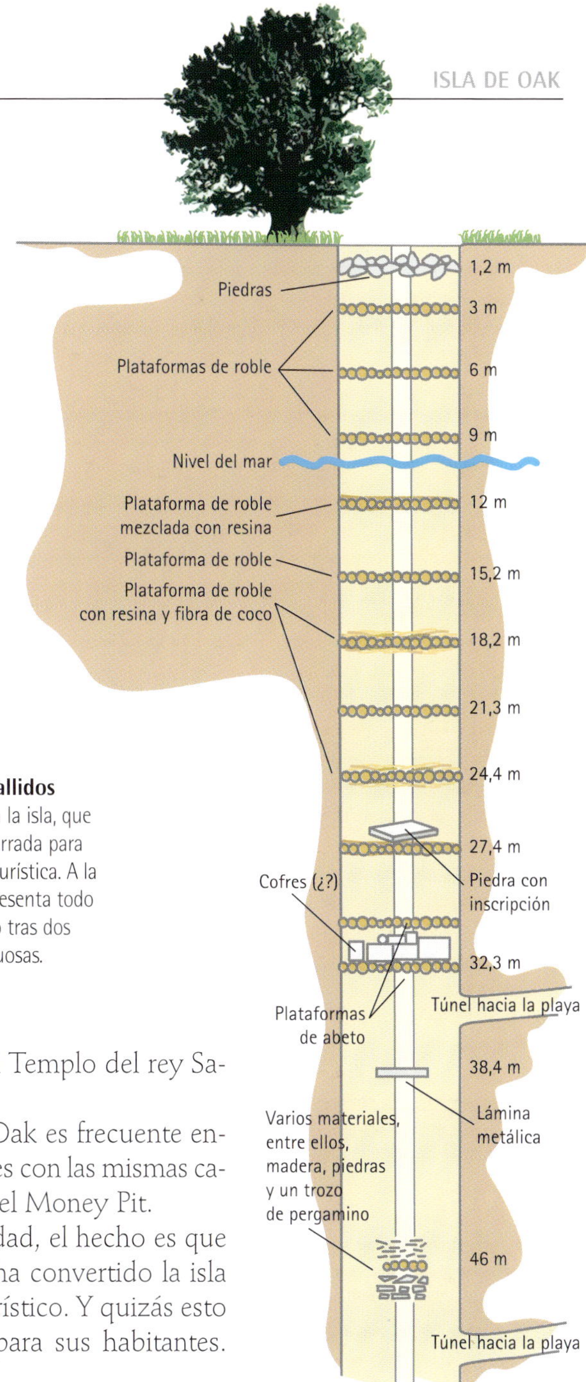

si para drenar el pozo hubiese que vaciar el océano. En los años siguientes se realizaron nuevos intentos, el último de los cuales, en 1966, tampoco tuvo éxito.

El cofre inalcanzable

Se han aventurado distintas hipótesis acerca del presunto tesoro que el pozo de la isla de Oak custodia celosamente.

Hay quien piensa que se trata del tesoro de la corona francesa, del tesoro de los templarios o, incluso, del Santo Grial.

Algunos estudiosos han evidenciado singulares analogías entre algunos datos de la aventura como, por ejemplo, los tres muchachos y las características del pozo y la masonería, en particular, con las alegorías que hablan del Templo del rey Salomón.

Pero en la isla de Oak es frecuente encontrar pozos naturales con las mismas características que las del Money Pit.

Sea cual sea la verdad, el hecho es que la leyenda del pozo ha convertido la isla de Oak en destino turístico. Y quizás esto sea el mejor tesoro para sus habitantes.

Tesoros hundidos

Son muchos los tesoros que yacen en el fondo del mar desde hace siglos. Hoy en día, con la ayuda de las nuevas tecnologías, es relativamente sencillo localizar restos de naves hundidas, aunque no lo es tanto recuperarlas. Un ejemplo es el caso de la *Flor de la mar*, que partió en 1512 de la península de Malasia con un tesoro a bordo estimado en nueve millones de dólares. Naufragó a causa de una tempestad junto a Sumatra. En el siglo pasado los restos fueron localizados a tan solo 36 m de profundidad, pero a 15 m bajo el fango. La expedición que trató de recuperar la carga, incluso ayudándose de sofisticadas herramientas, solo fue capaz de sacar a la superficie algunas estatuillas y unas pocas joyas.

Turín, ciudad mágica

Religión y misterio
Sobre estas líneas, la iglesia de la Gran Madre de Dios. Algunos han querido ver en la estatua de mujer que alza un cáliz al cielo que hay frente a la iglesia, la señal de que el Santo Grial se podría esconder aquí. Bajo estas líneas, el monumento de Piazza Statuto, que se encuentra en el paralelo 45°. Abajo a la derecha, la Mole Antoneliana.

Suspendida entre mito y realidad, Turín puede considerarse históricamente el centro del mundo de lo oculto. Se cuenta que en muchas de sus plazas han tenido lugar episodios de carácter esotérico y son muchos los que pueden relatar fenómenos inexplicables y hechos sobrenaturales acaecidos en diversos rincones de la ciudad. Pero para saber más acerca de la magia turinesa es necesario retroceder en el tiempo hasta el momento de su fundación.

Según algunas teorías, no fueron los romanos quienes fundaron la ciudad, sino Fetonte, es decir, el ignoto faraón egipcio Phaetón, hijo de la diosa Isis. Él fue quien erigió un templo al dios Apis, el dios toro, justo en el cruce entre dos ríos, el Dora y el Po. Estos dos ríos juegan un papel fundamental en el transcurso de la vida y la historia de la ciudad y, según los esotéricos, influyen en su suerte. ¿Será acaso este origen egipcio el que ha hecho que en la ciudad se reuniesen tantos restos del Antiguo Egipcio como para albergar el segundo Museo Egipto del mundo?

Turín sería el vértice de dos triángulos muy particulares: el primero, de magia blanca, la uniría con Praga y Lyon; el segundo, de magia negra, la uniría a Londres y San Francisco. Geometría y geografía se unen en una especie de tela de araña esotérica. La misma planta romana de la ciudad presenta las cuatro puertas de ingreso erigidas en dirección a los cuatro puntos cardinales, y todo ello está puesto en coincidencia con el paralelo 45°, que tiene como referencia el obelisco de la Piazza Statuto.

Los lugares del misterio

Piazza Statuto, lugar mágico por excelencia y centro «negro» de la ciudad, tiene una fama siniestra. Parece ser que se asienta sobre una necrópolis romana, ciudad de muertos, y por si esto fuera poco, ha sido el lugar donde durante cientos de años se llevaron a cabo las ejecuciones capitales. Por otro lado, Turín cuenta con diversos centros «blancos», fuertemente positivos. La Fuente del Tritón, situada en los Jardines Reales de la plaza del Castillo, y la catedral, donde se custodia la Sábana Santa son dos de estos centros.

Otro lugar cargado de una fuerte energía positiva es la iglesia de la Gran Madre, tan favorable para la ciudad que se dice que entre las estatuas situadas frente a su entrada está la clave para encontrar el Santo Grial. Este, lógicamente, se encontraría

en Turín y, junto con la Sábana Santa, crearía un eje positivo capaz de proteger la ciudad.

Pero el mundo esotérico no existe solo bajo las estrellas. El centro de la ciudad está plagado de galerías subterráneas, artificiales y naturales, con una intensa vida desde la Antigüedad, en las que se han realizado ritos mágicos y procedimientos secretos, tantos que han merecido llamarse *grutas alquímicas.*

Turín, arriba y abajo

Para conocer a fondo Turín hay que estudiarla en sus diversos niveles. Existen hasta doce entradas a las grutas más importantes de la ciudad, pero la mitad de ellas son falsas, para confundir a los no iniciados. En la superficie, algunos edificios altos e imponentes, como la Mole Antoneliana, la iglesia de la Gran Madre y los obeliscos, tienen la función de difundir la energía de misteriosas corrientes telúricas, como si de grandes antenas se tratase. Parece como si cada rincón vital de Turín tuviese un papel concreto en una compleja y complicada estrategia esotérica.

¿Será por todo esto, y por llegar a conocer su sentido más profundo, por lo que algunos famosos alquimistas como Paracelso o Fulcanelli, los legendarios Cagliostro y Nostradamus, el filósofo Nietzsche, el médico Cesare Lombroso, el inmortal Conde de Saint Germain y el gran médium Gustavo Rol escogieron la ciudad de Turín para vivir?

Magia blanca, magia negra
Arriba, una sugerente imagen en escorzo de la ciudad. Turín conserva un atractivo misterioso, quizás porque se encuentra, junto con Praga, Lyon, Londres y San Francisco, en el vértice de dos triángulos mágicos: uno blanco y otro negro. Abajo, la catedral, donde se custodia la Sábana Santa.

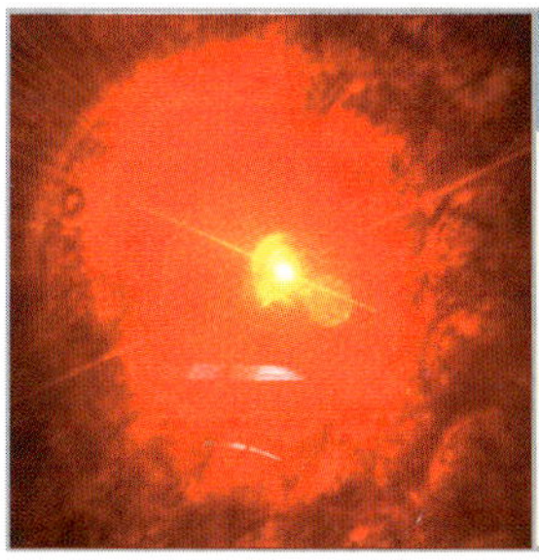

El láser y un enigma

En alguna ocasión puede ser estimulante unir tecnología y fantasía. Un arquitecto austriaco ha descubierto que, uniendo sobre un mapa de la ciudad cinco edificios de la época de los Saboya (la basílica Superga, los castillos de Rívoli y de Moncaliere, y las plazoletas de Stupinigi y Venaria) se forma una estrella, y ha propuesto que desde cada uno de ellos sea encendido un rayo láser; en el cruce de los rayos aparecería en el cielo una enorme estrella de cinco puntas, símbolo fuertemente esotérico.

Rennes le Château,
y los secretos del abad Saunière

François-Bérenger Saunière
Nacido el 11 de abril de 1852 en Montazels, pueblo cercano a Rennes le Château, se convirtió en el párroco de este último en junio de 1885, a la edad de 33 años, tras haber estudiado en el seminario mayor de Carcassonne. Arriba, el sacerdote frente a la iglesia restaurada.

No es fácil acceder a Rennes le Château, un extraño pueblecito, casi deshabitado, que por las noches se vacía para dejar paso al silencio, pero que, a pesar de su naturaleza solitaria, ha ingresado en las crónicas de la historia de tesoros escondidos, reliquias perdidas y dinero, mucho, mucho dinero. Todo comenzó con un humilde párroco que, poco más de un siglo atrás, quería restaurar la pequeña iglesia del pueblo y encontró algo inesperadamente. Corría el año 1885 y François-Bérenger Saunière, el párroco del que hablamos, acababa de llegar al pueblo, las arcas de la iglesia estaban vacías y no había dinero para remodelar la iglesia que, literalmente, se caía a pedazos. Saunière, con muchos esfuerzos y dinero de su bolsillo, consiguió realizar algunos arreglos en la iglesia. Así fue en un principio, hasta el momento en el que el humilde párroco comenzó a gastar dinero y cambió el aspecto del pueblo.

«¡Hoy he encontrado un tesoro!»

Rennes le Château es un lugar singular, un referente para los romanos, visigodos, templarios y cátaros; para el pintor Nicolas Poussin, para el hermano del emperador de Austria, y para otros personajes ilustres del siglo XX. Un buen día, Saunière escribió en su diario: «¡Hoy he encontrado un tesoro!». Según algunos, el párroco, al mover el altar de la iglesia, situado aún a la espalda a los fieles, pudo haber encontrado algo de gran valor. Al levantar una pesada lápida de piedra situada entre las columnas sustentantes, parece que encontró cuatro pergaminos antiguos, dos pertenecientes al medievo y otros dos, a su predecesor en la parroquia. Saunière llevó estos documentos al obispo, en la cercana Carcassonne, quien le concedió permiso para ir a París: este viaje cambió su vida por completo. El párroco no solo se dedicó a estudiar pergaminos antiguos en compañía de expertos, sino que comenzó a frecuentar los círculos esotéricos de París. También se dio a la buena vida y pasó muchas horas en el Museo del

Louvre, delante del cuadro *Pastores en Arcadia,* del famoso pintor del siglo XVII Nicolas Poussin. El cuadro, realizado en 1640, representa un paisaje en cuyo centro hay un sarcófago con una inscripción que dice *«Et in Arcadia Ego»*. ¿Qué hay en ese cuadro que tuvo embelesado durante tanto tiempo al abad Saunière, y que le impulsó a comprarse una copia? Por lo que parece, el artista, aunque nunca estuvo en Rennes le Château, lo pintó en el fondo del paisaje.

Un cambio sospechoso

Cuando Saunière regresó a Rennes le Château, no parecía tener más problemas de dinero. Concluyó una cara y extraña reestructuración de la iglesia y cambió su estilo de vida. Pasaba los días estudiando piedras que encontraba en sus largos y solitarios paseos por la zona. Se dice que en pocos años gastó el equivalente a 15 millones de euros. Se construyó una lujosa residencia con un jardín, un *belvedere* y la

Un pequeño pueblo con un gran misterio
Rennes le Château, en la foto, es un pueblecito con pocos vecinos perdido en la cima de una colina en las cercanías de Carcassonne, Francia. ¿Qué misterios guardan los pergaminos encontrados en la base de un pilar de la iglesia? Bajo estas líneas, uno de estos manuscritos, para los que hace falta una clave de descifrado muy precisa.

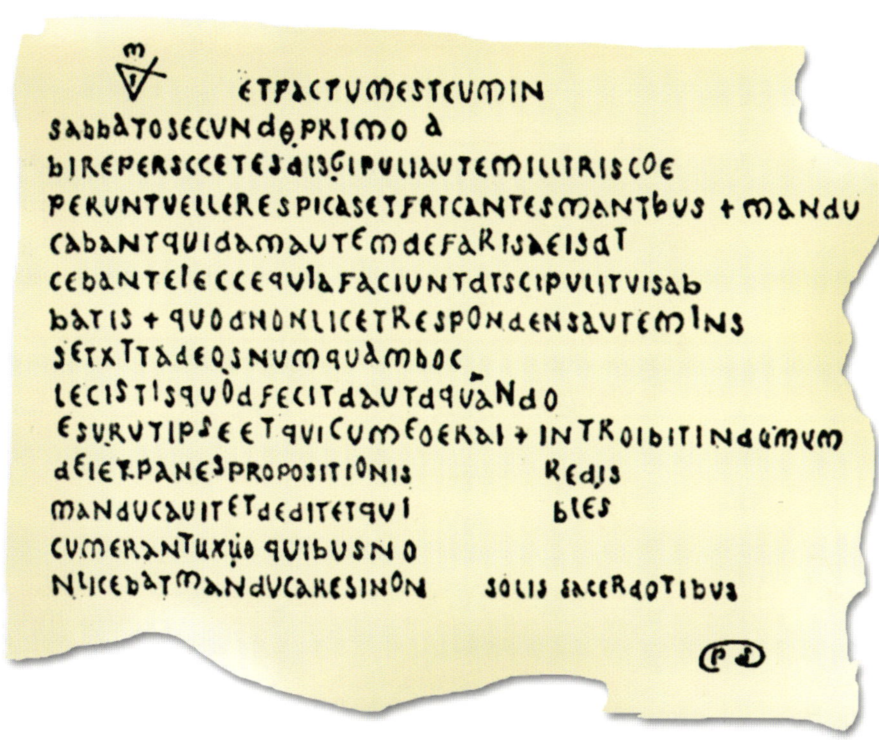

ETFACTUMESTEUMIN
SABBATOSECUNDOPRIMO A
BIREPERSCCETESDISCIPULIAUTEMILLIRISCOE
PERUNTUELLERESPICASETFRICANTESMANIBUS + MANDU
CABANTQUIDAMAUTEMDEFARISAEISDI
CEBANTEIECCEQUIAFACIUNTDISCIPULITUISAB
BATIS + QUODNONLICETRESPONDENSAUTEMINS
SEIXTTADEOSNUMQUAMHOC
LECISTISQUODFECITDAUIDQUANDO
ESURUTIPSEETQUICUMEOERAI + INTROIBITINDOMUM
DEIETPANESPROPOSITIONIS REDIS
MANDUCAUITETDEDITETQUI BLES
CUMERANTUXUO QUIBUSNO
NLICEBATMANDUCARESINON SOLIS SACERDOTIBUS

«Et in Arcadia Ego»
¿Por qué este cuadro de Nicolas Poussin era tan importante para Saunière? ¿Qué secretos encierra la famosa inscripción del sarcófago? Abajo, Saunière junto a algunos obreros durante la construcción del complejo de Rennes le Château.

misteriosa Torre de Magdala, utilizada como biblioteca. El dinero le dio también para comprar nuevos terrenos, hacer donativos y construir una carretera hasta Rennes le Château que sirvió, principalmente, para que llegase hasta allí la gente importante que comenzó a visitarle. La casa se destinó a acoger a los numerosos huéspedes que llegaban; tanto es así que, en la cama de la que debía de ser su habitación, Saunière no reposó más que una vez muerto. ¿Qué fue lo que cambió la vida y personalidad del párroco? No se sabe con certeza. Pero lo que sí se sabe es que a su mesa se sentaron personalidades de la talla de Emma Calvé, la cantante lírica más famosa de la época, el secretario de estado francés para la cultura, nobles, economistas, políticos, y hasta el archiduque Juan de Habsburgo, hermano del emperador Francisco José de Austria. Pero la historia no acaba ahí. En los años sucesivos, incluso tras la muerte del párroco, han llegado a este pequeño rincón perdido de los Pirineos muchos personajes conocidos, como el presidente francés François Mitterand, Marlene Dietrich, Grace Kelly, Josephine Baker y Richard Wagner, quien quizás se inspiró aquí para componer su ópera *Parsifal*, historia basada en la búsqueda del Grial.

El misterio de Saunière

En 1943, soldados nazis, bajo la guía de Otto Rahn, un dirigente nazi obsesionado con el esoterismo, excavaron en Rennes le Château con gran convicción. ¿Qué buscaban que tuviese tanto valor? ¿El tesoro encontrado por Bérenger Saunière? ¿Cuál era el verdadero secreto del sacerdote?

Para saber más acerca de este misterio es necesario estudiar la iglesia, en tiempos dedicada a María Magdalena, tal y como la restauró Saunière. En la puerta de entrada una inscripción en latín reza «este es un lugar terrible»; en el interior se encuentran jeroglíficos que hacen referencia a los misterios del Antiguo Egipto. Un demonio llamado Asmodeo, que en la mitología

La villa
Saunière y Marie Denarnaud en el jardín de la villa apenas concluida. Marie era el ama de llaves, y fue la única heredera de la fortuna del sacerdote. Abajo, una reproducción de la misteriosa lápida de la tumba de la marquesa de Blanchefort, que Saunière hizo destruir.

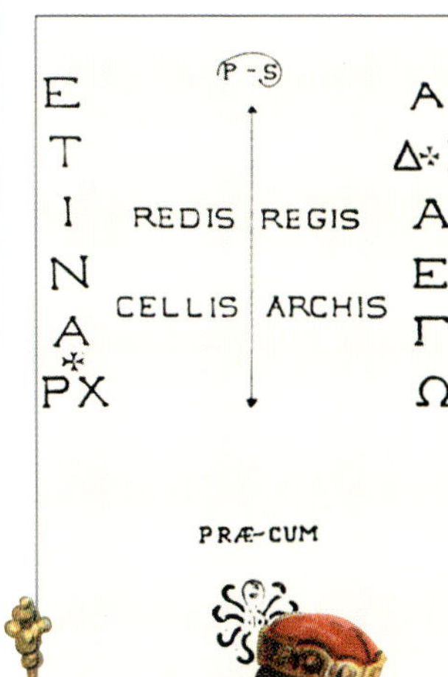

hebrea era el rey de los demonios y el guardián del tesoro de Salomón, sostiene la pila de agua bendita. En una vidriera sobre el altar aparece representada la Última Cena con una mujer con una copa en la mano y sentada a los pies de Jesús: una referencia a María Magdalena, quien no aparece en los Evangelios. Todos estos signos tienen un marcado carácter «esotérico», hecho verdaderamente extraño en una iglesia católica.

Pero eso no es todo. Un indicio importante para acercarse al secreto de Saunière se encuentra en el interior de la iglesia: son las estatuas de los santos, cuyas iniciales forman la palabra «GRIAL».

La inscripción del rey Dagoberto II

Saunière, además de la iglesia, reorganizó también el cementerio. Destruyó algunas tumbas, quizá para no dejar huella de sus descubrimientos. Entre todas ellas, una llamó poderosamente su atención, la de la marquesa Marie d'Hautpoul de Blanchefort, mujer de la nobleza que había muerto un siglo antes. La inscripción de la lápida, realizada por su predecesor, el padre Bigou, era tan misteriosa que Saunière la destruyó. El padre Bigou había sido el capellán de la noble familia de los Blanchefort, quienes contaban entre sus antepasados con un Gran Maestro Templario, Bernard de Blanchefort, cuarto maestro de la Orden, que tenía su castillo a tan solo dos kilómetros de Rennes le Château. Tiempo atrás, el propio Bigou había realizado las primeras excavaciones en la zona. ¿Qué aporta la inscripción? Copiada por alguien con anterioridad, puede que haga referencia a los pergaminos encontrados bajo el altar. Tras un concienzudo estudio se llega a la siguiente frase: «Al rey Dagoberto II y a Sion pertenece este tesoro y él está ahí muerto». La referencia al rey merovingio Dagoberto II (imagen de la derecha) nos conduce al tesoro del Templo de Jerusalén, del que era guardián el demonio reproducido en la pila bautismal de Saunière.

La Última Cena
En esta vidriera situada sobre el altar, aparece representada una mujer con una copa en la mano postrada a los pies de Jesús. Una referencia a María Magdalena, a quien, por el contrario, no se menciona en el relato evangélico. Arriba a la derecha, la entrada a la capilla. Abajo a la derecha, una vista del ábside con el cementerio en primer plano.

María Magdalena
Esta obra, realizada por Saunière mismo, representa a la Magdalena con los labios pintados de un extraño rosa fuerte.

Pero las rarezas del sacerdote no terminan aquí. Se construyó un estudio junto al cementerio, sobre una gran cisterna de agua. En cierta ocasión, cuando en las inmediaciones se declaró un gran incendio, el sacerdote, que siempre estaba dispuesto a ayudar a la gente, se negó a utilizar esta agua. Para entender el motivo hay que recordar que, según los expertos en magia, el agua es una protección importante contra los influjos negativos y Saunière, tan cercano a los ambientes esotéricos franceses, podía necesitar seguridad.

La Torre de Magdala

Es una torre singular elevada sobre el belvedere. Contiene una biblioteca y cierra idealmente el perímetro de la casa y el jardín, construidos por Saunière. Sí, construidos, pero ¿con qué dinero? Esto, todavía hoy, es un secreto. Él nunca dio explicaciones sobre su repentina solvencia económica, ni siquiera cuando, tras un juicio, fue suspendido *a divinis*.

Cuando murió, después de haber sido readmitido en la Iglesia, el padre Saunière no poseía nada. Todo estaba a nombre de su ama de llaves, Marie Denarnaud. Ella, que habitaba en la lujosa casa de Saunière, fue la protagonista de un extraño episodio. Cuando en Francia, con el final de la II Guerra Mundial, aparecieron los nuevos billetes de franco, quienes quisiesen cambiar las viejas monedas debían declarar el origen de ese dinero. Entonces, Marie Denarnaud, para no revelar el origen del dinero, quemó en el jardín gruesos fajos de billetes.

Sin embargo, como de todos es sabido, «el diablo hace las ollas pero no las tapaderas» y el secreto de Saunière y Denarnaud fue puesto en peligro por un maestro de obra y su diario. Dicho maestro trabajó durante mucho tiempo para el prelado, para el que construyó también la Torre de Magdala. En su diario escribió haber recibido de Saunière el encargo de esconder una caja bajo la torre. ¿Puede tratarse del fabuloso tesoro de Rennes le Château? Las investigaciones realizadas con escáner muestran que bajo la torre, en efecto, hay un paralelepípedo que podría ser la mencionada caja. Marie Denarnaud decía que «la gente que vive aquí camina sobre oro sin saberlo». ¿Qué quería decir?

Muchas hipótesis, ninguna certeza

Muchos son los estudiosos que se han hecho cargo de Rennes le Château y del padre Saunière, y diversas son las conclusiones a las que han llegado. Están quienes creen que el sacerdote, sin blanca, encontró un tesoro en el sentido estricto de la palabra, con oro, joyas, piedras preciosas, dinero y quién sabe si algo más. Un tesoro que era la suma de todos los tesoros que a lo largo de los siglos habían aparecido en la zona, empezando por el antiguo tesoro de Salomón en Jerusalén, que primero fue robado por los romanos y luego por los visigodos, llegó a los cátaros –los herejes exterminados en 1244 en la vecina Montsegur–, y terminó en manos de los caballeros templarios, quienes construyeron las fortalezas de la zona.

Según otra hipótesis, el «tesoro» de Saunière consiste en una serie de documentos que corroboran la veracidad de una antigua leyenda local: Jesús sobrevivió a la crucifixión y desde Palestina llegó al sur de Francia con algunos discípulos y María Magdalena. La versión más famosa de la leyenda sugiere que fuese solo María Magdalena quien llegó a Francia con algunos hebreos, de quienes procedería la primera dinastía de reyes franceses, los merovingios. Bérenger Saunière debió de vender aquellos valiosos documentos y se hizo increíblemente rico.

La versión oficial de la historia cuenta que Bérenger Saunière, simplemente, se dedicó al tráfico de donaciones y misas.

Torres y demonios
¿Qué secretos custodia la Torre de Magdala (arriba) y por qué la pila bautismal descansa, ni más ni menos, que sobre Asmodeo (sobre estas líneas), que en la mitología hebrea es el rey de los demonios y guardián del tesoro de Salomón?

Teotihuacan,
la maravillosa ciudad de los reyes

Construcciones increíbles
Arriba, una vista aérea de la Pirámide de la Luna con la Vía de los Muertos y, al fondo, la Pirámide del Sol. Abajo, una máscara ritual, mosaico de piedras preciosas y oro, encontrada en Teotihuacan y ahora conservada en el Museo Antropológico de México D. F.

Teotihuacan es quizá el mayor yacimiento arqueológico precolombino de América del Sur. Situado a unos 50 km de México D. F., es la ciudad en la que «eran elegidos los dioses». Uno de los misterios de Teotihuacan hace referencia a sus orígenes; de hecho, no se sabe con certeza quién la fundó. Los aztecas, cuando se hicieron con ella, la consideraron un lugar legendario unido a cultos antiquísimos. Creyeron que había sido construida por dioses o gigantes. Y verdaderamente es difícil imaginar que la mente humana haya podido concebir tanto esplendor. Para los arqueólogos, la historia de Teotihuacan se inició en el periodo preclásico, entre 2000 a. C. y 250 d. C. Los restos encontrados hacen pensar que se pudo tratar de un centro ceremonial primitivo más que de una villa rural, pero los edificios auténticos parece que fueron construidos solo a partir del año 100 a. C. Entre las ruinas asoman, solitarias guardianas de tanta magnificencia, algunas pirámides.

Calles y pirámides

Teotihuacan fue, en conjunto, una inmensa metrópolis que en su periodo de mayor esplendor contaba con 200.000 habitantes y una extensión de 22 km^2. Urbanísticamente, la ciudad se desarrollaba en torno a un eje central, la Vía de los Muertos, dominado por una pirámide gigantesca, la Pirámide del Sol, situada en el cen-

tro de la vía sagrada. Al norte se encontraba la Pirámide de la Luna. La Pirámide del Sol tenía una base de 225 m por cada lado y una altura de 75 m. La Pirámide de la Luna era de menores dimensiones, pero como estaba construida sobre un terreno más elevado, su cima estaba perfectamente alineada con la de la otra pirámide.

Un pueblo misterioso

El misterio rodea al pueblo que fundó la ciudad, sobre cuyo origen solo se pueden hacer conjeturas. Quizá no se trataba de un solo pueblo, sino de un conjunto de diversos grupos étnicos. Seguramente era una civilización avanzada; los edificios evidencian profundos conocimientos astronómicos, matemáticos e ingenieriles de quienes los construyeron. Otro testimonio son los bellísimos hallazgos arqueológicos encontrados, como las famosas máscaras realizadas con piedras duras, como basalto o jade, y decoradas con conchas y obsidiana.

En el momento de las primeras incursiones toltecas en el siglo IX, Teotihuacan ya había caído y se encontraba semiabandonada por su población, que había emigrado a otras tierras. ¿Cómo se explica su decadencia? Algunos expertos creen que la causa hay que buscarla en el cambio climático. El clima se habría vuelto más árido, lo que provocó una drástica disminución de la recolección. ¿Acaso la población estaba muriendo de hambre? Esta teoría no es aceptada por todos. De lo que no hay duda es de que su grandeza e imponencia le confieren, aún hoy, el título de «ciudad de los dioses».

La Pirámide del Sol
Su fachada principal está orientada hacia el punto exacto por el que se pone el sol en el solsticio de verano.

Los aztecas

Dominaron México y dieron origen a un vasto imperio que sobrevivió hasta la invasión española.

Pueblo de guerreros y agricultores, se distinguía por sus feroces ritos religiosos. Los arqueólogos sostienen que no conocían ni la rueda ni el hierro. Tenían dos calendarios, uno religioso, compuesto por 13 meses de 20 días, y otro solar de 365 días (en la foto, la Piedra del Sol). Los meses del calendario religioso tenían nombres de animales, objetos o plantas. Algunos estudiosos ponen en duda que los aztecas alcanzaran un alto grado de civilización, como parece que demuestran las grandes construcciones y las refinadas técnicas para trabajar los metales y piedras preciosas que se les atribuyen.

La Isla de Pascua, ¿qué civilización?

Una isla perdida
La Isla de Pascua, fotografiada en 2002 por los astronautas de la Estación Espacial Internacional, es un puntito en el azul del océano Pacífico. Arriba, junto al título, una ilustración de 1775 inspirada en la expedición de James Cook.

«Somos los descendientes de los únicos supervivientes de una antigua tierra». Con estas palabras recibió el rey de la Isla de Pascua al primer viajero que llegó a sus costas. Una afirmación que todavía no ha sido ni confirmada ni desmentida; tanto es así que hay quien piensa que se encuentra ante el último reducto de tierra firme de un antiguo continente desaparecido. Y es que sobre la historia de esta isla se sabe todavía demasiado poco.

Como tuvo ocasión de decir el misionero P. Sebastián Enlert, «cuando se trata de la misteriosa Isla de Pascua, ninguna mente humana puede sentirse segura ni definitiva». Los datos más antiguos provienen del diario de abordo de los primeros navegantes del siglo XVIII, que alcanzaron la isla atravesado el océano Pacífico, y de las leyendas transmitidas de padres a hijos por los indígenas de Rapa Nui (el verdadero nombre de la Isla de Pascua).

En mitad del océano

La Isla de Pascua es el lugar habitado del planeta que se encuentra a mayor distancia del lugar habitado más cercano. Las costas más cercanas, que se encuentran a 3.747 km, son las tierras de Concepción, en Chile; hacia el norte, las tierras más cercanas son las islas Pitcairn (a 2.250 km al nordeste) y las Galápagos (a 3.872 km al nordeste), y a miles de kilómetros se encuentran las costas de la Antártida.

Los antiguos la llamaban *Te Pito te Henua*, o sea, «el fin de la Tierra» y «el ombligo del Mundo», o también, *Mata ki te Rangi*, es decir, «los ojos del cielo». Hoy, su nombre es *Rapa Nui*, «isla grande», pero todo el mundo la conoce como Isla de Pascua porque, el 5 de abril de 1722, el comandante holandés Jacob Roggenveen alcanzó sus costas y, por la coincidencia con el domingo de Pascua, bautizó este pequeño y aislado trozo de tierra con este nombre.

Después de Roggenveen, pocas embarcaciones llegaron a la isla. Además de balleneros y piratas, llegó la nave del español Felipe González y Haedo, seguido del capitán francés La Pérouse, a quien debemos las primeras ilustraciones del lugar y sus antiguos habitantes, realizadas por Duché de Vancy. En 1774 arribó el capitán James Cook con sus naves *Adventure* y *Resolution*. ¿Qué encontraron en la isla estos exploradores?

El misterio de los primeros habitantes

Para los antropólogos, los primeros asentamientos humanos en la Polinesia se remontan, más o menos, a 1200 a. C., con una primera fase de evolución en la isla entre el año 400 d. C. y el año 1000, y un momento de gran desarrollo en el siglo XVI.

Pero si, para muchos, los primeros habitantes de Rapa Nui provenían de una civilización mesoamericana precolombina, para otros eran polinesios que se aventuraron en el océano en busca de nuevas tierras que habitar.

Ni siquiera el Congreso Científico del Pacífico de 1961, en el que se dio carácter

Siete gigantes en fila
Los Moai de Ahu Akivi son los únicos gigantes de la Isla de Pascua que miran hacia el mar. Ellos fueron quienes recibieron al capitán Cook (1728-1729), a quien vemos retratado con un mapa del océano Pacífico bajo estas líneas.

Las grandes exploraciones

Entre los siglos XV y XIX el mundo conocido amplió sus confines. He aquí algunos datos reseñables:

1488:	Bartolomé Díaz traza la ruta por el cabo de Buena Esperanza.
1519-1522:	Magallanes encuentra la ruta del Pacífico.
1577-1580:	Sir Francis Drake circunnavega el océano Pacífico.
1687:	Primer avistamiento (no oficial) de la Isla de Pascua por el pirata Edward Davis.
1721-1722:	Jacob Roggeveen descubre la Isla de Pascua.
1766-1768:	Samuel Wallis descubre Tahití.
1768-1771:	Primer viaje de James Cook.
1772-1775:	Segundo viaje de James Cook. Llega a la Isla de Pascua.
1776-1779:	Tercer viaje de James Cook. Es asesinado en las islas Hawái.
1785-1788:	Viaje de La Pérouse. Primeras imágenes de los habitantes de la Isla de Pascua.

Playa Anakena
Según la leyenda, en esta playa desembarcaron las naves del rey Hotu Matua. Los Moai que la dominan llevan el *pukao*, típico tocado rojo.

oficial al asunto definiendo la Isla de Pascua como el centro de dos fases distintas de migraciones –una desde Asia y las islas polinesias, y otra de las poblaciones andinas de la América meridional–, consiguió poner a nadie de acuerdo. Para los pueblos antiguos, alcanzar la isla por mar era una auténtica odisea, y no existe certeza alguna de que lo hicieran. Pero lo que sí se sabe es que pasaron por un periodo de gran dificultad que llevó a los habitantes de Rapa Nui a practicar el canibalismo. Las tradiciones orales mencionan un lugar particular, una gruta pintada llamada *Ana Kai Tangata*, «caverna devora-hombres». La causa de tanto horror pudo ser la superpoblación de este pequeño territorio y la escasez de alimentos para todos.

Los gigantescos Moai

Son el símbolo y el verdadero misterio de la Isla de Pascua. Enormes estatuas de piedra con un forma muy característica y de distintas alturas que no miran al mar, sino que le dan la espalda. Todas, excepto las siete que se encuentran en Ahu Akivi. Su leyenda fue transmitida por los ancianos y nos lleva a los orígenes de la civilización local. Las siete estatuas representan a los siete primeros habitantes de Rapa Nui, que habían sido enviados por Hotu Matua, el rey de una antigua isla llamada

La escritura Rongo rongo

Los primeros exploradores llegados a la Isla de Pascua hallaron unas tablillas de madera (en la foto, abajo) grabadas con una serie de jeroglíficos desconocidos: la misteriosa lengua rongorongo. Solo quedan veintiuna tablillas, con un total de 14.021 caracteres. Nadie sabe descifrarlas completamente, pues el último sabio capaz de leerlas murió durante las deportaciones hacia América del Sur de 1862. Por lo poco que se sabe, las tablillas Rongo rongo eran utilizadas por los antiguos sacerdotes en las ceremonias rituales, y también para proferir o quitar maldiciones. Las teorías que hacen referencia a este tema son de lo más variopintas: según el estudioso Steven Fisher, las tablillas son escrituras sagradas y narran la creación del mundo mediante una serie de mitos eróticos; para otros, se trata de una especie de manual de instrucciones de un antiguo reactor nuclear. Un misterio sí parece existir: los signos de la escritura rongorongo encontrados en la Isla de Pascua son muy parecidos a los encontrados en la antigua ciudad de Mohenjo Daro, en la India, centro de una civilización que existió entre 2500-2100 a. C. y desapareció en extrañas circunstancias.

Hiva, en busca de una nueva tierra antes del hundimiento final de su patria.

Estos siete Moai mirarían justo hacia su antigua patria, la isla de Hiva, tragada por el océano. Pero la realidad es que los Moai son casi mil, y la incógnita de su verdadero significado continúa. También, en este caso, las hipótesis son muchas: hay quien cree que representan a extraterrestres desembarcados en la isla en tiempos remotos, y hay quien cree que, sencillamente, representan a los antiguos antepasados de la isla, cuyos espíritus debían continuar velando por Rapa Nui.

La llamada «época de los Moai» debió de comprender los años 1000-1500 d. C.: cinco siglos para esculpir un millar de estatuas de unos veinte metros, todas según el mismo modelo, los ojos de coral blanco y piedra pómez y, en origen, un pesado tocado llamado *pukao* realizado con roca roja de la cantera de Puna Pau. El más grande, «El Gigante», mide 21,6 m y pesa más de 150 t; mientras que el más pequeño solo mide 1,13 m.

La cantera abandonada

Aunque hay quien ha dicho que los Moai están realizados con un tipo de roca que no existe en la isla, basta con llegar hasta el cercano volcán Rano Raraku para encontrar la cantera de la que fue extraída la roca para las estatuas. El yacimiento parece que fue abandonado repentinamente, con estatuas apenas empezadas, otras no acabadas y una todavía encajonada en la roca del volcán. Los arqueólogos creen que en 1680 sucedió algo muy importante que puso fin a la grande y misteriosa carrera de la realización de los Moai.

El problema del transporte

Como los árboles eran escasos, no había maderos suficientes, ni cuerdas, para transportar las estatuas fuera de la cantera. Inesperadamente, se hizo imposible el transporte que antes había formado parte del ceremonial, y que preveía la colocación definitiva de la es-

El hombre-pájaro
Era el centro de una ceremonia en la que participaban los guerreros más valientes. Arriba, un dibujo extraído de las múltiples representaciones de la isla.

Los antiguos habitantes
El enigmático rostro de un gigantesco Moai. Al lado, el retrato de un antiguo habitante de Rapa Nui tomado de la *Encyclopedia of Voyages*, París 1802.

Estudios e hipótesis
En las ilustraciones vemos dos de las teorías de transporte de los Moai. La de abajo es la elaborada por el arqueólogo William Mulloy.
Bajo estas líneas, los Moai de Tongariki: quince imponentes estatuas sobre una única plataforma sagrada.

tatua con la aplicación del coral blanco en los ojos para «dotar de vida» y, de esta forma, unir el mundo de los vivos con el de los muertos. De hecho, según la tradición, los cuerpos de los antepasados eran sepultados en el interior de los *Ahu*, las plataformas sagradas sobre las que descansan los Moai y que, todavía hoy en día, son tan importantes para los habitantes de Rapa Nui que no permiten que nadie las pisotee.

Teorías comparadas

Queda por resolver un misterio: ¿cómo se las ingeniaron los habitantes de esta pequeña porción de tierra en medio del furioso océano para transportar los Moai, desde la cantera de Rano Raraku hasta las costas de la isla? Por lo que se sabe, no tenían bestias de tiro, y la madera no era suficiente para hacer estructuras demasiado complejas, así que, durante años, se han barajado las más diversas teorías.

Para el estudioso Werner Wolf, las estatuas fueron realizadas dentro del volcán y después lanzadas por el gas de las erupciones; pero no hay que olvidar que los volcanes de la isla ya estaban apagados miles de años atrás.

Según un periodista estadounidense, fueron elefantes los que transportaron los Moai. Elefantes que llegaron a la isla tras el naufragio de 5.000 naves de la flota con la que Kublai Khan pretendía invadir Japón. Sin embargo, no se ha encontrado indicio alguno de la presencia de elefantes en la isla.

La exploradora Katherine Routledge, por su parte, sostiene que los Moai fueron transportados mediante rampas, fabricadas con cantos rodados, sobre las cuales res-

balarían las estatuas ayudadas por pulpa de patata aplastada.

Por último, William Mulloy, el arqueólogo de la isla más experto, en veinte días y con la ayuda de una docena de indígenas, pudo transportar y alzar un Moai de 10 t de peso y 4 m de altura usando un trineo, un horcón y unas cuerdas. El talón de Aquiles de esta hipótesis es la madera, que en la isla no era abundante.

La noche de los Orejas Largas

Existen leyendas que aún están muy vivas en la isla. La tradición oral cuenta que en la isla vivían dos tribus: los *Hanau Epe* (los Orejas Largas) y los *Hanau Momoko* (los Orejas Cortas). Entre 1680 y 1770, quizá coincidiendo con la época de los primeros actos de canibalismo, tras siglos sometidos al poder de los Orejas Largas, los Orejas Cortas encontraron el valor suficiente para rebelarse. Se inició una larga y sanguinaria guerra, que concluyó con una terrible batalla de la que salieron victoriosos los esclavos. Los Orejas Cortas, por fin libres, enterraron a sus antiguos amos en una enorme fosa común, encontrada hace poco por los arqueólogos. Indicios de aquel cambio se encuentran en las nuevas casas de piedra, en forma de iglú, y en el derrumbamiento y destrucción de los Moai.

Pero para los antiguos habitantes de la Isla de Pascua las dificultades no acabaron ahí. Desde 1808, los lugareños fueron deportados y vendidos a los propietarios de minas en Perú. Una verdadera catástrofe que hizo que, en cuestión de setenta años, la población de la isla pasase de 5.000 a 111 habitantes.

Pacíficas evocaciones
La lucha entre las dos facciones de la isla es el episodio más violento que se recuerda de su historia. Hoy en día, la población local revive las danzas rituales de Rapa Nui. Arriba, un bailarín con vestimenta y joyas características.

Cañón del Chaco, la desaparición de un pueblo

Cabañas bajo tierra
La reconstrucción de una *kiva* nos muestra la estructura de esta particular edificación. La techumbre se sostenía con grandes palos fijados en todo el perímetro circular de la *kiva* y un agujero en el centro permitía introducirse dentro.

Chetro Ketl
Es la localidad donde se encuentra esta gran *kiva*. Entre la *kiva* y la colina se pueden ver los restos del pueblo.

En 1888, en Nuevo México, Estados Unidos, dos vaqueros descubrieron casualmente los restos de una de las civilizaciones más enigmáticas del planeta. Cañón del Chaco es un valle de 19 km de largo por 1,5 km de ancho. Pueblo Bonito, el yacimiento más amplio de toda la zona, es una gran complejo con forma de herradura, edificado en torno a 1100 d. C. y formado por cerca de setecientas estancias que podían hospedar a unos mil habitantes. En las estancias, más o menos todas de las mismas dimensiones y distribuidas en cuatro plantas, no se han encontrado muebles ni objetos domésticos. De este pueblo, los anasazi, no se sabe prácticamente nada, ni siquiera si conocían o no la escritura. Lo que sí se sabe es que tenían una fijación especial con el cielo y con las energías de la Tierra.

El misterio de las «kiva»

Las *kiva* son habitaciones circulares excavadas en el suelo, presentes en todos los asentamientos anasazi. La *kiva* más grande es la denominada «Casa Rinconada», situada a casi un kilómetro de Pueblo Bonito; tiene un diámetro de 20 m y una profundidad de unos 5 m.

La hipótesis más comúnmente aceptada es que fueron utilizadas para ceremonias sagradas. Cubiertas por techos de madera, todas tenían una hoguera en el centro. Parece ser que los anasazi creían que, gracias a este fuego, podían entrar en contacto con los espíritus de los antepasados y con las energías de la Tierra; teoría que viene corroborada por el hecho de que todos estos asentamientos fueron construidos en las cercanías de lugares especiales, de los que emanan importantes fuerzas telúricas.

Cielo, tierra... y carne

Los anasazi tenían unos sorprendentes conocimientos sobre astronomía. Una de las principales características de sus construcciones, esto es, sus pueblos, *kiva* y, sobre todo, sus calles, es que casi siempre están alineadas con un determinado fenómeno

Una civilización misteriosa
Este pueblo desarrolló un arte y una arquitectura muy característicos. Utilizaban ánforas y recipientes con un peculiar diseño en zigzag. También son testimonio de su presencia las pinturas rupestres, con la impronta de manos y figuras estilizadas de hombres y animales. En la foto, una vista aérea de Pueblo Bonito.

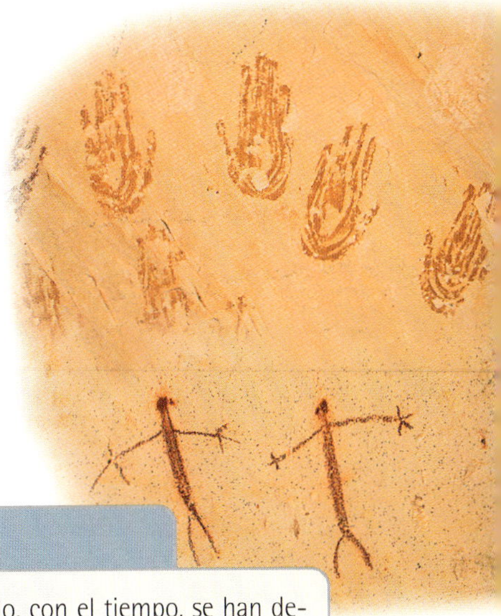

astronómico. Construyeron casi 300 km de calles que, generalmente, no conducían a ningún lado y tenían un alineamiento astronómico perfecto.

Pero una teoría reciente proyecta una sombra sobre este, aparentemente, tranquilo pueblo. Parece más que demostrado que los anasazi practicaban el canibalismo. En las hogueras de las *kiva* se han encontrado huesos humanos cocidos. Estas prácticas vienen confirmadas, asimismo, por el análisis de otros restos orgánicos que también han resultado ser humanos.

En torno a 1220 d. C. sucedió algo muy misterioso. Los anasazi, repentinamente, abandonaron las tierras que habían habitado durante más de mil años. Primero se trasladaron unos kilómetros al norte y, un siglo después, se trasladaron 500 km al sur.

¿Cuál fue el motivo? ¿Cambios climáticos que originaran periodos de carestía? ¿Invasiones de pueblos vecinos? Probablemente, la causa haya que buscarla en su obsesión por los rituales religiosos. ¿O acaso es mera casualidad que su destino final fuese una localidad situada justo sobre el meridiano mismo de Cañón del Chaco?

Quiénes eran y qué hacían

Muchas de las teorías formuladas sobre este pueblo, con el tiempo, se han demostrado inexactas. Una de las primeras se basaba en un error de traducción de una palabra del pueblo navajo que, en 1880, habitaba las tierras que habían sido de los anasazi. De hecho, el término *anasazi* deriva de una palabra navajo que significa «antiguos» y no «enemigos», como se creyó en un principio. Según otra teoría, los anasazi eran cazadores de bisontes y hábiles jinetes; pero en esta zona no había bisontes y los caballos fueron introducidos tras el descubrimiento de América, lo que sucedió dos siglos después de que desapareciera el pueblo anasazi. Por último, sus orígenes se han remontado a hace más de seis mil años, cuando, en realidad, los primeros vestigios que se tienen de ellos son de hace dos mil.

Rosslyn, la capilla de los enigmas

«Antiguo conocimiento transmitido de generación en generación». Este es el significado de la palabra magaélica *rosslyn*. Nos encontramos en Escocia, a unos 15 km de Edimburgo. En esta localidad, ya considerada sagrada por los celtas, el conde William St. Claire construyó entre el año 1446 y el 1450 –¡en tan solo cuatro años!– una de las construcciones más enigmáticas de todos los tiempos.

Los obras comenzaron el 21 de septiembre de 1446, día de San Mateo y también del equinoccio de otoño, y acabaron exactamente cuatro años más tarde. Un tiempo extremadamente breve para aquella época y para una construcción como esta. William St. Claire estaba estrechamente ligado al mundo esotérico y a la masonería. Y no solo él, toda la familia St. Claire, de una u otra manera, estaba unida a los templarios. Un antepasado del conde participó en la primera cruzada, a cuyo término nació la Orden de los Caballeros del Temple, o lo que es lo mismo, los templarios. Y una St. Claire se casó, en 1101, con el fundador de esta Orden, Ugo di Payns. Pero Rosslyn también está ligado a un misterioso viaje en el que participó el conde Henry St. Claire, abuelo de William.

La flota de los templarios

A comienzos de 1300, los ejércitos fieles al Papa llevaban a cabo una minuciosa labor de exterminio de los caballeros templarios, persiguiéndolos por toda Europa y destruyendo sus hogares. Así fue como Escocia, que en aquel momento estaba en guerra contra el Papa, se convirtió en el refugio soñado por todos los pertenecientes a la Orden. ¿Acaso fue Escocia el destino final de la flota templaria que, compuesta por dieciocho naves, partió del puerto francés de La Rochelle la noche del 13 de octubre de 1307, y cuyo rastro se perdió por completo?

Construida en tan solo cuatro años
Junto a estas líneas y en la página siguiente, la entrada y el interior de la capilla de Rosslyn. Arriba, el conde William St. Claire en un grabado del siglo XVIII.

El árbol de la vida
Yggdrasil, el árbol de la vida, representado en esta ilustración de un manuscrito islandés de 1680. En la parte inferior es posible ver el monstruo Loki, el dios-lobo.

Suponiendo que así sucediese, poco después, el navegante veneciano Antonio Zeno partió de las costas escocesas y, quizás con él, el mismo Henry St. Claire. Desembarcaron en la costa nordeste de Canadá, en la región conocida en la actualidad como Nueva Escocia, y se establecieron en una localidad llamada New Poss, a solo 30 km de la isla de Oak, donde según algunas leyendas se encuentra escondido el tesoro de los templarios, que no ha sido encontrado todavía. Presumiblemente, su intención era fundar una nueva sociedad basada en los principios de la que, más tarde, se ha convertido en la moderna masonería.

Algunos viejos manuscritos, y las representaciones de plantas de maíz y de aloe, que se encuentran en un par de columnas de la capilla –plantas desconocidas en Europa antes del viaje de Cristóbal Colón, un siglo después– confirmarían que este viaje fue realmente realizado.

Pero ¿cómo pudo saber Antonio Zeno que al otro lado del océano encontraría unas tierras seguras? Según una teoría reciente, entre los tesoros de los templarios podría haber también antiguos mapas que representaban las tierras del Nuevo Mundo.

Queda por aclarar un aspecto: si en 1314 el gran maestro de los templarios, Jacques de Molay, y sus caballeros fueron condenados a la hoguera y sus bienes fueron confiscados, ¿cómo es posible encontrar símbolos y huellas templarios posteriores a su desaparición oficial?

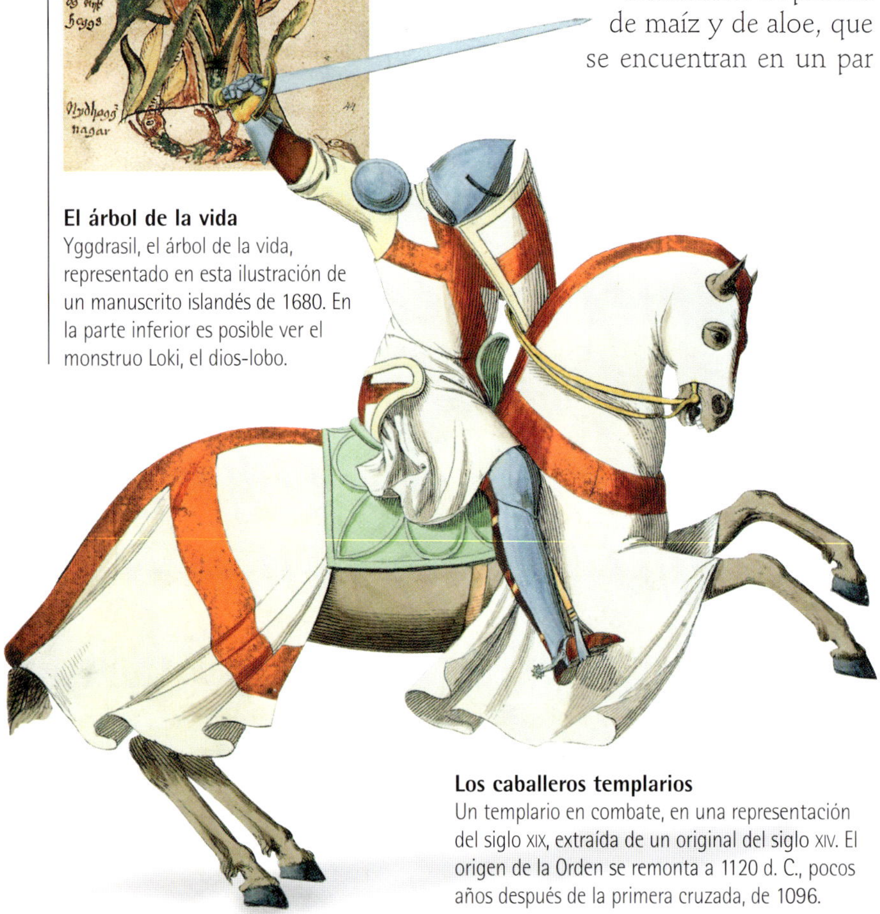

Los caballeros templarios
Un templario en combate, en una representación del siglo XIX, extraída de un original del siglo XIV. El origen de la Orden se remonta a 1120 d. C., pocos años después de la primera cruzada, de 1096.

Extrañas coincidencias

Las enigmáticas analogías estructurales con símbolos masónicos proyectan otro halo de misterio sobre la capilla de Rosslyn. Un ejemplo de ello es la «columna del aprendiz», un extraño grupo de símbolos cristianos –y hasta aquí nada raro, puesto que se trata de una iglesia cristiana– junto a símbolos pertenecientes a religiones precristianas, tales como los dragones y el árbol de la vida. De las fauces de las criaturas mitológicas que aparecen en la base de la columna salen ramas que se enroscan a lo largo de su fuste. Esta ramas forman un árbol igual a Yggdrasil, el gran árbol cósmico de la mitología nórdica.

La columna, que fue diseñada por el mismo William St. Claire, debe su nombre al aprendiz que la realizó siguiendo las instrucciones que había recibido en un sueño. Cuenta la leyenda que el maestro escultor, al encontrarse con serias dificultades a la hora de ejecutar tan complicado diseño, se trasladó a Roma para estudiar las mejores técnicas escultóricas de la época.

La columna del aprendiz
A la izquierda, una imagen de las columnas del interior de la capilla de Rosslyn. Arriba, un detalle de la base de la «columna del aprendiz», donde está representado el árbol de la vida.

Cuando regresó de su viaje, al ver que la columna había sido perfectamente realizada por su aprendiz, fue víctima de un terrible ataque de celos y lo asesinó. Acto seguido, realizó él mismo una segunda columna, llamada la «columna del maestro».

Este capítulo, que puede parecer fantasioso, adquiere un significado relevante puesto que se asemeja a la leyenda masónica acerca del asesinato de Hiram Abif, arquitecto del Templo del rey Salomón en Jerusalén, del que tomaron el nombre los templarios después de la primera cruzada.

Las columnas de Rosslyn, por lo tanto, corresponderían a las dos columnas, Boaz (aprendiz) y Jachim (maestro) del antiguo Templo del rey Salomón.

El Templo del rey Salomón

Está considerado una de las siete maravillas del mundo. Fue Salomón (en la imagen) quien ordenó su construcción como representación del cosmos. Conocido también como «Primer Templo», según la tradición es el templo hebreo más antiguo de Jerusalén. Hiram Abif, legendario arquitecto y personaje fundamental de la filosofía masónica, fue quien continuó su construcción. Como ocurría frecuentemente en arquitectura, el proyecto del monumento incluía proporciones singulares, como las de los números y medidas que, según la Cábala, corresponden a las proporciones perfectas. Se supone que el edificio tenía sesenta codos (27 m) de largo, veinte codos (9 m) de ancho y entre veinticinco y treinta codos (más o menos 14 m) de alto. Otras fuentes hablan de ciento veinte codos (54 m) de largo. Destruido y reconstruido en varias ocasiones, actualmente solo se conserva el Muro de las Lamentaciones. En su interior se encontraba el Santuario, recubierto de oro, que, según la leyenda, custodiaba el Arca de la Alianza. El Templo del rey Salomón es uno de los más perfectos ejemplos de construcción esotérica jamás realizada; según teorías recientes, encierra numerosos secretos confiados a los caballeros templarios.

Una bóveda de estrellas
Arriba, una imagen del techo de la capilla con las estrellas y las rosas, símbolos que pertenecen a la diosa babilónica Ishtar. A la derecha, una vista aérea del edificio en la actualidad.

El Santo Grial y otras teorías

Según algunos investigadores que han interpretado los símbolos de la «columna del aprendiz», en su interior podría encontrarse un cofre de plomo con el Santo Grial dentro.

Y aún más. La planta de la capilla de Rosslyn sería idéntica a la del Templo de Herodes, edificado en tiempos de Jesús sobre las ruinas del Templo del rey Salomón. Además, el techo de la capilla de Rosslyn está decorado con estrellas, rosas y lirios. Las estrellas y las rosas, aparentemente, son elementos de la diosa babilónica Ishtar o, en su defecto, de Tammuz, mientras que los lirios pertenecen al Templo del rey Salomón.

Por último, el centro de una imaginaria estrella de seis puntas trazada sobre la planta de la capilla de Rosslyn correspondería con el punto en el cual, según la leyenda, en el Templo del rey Salomón se custodiaba la mítica Arca de la Alianza.

Según otra teoría, la capilla de Rosslyn no solo no es una capilla, sino que tampoco es cristiana. Para demostrarlo se argumenta que el altar no estaba previsto en el diseño inicial y, de hecho, para tal menester hubo que poner una mesa en el centro del edificio. Además, se sabe por las crónicas que Rosslyn fue «reconsagrada» en 1862. ¿Por qué? Parece ser que otro William St. Claire bautizó allí a sus hijos, lo que no agradó en absoluto al rey Jaime VI

La diosa Ishtar

Diosa mesopotámica del amor y la guerra. Tenía un doble aspecto: el de divinidad del bien y el de demonio. Originalmente era una diosa madre y, en ocasiones, aparece representada con alas. Los mitos en los que aparece, en ocasiones, son contradictorios. Para algunos es hija del dios de la Luna y hermana del dios del Sol, mientras que para otros es hija del dios del Cielo. En cualquier caso, todos la asocian al planeta Venus y a la estrella, símbolo que se encuentra también en la tradición cristiana y que se relaciona con la Virgen María. En la *Epopeya de Gilgamesh*, a Ishtar se le atribuyen varios enamoramientos. Sus víctimas son el pastor Tammuz, un pájaro, un león, un caballo, un jardinero y el mismo Gilgamesh, quien, sin embargo, la rechazó cuando se enteró del triste destino al que habían sido condenados sus anteriores amantes. En otra obra se narra la muerte de Tammuz: Ishtar, juzgada en el más allá, cambia su cuerpo por el de Tammuz, de tal manera que puede renacer gracias a su marido. El culto de Ishtar está presente también en Egipto, donde se difundió durante la dinastía XVIII.

puesto que se trataba de un edificio que no estaba destinado al culto. Por este motivo surgió la necesidad de consagrarlo.

Existen documentos que confirman esta teoría según los cuales, en el edificio, una vez finalizados los trabajos de construcción, nunca se celebraron ritos religiosos, entre otras razones porque ya existía una capilla familiar en el castillo situado en las cercanías.

Según esta teoría, Rosslyn no sería una sencilla capilla, sino un santuario de los templarios, extrañamente surgido tiempo después de la desaparición oficial de la misteriosa orden monástico-caballeresca.

Obviamente, no todo el mundo está de acuerdo con estas tesis; todo lo contrario. Muchos estudiosos sostienen que, en realidad, las decoraciones de la capilla Rosslyn no representan maíz y aloe, sino, sencillamente, plantas que se les asemejan mucho. En definitiva, parecidos y coincidencias que no esconden necesariamente secreto alguno.

Otra iglesia, otra ciudad

En un reciente *best seller,* el escritor lleva a su protagonista hasta Temple Church, en el centro de Londres, antes de que se dirija a Rosslyn, destino final de su viaje. Pero también existe una localidad llamada Temple que se encuentra en la comarca inglesa de Gloucestershire. ¿Y si el escritor, a la hora de documentarse para escribir la novela, hubiese identificado el nombre y no la ciudad?

En Temple existe una leyenda local sobre un mapa y un escondite situado «entre el roble y el olmo».

En unas recientes excavaciones realizadas durante la remodelación de una casa situada frente a la iglesia, se han encontrado viejas ruinas atribuibles a los templarios, entre ellas, una especie de escalera que parece descender. Si se admite que las ruinas pueden datarse realmente en 1300, y que verdaderamente se trata de una escalera, la pregunta es lícita: ¿adónde lleva?

En todo caso, incluso prescindiendo de las leyendas y suposiciones que se han ido acumulando a lo largo de siglos, la capilla de Rosslyn sigue siendo enigmática. Quizás los templarios no tienen nada que ver, al igual que, probablemente, las analogías con el Templo del rey Salomón son solo coincidencias. Pero, aun si el conde William St. Claire solo hubiese pretendido burlarse de la posteridad, no se debe olvidar que, con frecuencia, la realidad supera la fantasía.

Detalles aparecidos en un sueño

Detalle de la parte superior de la «columna del aprendiz». En la foto se aprecian claramente las espléndidas decoraciones que la embellecen y que, según la historia, aparecieron en el sueño del joven aprendiz que la realizó.

Bermudas, el triángulo maldito

Este rincón del mar, que nunca ha gozado de buena fama, se encuentra en el océano Atlántico occidental, a lo largo de la costa sudeste de Estados Unidos. Ya en 1492 Cristóbal Colón mencionó extraños fenómenos, como un relámpago ardiente engullido por el mar, insólito comportamiento de las brújulas, una luz sobre las aguas...

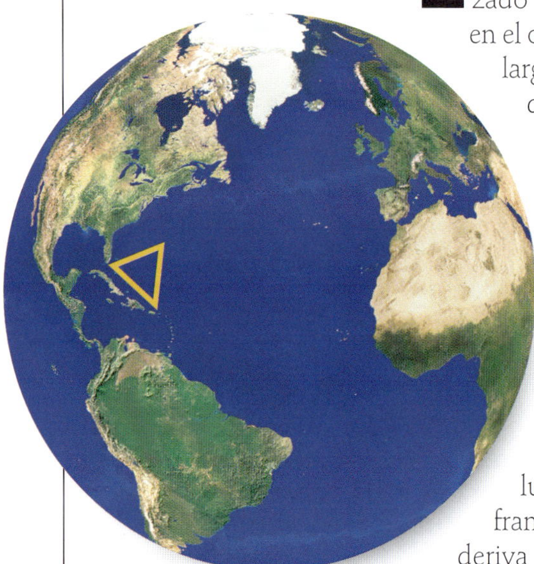

Las desapariciones se hacen oficiales

La primera desaparición tuvo lugar en 1840, cuando el velero francés *Rosalie* fue encontrado a la deriva sin tripulación. No pudo ser fruto de los piratas porque el cargamento estaba intacto. Las desgracias, todas rodeadas de misterio, se sucedieron durante años. En 1921 se encontró un navío, también abandonado literalmente. En la cocina se encontró preparada una comida que ni siquiera había sido degustada y la carga estaba intacta. A bordo, las únicas criaturas con vida eran dos gatos, mudos testigos del misterio.

Pero uno de los casos más impactantes tuvo lugar el 5 de diciembre de 1945, cuando cinco aeroplanos de la Marina de los Estados Unidos emprendieron el vuelo desde la base aeronaval de Fort Lauderdale. El escuadrón desapareció justo después de que el comandante transmitiese el siguiente mensaje: «no sabemos dónde está el oeste... todo es extraño... el océano no es como debería ser... volamos sobre agua blanca». Después, nada más. Nunca se les encontró.

El 30 de junio de 1948 desapareció un cuatrimotor. Ese mismo año desapareció un Douglas DC3, pocos días después, un Tudor. Fue un año maldito, pero con el paso del tiempo tampoco mejoró. El carguero *Marine Sulphur Queen* desapareció, junto a su tripulación, en febrero de 1963 y, en 1976, le tocó el turno al velero *High Flight,* que hacía la ruta Miami-Bimini. Estos son solo algunos ejemplos, porque el listado es muy extenso.

El Triángulo de las Bermudas
Es la porción de mar en la que ha tenido lugar mayor número de incidentes inexplicables. Como en el caso del carguero *U. S. S. Cyclops* (abajo en una foto de 1911), misteriosamente desaparecido en 1918 con 309 personas a bordo en la ruta Barbados-Norfolk. Nunca se ha encontrado objeto de ningún tipo que flotara en el mar y que perteneciese al *Cyclops*.

Inexplicables desapariciones
A la izquierda, un cartel en un puerto turístico que ofrece una recompensa a quien sea capaz de dar alguna noticia sobre el yate *Saba Bank*, desaparecido en el mar el 10 de marzo de 1974. A la derecha, una imagen del caza del 19.° escuadrón USA, quizás una de las desapariciones aéreas más famosas. El incidente tuvo lugar el 5 de diciembre de 1945.

Las hipótesis

Pero ¿por qué ese punto del océano Atlántico es tan terriblemente misterioso? Las hipótesis son muchas y variadas. Hay quien sostiene que en estos abismos se encuentran los restos de la Atlántida, los cuales liberan una energía que captura aviones y barcos; hay quien dice que todo es obra de los extraterrestres; y hay quien atribuye las desapariciones a fuertes tormentas electromagnéticas.

En cambio, para los amantes de las estadísticas, el Triángulo de las Bermudas es una superficie de mar tan grande que, de media, el número de desgracias sucedidas no es superior en número al de otras muchas zonas similares. Pero, en el caso que nos ocupa, ¿por qué casi nunca se han encontrado los restos?

Según una teoría formulada por los soviéticos en 1978, la causa de las desapariciones habría que buscarla, no tanto en los ciclones frecuentes en la zona, sino en unos vientos muy fuertes que, originados a gran altura, dan lugar a nieblas muy bajas y cerradas; o quizás a infrasonidos oceánicos que, en zonas similares, son frecuentes.

De lo que no cabe duda es de que el Triángulo de las Bermudas, el triángulo maldito, sigue turbando e intimidando a todo aquel que se le acerca. Y, sobre todo, sigue escondiendo –quizás en lo más profundo del abismo– su misterio.

La expedición italiana

En 1977 un grupo de investigadores italianos, capitaneado por el explorador Ambrogio Fogar (en la foto), realizó una expedición al Triángulo de las Bermudas. El grupo lo componían 18 personas, entre ellas el mago Uri Geller, el científico Edmondo Carabelli y el buzo Enzo Maiorca. El grupo grabó cerca de siete mil metros de película sin registrar nada inexplicable. Regresaron a casa con opiniones contrarias. Maiorca, tras haberse sumergido en las aguas de Bimini declaró que, quizás, aquella zona hubo un tiempo que estuvo habitada. Fogar, en cambio, era partidario de quitar importancia al asunto. Carabelli no manifestó ninguna opinión y Geller declaró haber percibido algo, pero no supo precisarlo. En definitiva, regresaron con más dudas de las que tenían al partir.

Marte, ¿un planeta con vida?

Mars Express
Reconstrucción por ordenador de la sonda de la Agencia Espacial Europea en el momento de lanzar la nave *Beagle 2* sobre la superficie de Marte. Esta nave nunca ha enviado señal alguna que confirme su aterrizaje en suelo marciano.

Antiguos ríos
Esta imagen fue enviada a la Tierra por la sonda *Mars Express*. Se aprecia con claridad (en colores falsos) cómo se extiende a lo largo de cientos de kilómetros lo que en su día era el cauce de un río. En la imagen grande, un paisaje marciano con la Tierra de fondo.

Entre todos los planetas del Sistema Solar, Marte es probablemente el más parecido a la Tierra. Un día en Marte dura poco más que un día en nuestro planeta y las estaciones son las mismas porque su eje también está ligeramente inclinado. Lo que les diferencia son sus dimensiones y la composición de sus atmósferas. El Planeta Rojo, así llamado porque se ve de este color debido a la elevada concentración de óxido de hierro en las rocas de su superficie, es la mitad de grande que la Tierra y su atmósfera, para nosotros irrespirable, es cien veces menos densa y está compuesta, sobre todo, de dióxido de carbono. Por último, la temperatura media de Marte es de unos -63 °C, similar a la de la Antártida.

Las primeras personas que aterricen en Marte tendrán que afrontar una situación muy particular, debido a las violentas tormentas que se forman de improviso y que elevan inmensas nubes de polvo. Estos ciclones se propagan con tanta rapidez que, en ocasiones, en poco tiempo envuelven todo el planeta.

El deseo de no estar solos

La idea de que en Marte pueda existir cualquier tipo de vida inteligente ha fascinado al ser humano desde siempre.

Ya en 1877 el astrónomo Giovanni Schiaparelli vio en algunas particulares formaciones del suelo marciano lo que parecen ser canales artificiales de irrigación. Esta hipótesis fue desmentida en 1976, al aterrizar en el planeta las primeras sondas automáticas. Aquellos análisis de las muestras de roca y de la atmósfera revelaron que en Marte no puede haber vida.

Pero, veinticinco años después, la NASA lanzó el proyecto *Mars Odissey 2001*, compuesto por una estación orbital automática provista de una antena capaz de sondear el suelo hasta un metro de profundidad. De las informaciones enviadas a la Tierra se dedujo la presencia de hidrógeno, elemento que hizo pensar en la existencia de agua. Por último, en 2003, gracias a la sonda *Mars Express* lanzada por la Agencia Espacial Europea, se confirmó la presencia de agua en el Planeta Rojo. Esta sonda podía penetrar el suelo hasta una profundidad de dos kilómetros. *Mars Express* reveló una gran presencia de agua, en

forma de hielo, en el polo sur de Marte. Sin embargo, a pesar del agua, Marte es un planeta inhóspito, al menos para el ser humano, aunque quizás no lo sea tanto para otras formas de vida.

También en 2003, la sonda *Mars Express* registró la presencia de gas metano y de gas formaldehído en la atmósfera marciana. ¿Esto, qué significa?

Se pueden barajar varias hipótesis. Con respecto al gas metano, podría haber sido un cometa que se hubiese precipitado sobre el planeta, el resultado de una fuerte actividad geológica del subsuelo o una particular forma de vida: bacterias metanógenas.

Con respecto al gas formaldehído, se puede decir que es una sustancia derivada

Ovnis en torno a Marte

La sonda *Phobos 2* fue lanzada con el objetivo de fotografiar los dos satélites de Marte, Phobos y Deimos. El 27 de marzo de 1989 interrumpió de improviso las transmisiones, justo cuando sondeaba Phobos. Según la Tass, en las últimas imágenes enviadas a la Tierra, se veía un objeto no identificado de forma alargada, muy parecido a un misil, acercándose a la sonda; después, nada más. Muy probablemente se tratara de un pequeño asteroide que golpeó accidentalmente la nave y la destruyó; o también, según algunos, puede ser que en las fotos tomadas de la superficie de Phobos lo que se veía era un obelisco y una pirámide, además de una sombra alargada en forma elíptica de unos 30 km de largo por 1,5 km de ancho. Para muchos ufólogos, los avistamientos de astronaves alienígenas en las cercanías de Marte, sobre todo en torno a los dos satélites, han sido frecuentes pero, obviamente, las autoridades los han ocultado.

Cañones increíbles
En la imagen de arriba, conseguida mediante la unión de cerca de cien imágenes tomadas por la sonda *Viking*, se observa el hemisferio de los Valles Marineris. Abajo, una panorámica del cráter Endurance, conseguida gracias a una serie de imágenes tomadas sobre la superficie marciana por la sonda *Opportunity* en 2004.

de la oxidación del metano presente en la atmósfera; es, asimismo, una sustancia que se disuelve en pocas horas. Por ello, la hipótesis del cometa pierde fuerza, porque, en ese caso, el gas formaldehído ya se habría dispersado. Pero también se puede descartar el motivo geológico, porque se presenta en grandes cantidades.

Queda, entonces, el origen bacteriológico. Esta teoría se sostiene porque el metano es un gas que está presente en mayor cantidad en zonas en las que ha podido haber grandes concentraciones de agua. Agua que, si en el subsuelo existiese aún en estado líquido, crearía un hábitat adecuado para la vida de algunos microorganismos.

Otros datos, ofrecidos en 2004 por la sonda americana *Opportunity*, revelan que en Marte hace tiempo hubo agua salada. ¿Quizás un mar? Aunque los datos de la NASA afirman que el agua cubría una superficie con una profundidad de apenas 5 metros, es probable que la sonda analizara la playa de un antiguo mar salado... En cualquier caso, el siguiente paso es la búsqueda de fósiles, es decir, vestigios de vida.

¿Son solo extraños juegos de luces?

Para algunos estudiosos, lo que se deduce de las 27.000 imágenes enviadas a la Tierra por las distintas sondas que han analizado Marte es que se trata de otra cosa.

Según estos, sobre la superficie marciana existen restos de estructuras colosales no atribuibles a la naturaleza; obras de muros e ingeniería, aglomeraciones urbanas, obras de contención y extraños conductos que entran en el subsuelo del planeta para terminar quién sabe donde.

En conclusión, el Planeta Rojo estuvo habitado por una gran civilización, destruida, con toda probabilidad, por un cataclismo cósmico. Posiblemente, un gran cuerpo proveniente del espacio se estrelló contra el planeta y, como consecuencia del

La superficie del Planeta Rojo

Entre Marte y la Tierra hay muchas semejanzas. El Planeta Rojo, que los antiguos asociaban al dios de la guerra debido a su color, tiene dos casquetes polares blancos que aumentan en invierno y disminuyen en verano. Aunque Marte, en estos momentos, se encuentra en un periodo de glaciación, parece que en el pasado ha experimentado periodos muchos más cálidos. La superficie del planeta está salpicada de cráteres –el más grande tiene un diámetro de aproximadamente 1.800 km–, la mayor parte de los cuales se encuentra en el hemisferio sur. Además, en torno al ecuador, hay algunos valles enormes que, en conjunto, suman 5.000 km de largo y forman una especie de grieta que divide en dos el planeta. Marte tiene también muchos volcanes, actualmente inactivos, entre los cuales destaca el Monte Olimpo, con un diámetro de 500 km y una altura de 25 km.

impacto, cambiaron en poco tiempo y para siempre su aspecto y su atmósfera, y se convirtió en un planeta árido e inhóspito.

En Marte se aprecia una enorme depresión a la que corresponde una colina, igualmente grande, en sus antípodas, como si algo hubiese impactado en el planeta desplazando, literalmente, parte de su masa, de tal forma que, en un lado «se hundió», y en el otro «sobresalió».

La esfinge marciana

Para corroborar estas hipótesis se cuenta con las fotografías de una particular zona de Marte llamada Cydonia. Las imágenes muestran lo que parece un enorme rostro, situado en un conglomerado compuesto de muros en ángulo recto y pirámides.

Cuando los periódicos y las televisiones de todo el mundo comunicaron esta noticia, la NASA se apresuró a excluir el origen artificial del rostro, y sostuvo que se trataba de un extraño juego de sombras provocado por la luz del Sol, especialmente radiante, y de un cuadrado negro en la imagen causado por la falta de un solo pixel que, casualmente, coincidió con la nariz. Posteriormente, la NASA difundió nuevas imágenes de la misma zona realizadas con otras condiciones de luz, en las cuales no se veía nada.

Pero la polémica continúa hoy en día, en parte, porque hubo extraños retrasos en la difusión de esas segundas imágenes. Y es que la NASA, si hubiese querido, habría tenido todo el tiempo del mundo para retocar las imágenes y ocultar la realidad.

Quienes defienden la existencia de la civilización marciana basan sus teorías, también, en los mitos sumerios y egipcios, que hablan de «ángeles» descendidos del cielo y de dioses que trajeron el conocimiento a la Tierra.

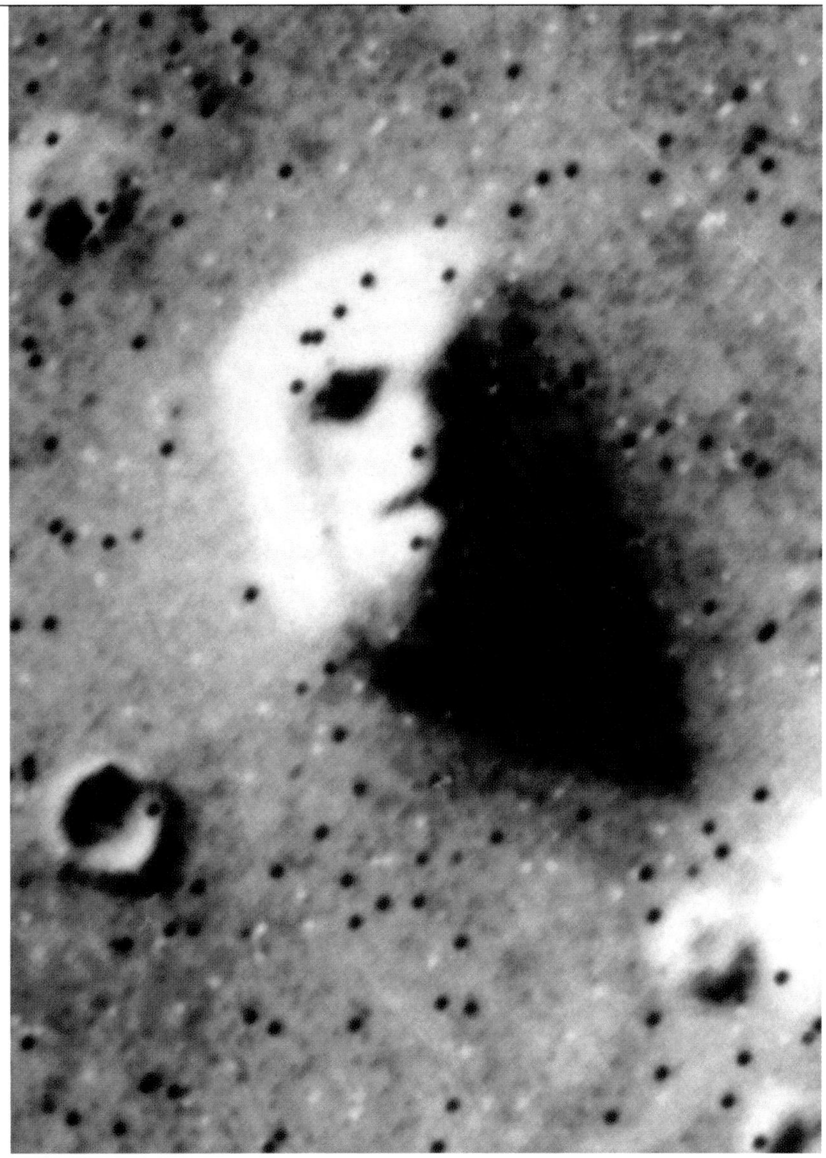

¿Alguien nos mira?
Arriba, el misterioso rostro que parece que nos mira desde Marte. ¿Se trata solo de un juego de luces y sombras? Situado en la zona llamada Cydonia, mide cerca de 3 km de largo y 1,5 km de ancho. Según algunos, da la sensación de que es una cara únicamente porque el cerebro humano tiende a reconocer motivos familiares en cosas que no consigue descodificar por completo.

Lo anterior significaría que, en un tiempo muy lejano, tanto la Tierra como Marte estuvieron habitados y, a causa de la destrucción de Marte, los supervivientes de la civilización marciana habrían abandonado su planeta para venir al nuestro.

Los enigmas que rodean Marte todavía son muy numerosos y, además, no de poca relevancia. Por lo tanto, no queda más que esperar a que transcurran algunos decenios para comprender si la llegada del hombre al Planeta Rojo será considerada una «conquista» o más bien un «regreso» a Marte.

La Gran Pirámide, ¿la obra maestra del faraón Keops?

Vista de la planicie de Giza
En la página siguiente, una panorámica parcial de la planicie de Giza, en la que se ven la pirámide de Kefrén, a la izquierda, la Keops, a la derecha, y abajo la esfinge. En la base de la pirámide de Keops se puede ver el museo, donde se conserva la inmensa barca solar del faraón, que debía servir para su viaje al más allá.

Tras siglos de estudios, los misterios e interrogantes en torno a la pirámide de Keops continúan siendo más que las certezas. ¿Cómo fue construida? ¿Es realmente la tumba del faraón? ¿Qué secretos esconde en su interior? ¿Quién la construyó y por qué? Y es que, ante la mayor de las tres pirámides de Giza, a las afueras de El Cairo –las atribuidas a Keops, Kefrén y Micerinos–, uno no puede no quedarse atónito.

La primera persona que consiguió entrar en el mayor monumento egipcio fue el califa Abdullah al-Mamun, quien, el año 820 d. C., se abrió camino a la fuerza entre los grandes bloques de granito de la pirámide. La entrada que fue capaz de excavar es la misma que se utiliza en la actualidad: un pasadizo que conduce a una galería y que, claramente, no coincide con la entrada oficial porque, en realidad, la pirámide no tenía una puerta real de ingreso o, al menos, nunca ha sido encontrada. Con toda probabilidad, estaba pensada para permanecer cerrada para siempre, custodiando sus secretos hasta la eternidad.

Una arquitectura distinta a las demás

Recorriendo el pasadizo se llega a dos corredores cerrados al público, situados por debajo del nivel de la calle. Mientras que el primero desciende hacia la cámara hipogea, el otro asciende verticalmente y de manera irregular, hasta llegar a la cámara de la reina. Este último corredor se denomina «el conducto de los ladrones», aunque hoy en día se considera bastante improbable que lo excavaran y utilizaran los bandidos. Subiendo hasta el pasadizo de ingreso, se llega a una galería, estrecha y de 1,5 m de alto, un túnel que sube rápidamente hacia el interior y conduce al corazón de la pirámide. Al final se abre la gran galería, un corredor amplio y muy alto que muestra la habilidad de los antiguos constructores.

De aquí suele deducirse el estilo de la Gran Pirámide: pocas salas internas, cua-

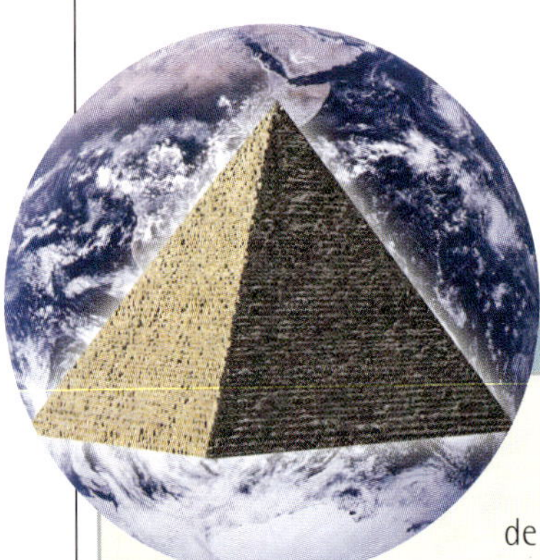

La Tierra a escala

La pirámide de Keops se podría definir como el centro del mundo; de hecho, se encuentra en el centro exacto de la masa terrestre, es decir, en el cruce del meridiano y el paralelo que cubren la mayor parte de tierra firme. Su peso, que se estima en 5.273 t, multiplicado por mil millones, es igual al peso de la Tierra; su perímetro, dividido entre la mitad de su altura es igual a 3,14, es decir, el número pi griego, un valor que representa la relación entre la circunferencia y el radio de un círculo y que fue descubierto siglos después de Keops. La temperatura interna es exacta a la temperatura media de la Tierra y varía con el paso del tiempo, si bien siempre permanece unida a las variaciones de calor de nuestro planeta. Por último, las paredes de la pirámide, que parecen rectas, son imperceptiblemente convexas, con una curvatura que corresponde a la de la Tierra. En definitiva, la pirámide de Keops sería la representación a escala 1:43.200 de nuestro planeta.

Una única estatuilla
Roberto Giacobbo frente a la vitrina del Museo de El Cairo, donde se conserva una estatuilla muy pequeña que se cree que es la única representación del faraón Keops.

drangulares y con las paredes completamente lisas sin ningún tipo de inscripción, en claro contraste con las espléndidas tumbas del Valle de los Reyes y el Valle de las Reinas. Una arquitectura, en el fondo, que parece no pertenecer a ninguna época ni a ningún pueblo, como si fuese algo único en el vasto panorama de la historia conocida.

En el corazón de la gran pirámide

Desde la gran galería se accede a las dos estancias principales de la pirámide. Destaca la llamada «cámara de la reina»: una sala completamente desnuda, sin ningún tipo de signo, cuya función –que según la arqueología oficial debía de ser la de engañar a posible ladrones–, en cambio, es aún un misterio. En su interior, dos aperturas en las paredes son el extremo de dos conductos de 20 x 20 cm, con una inclinación de 45° hacia arriba y que son uno de los misterios de la pirámide de Keops. Durante muchos años han sido considerados conductos de aireación, antes de que se utilizara la tecnología moderna. En 1993, el investigador alemán Rudolph Gantenbrink consiguió inspeccionar el conducto sur colocando una cámara de televisión sobre un pequeñísimo robot. Tras recorrer unos 65 m, el robot de Gantenbrink se paró frente a una portezuela con dos pequeñas manillas de cobre.

El robot en los conductos
Arriba, la cámara de televisión del equipo Voyager ilumina el conducto sur. Sobre estas líneas, el robot *Pyramid Rover* a punto de entrar en el conducto.

El experimento se repitió el 16 de septiembre de 2002 con un nuevo robot llamado *Pyramid Rover,* que costó 250.000 dólares y que consiguió hacer un agujero en la primera portezuela, pero tuvo que detenerse cuando se encontró con una segunda. En cambio, el conducto del norte, cuenta con un recorrido tortuoso que le permite esquivar la gran galería, pero que hace más incomprensible aún su función.

La cámara del rey

No obstante, el verdadero corazón de la Gran Pirámide es la «cámara del rey», una sala cuyo misterio aumenta debido a la ausencia total de inscripciones y a la presencia del único objeto encontrado en el interior de la pirámide, un gran sarcófago de granito rojo.

Se encuentra a unos 42 m sobre el nivel de la calle, y se accede a través de una galería cuadrada de aproximadamente 1 x 1 m de ancho. La sala es toda de granito: pavimento, paredes y techo fueron realizados con grandes bloques de esta piedra que llegan a pesar 80 t. Al igual que la cámara de la reina, también dispone de dos conductos considerados de aireación.

Tampoco en este caso se encuentran referencias a la función funeraria, exceptuando lo que se ha denominado el sarcófago rojo.

Situada en el centro de la pirámide, sobre esta cámara descansa todo el peso del inmenso edificio. Para aliviar la increíble carga e impedir que se derrumbase el techo, se construyeron las llamadas «cáma-

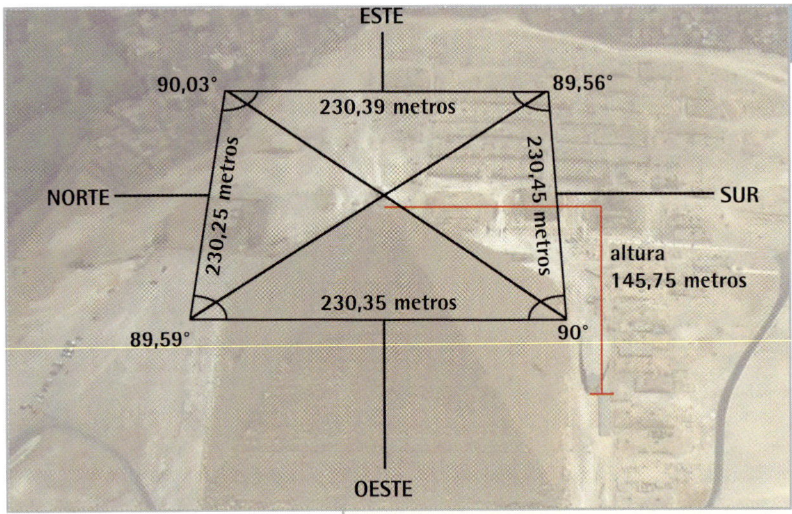

Todos los números

Originariamente, la pirámide medía 150 m de alto, pero actualmente, sin el Piramidón –la pieza piramidal que se situaba en su parte más alta– mide 145,75 m de alto. El lado norte mide 230,25 m; el oeste, 230,35 m; el este, 230,39 m; y el sur, 230,45 m. Por lo tanto, el margen de error es de tan solo un 0,1%. Asimismo, los cuatro ángulos rozan casi la perfección de los 90°: el ángulo sudeste mide 89,56°; el nordeste, 90,03°; el sudoeste, 90°; y el noroeste, 89,59°. Las cuatro caras de la pirámide están alineadas con los cuatro puntos cardinales con una variación de solo 3' de grado, lo que equivale a un 0,0015%. Los arquitectos que han construido recientemente el Observatorio Astronómico de París han errado en el doble. Su volumen es treinta veces superior al del legendario Empire State Building de Nueva York y puede contener en su interior la iglesia de San Pedro de Roma y un par de catedrales europeas. Se ha calculado que, con su piedra, se podría construir una autopista de ocho carriles que uniese San Francisco y Nueva York.

ras de descarga»; cinco vanos bajos y superpuestos unos a otros, localizados justo sobre la cámara del rey y la última de las camaras cubierta por dos piedras, de más de 2 m de espesor, colocadas en forma de V invertida. En estas cámaras se ha encontrado la única inscripción de toda la gigantesca pirámide, una atribución al faraón Keops cuya autenticidad plantea serias dudas.

La cámara del rey también fue descubierta, en el año 820, por el califa Al-Mamun, quien, según se cuenta, esperaba descubrir tesoros dignos de un gran rey y al encontrarse frente a tan solo un sarcófago, descargó un duro golpe sobre él y rompió el ángulo, como puede apreciarse hoy en día. En cambio, el sarcófago es en sí mismo un misterio. En primer lugar, es más grande que la galería de acceso a la cámara del rey, por lo que debió de colocarse en su interior durante la construcción de esta. Además, sus características técnicas son únicas. Según los expertos, para construir con un único bloque de granito un sarcófago como este, se necesitaría un trépano unas quinientas veces más grande que los que se utilizan en la actualidad. Entonces, ¿cómo pudieron arreglárselas los antiguos egipcios para realizarlo, si no tenían ni tan siquiera sencillas herramientas de hierro?

Corazón de granito
La cámara del rey, carente por completo de decoración, se encuentra a 42 m sobre el nivel de la base de la pirámide. En el centro se sitúa el sarcófago rojo, construido con un único bloque de granito. Arriba, la cámara de televisión del equipo Voyager grabando algunos detalles. El objeto ha sorprendido a los expertos, que no se explican la tecnología utilizada para realizarlo.

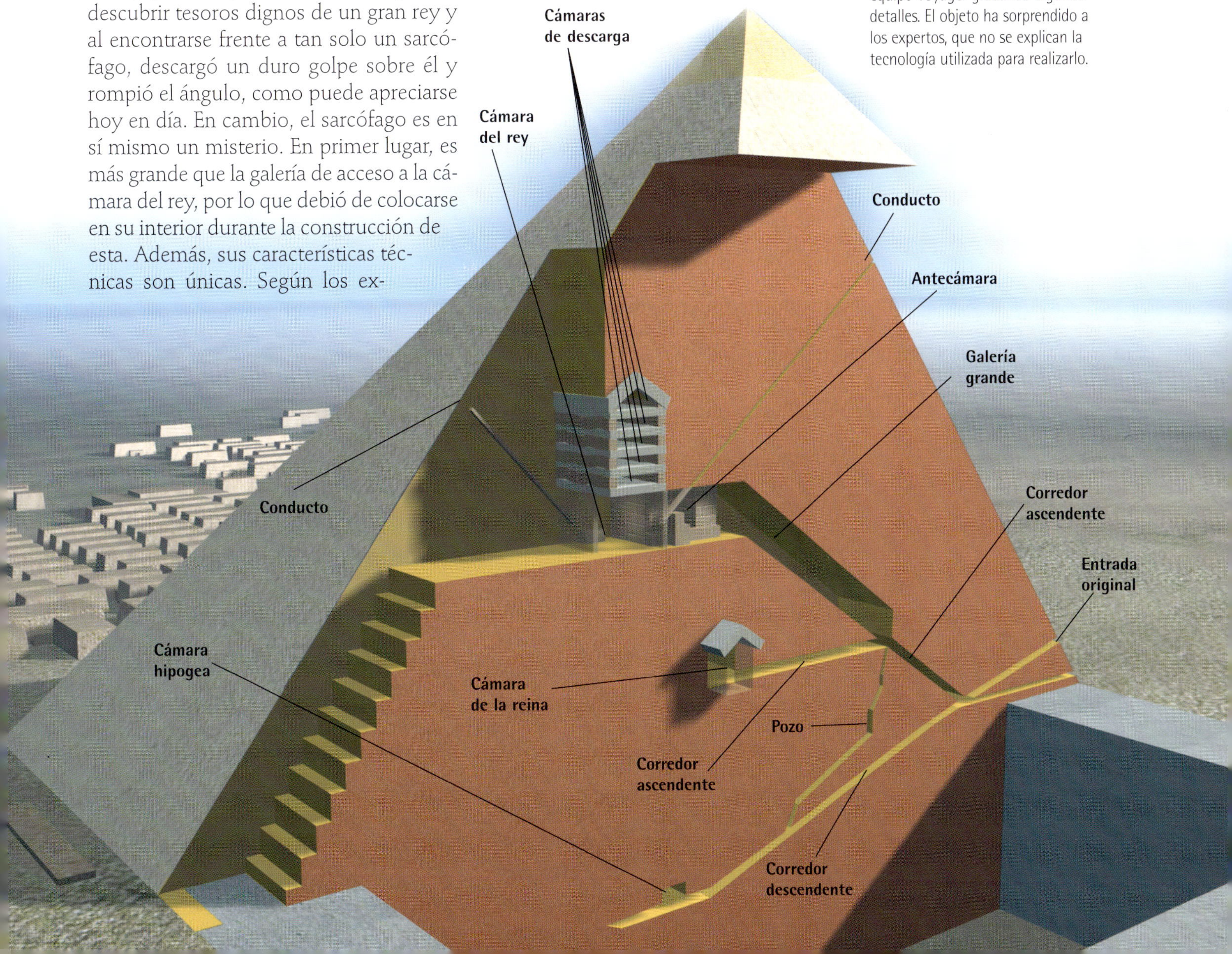

Keops y su tumba

La Gran Pirámide, ¿es realmente la tumba del faraón Keops? La cámara del rey (junto a estas líneas), la que debería de ser su estancia funeraria, sería un caso único pues, a diferencia de todas las demás tumbas de soberanos egipcios, se encuentra sobre el nivel de la arena y, además, sus paredes están completamente desnudas, sin jeroglíficos ni decoración. En realidad, parece que la atribución de esta pirámide a Keops es poco más que una convención; solo la menciona el historiador griego Heródoto, quien acusaba al faraón de haber oprimido a su pueblo y haber sacrificado cualquier cosa por la construcción de su pirámide, llegando incluso a prostituir a su hija con objeto de conseguir el dinero necesario para concluirla. Para corroborar esta atribución, solo se dispone de la controvertida inscripción realizada por el maestro de obra en una de las cámaras de descarga, encontrada en circunstancias poco claras hace apenas dos siglos. Pero ¿quién era realmente Keops, o Khufu, el faraón a quien se atribuye el mayor y más complejo monumento de la antigüedad? Existen pocas reseñas históricas verídicas sobre él. Fue el segundo soberano de la IV dinastía, y reinó durante casi veinte años, en torno a la mitad del año 2500 a. C. De él no se ha encontrado nada más que una pequeña estatuilla de unos 10 cm de alto (a la izquierda), conservada en el Museo Egipcio de El Cairo. Huellas de su reinado se han encontrado en Dendera, en el Sinaí y en el Alto Egipto.

El misterio de la construcción

¿Cómo fueron construidas las pirámides? Esta es la pregunta que más veces han escuchado los egiptólogos. El motivo es simple: todavía no se sabe con certeza cómo un pueblo que no conocía la rueda ni el hierro pudo cortar, transportar y colocar cerca de dos millones y medio de bloques de caliza y granito (eso, contando solo los que forman la Gran Pirámide). Las pirámides de Keops, Kefrén y Micerinos tienen características comunes en cuanto que pertenecen a la IV dinastía de los faraones del Antiguo Egipto; dinastía que los historiadores sitúan sobre 2700 a. C. y que tan solo duró unos setenta años.

¿Cómo pudieron construirlas en tan poco tiempo y con tan pocos medios? ¿Y cómo puede ser que sean tan distintas a las otras cien pirámides de Egipto? Las que se realizaron, tanto antes, como después de las de Giza, hoy en día, no son más que montones de ladrillo conservados irregularmente, como si el conocimiento que llevó a construir las tres pirámides más grandes del mundo no hubiera sido transmitido a la posteridad.

Sobre los métodos de construcción se discute desde hace decenios. Entre todas las teorías, hay dos que parecen las más interesantes. La primera es la del francés Joseph Davidovitz, estudioso de los materiales que sostiene que los bloques de caliza fueron realizados in situ mediante un empaste, y no transportados cientos de kilómetros desde lejanas canteras. Una tesis que, en cambio, no explica cómo se realizaron los bloques de granito del interior de la pirámide. Otra teoría, que cuenta con el aval de las autoridades egipcias, es la de Elio Diomedi, maestro de obra italiano que defiende el uso de un sistema basado en traviesas, los «maderos cortos» citados por Heródoto.

Una última cuestión: ¿por qué no se colocó en el interior de un edificio tan imponente la barca solar del faraón, tan necesaria en la vida después de la muerte, y que fue encontrada en una gran caja sepultada en el exterior de la pirámide?

La entrada
A la pirámide se accede a través de una apertura que fue excavada entre los imponentes bloques en el siglo IX. En realidad, la pirámide debía permanecer cerrada para siempre. De hecho, la puerta original fue cerrada por los últimos obreros al terminar las obras.

¿Bloques de piedra o cemento?
Davidovitz presupone que los grandes bloques de caliza fueron empastados allí mismo, como si se tratase de un cemento; pero esta explicación no esclarece el misterio del traslado de los enormes bloques de granito desde las lejanas canteras.

Palenque, la piedra del astronauta

Alberto Ruz Lhuillier
El arqueólogo que descubrió la llamada «piedra del astronauta», que se encuentra en la cámara funeraria a la que se accede a través de una serie de galerías desde el Templo de las Leyes (abajo).

La llamada *piedra de Palenque* es, todavía hoy, uno de los hallazgos arqueológicos que más interés despiertan. Estudiosos y apasionados del tema se enfrentan sobre el significado de la figura grabada en la piedra, apuntando o desmintiendo las analogías con los medios aéreos modernos. En Palenque existe un yacimiento arqueológico muy importante, y muchas de las mejores obras en el campo de la arquitectura maya se encuentran aquí.

Este extraordinario yacimiento fue hallado por un estadounidense y un inglés en abril de 1840, durante una exploración por la selva en la que se encontraron cara a cara con el sueño de todo viajero: una ciudad completamente inexplorada. Cuando el abogado Lord John Stephens y el diseñador Frederick Catherwood se encontraron ante templos y edificios sagrados ocultos en la espesa vegetación del lugar, comprendieron rápidamente que se trataba de los últimos testimonios de una antigua civilización ya desaparecida, la de los mayas. Lo que se descubrió como un verdadero centro sagrado ha necesitado de muchas otras campañas de excavación antes de desvelar sus secretos.

Una cripta subterránea

Después de casi 108 años desde el descubrimiento, en el Templo de las Leyes, situado en la cima de una de las tres pirámides que emergen alrededor de lo que debía de ser el centro de la ciudad, el arqueólogo mexicano Alberto Ruz Lhuillier hizo un nuevo e importante descubrimiento. Dentro del templo, el arqueólogo halló unas lápidas con hendiduras del tamaño de una mano. Una vez levantadas, apareció un pasadizo secreto que conducía hacia una serie de galerías subterráneas donde abundaban jarrones y objetos de perla y jade, al igual que en las celdas funerarias de los antiguos egipcios.

Hasta ese momento, se sabía que la función de las pirámides sudamericanas había sido exclusivamente religiosa pero, en esta ocasión, la situación parecía completamente distinta. Al final de los escalones había una puerta que escondía una cripta funeraria, con las paredes decoradas por completo con bajorrelieves e inscripciones. A pesar del tiempo transcurrido todavía se podían apreciar pálidas figuras de

los «nueve señores de la noche», los guardianes de los nueve Mundos Inferiores de la civilización maya.

La piedra del astronauta

Pero aún hay más. En el centro de la cripta había un sarcófago con los restos de un hombre que, en seguida, fue identificado como el rey Pacal, quien llevó a Palenque a la gloria que yacía con una espléndida máscara de jade verde sobre el rostro. Pero la verdadera sorpresa reside en el bajorrelieve que decora la piedra sepulcral: un hombre, inclinado hacia adelante, como si estuviese conduciendo algo que emite humo y llamas. Los apasionados de la paleoastronáutica reconocen en esta figura a un piloto moderno o a un astronauta. Para algunos, esta identificación viene confirmada por las señales que salen de la nariz del antiguo maya, que interpretan como dos tubos unidos a una maquinaria moderna. Las manos parecen aferrar unas palancas como las de los mandos de los aviones o de una nave espacial. ¿Es la representación de un pasado misterioso o solo es fantasía? Un hecho parece cierto: la figura ha sido retratada volando. Pero si para unos es un ser venido del espacio en un vehículo a reacción, para otros representa el alma del rey, destinada a un viaje en el cielo para reunirse con sus antepasados.

Una simbología compleja
La figura del centro de la lápida parece realmente encontrarse en el interior de un medio mecánico, una especie de cabina de piloto. Las decoraciones, ¿son solo fantasiosas o representan realmente palancas y mandos? En la página anterior, arriba, la piedra en el interior de la cámara sepulcral.

La clipeología

Lo que, en un primer momento, parecía solo fruto de la fantasía de los apasionados por este tema, en la actualidad, se ha convertido en una materia de estudio real, aunque no ha sido reconocida por la arqueología oficial. La clipeología estudia los restos arqueológicos que podrían indicar un contacto entre alienígenas y hombres del pasado (en el detalle de este fresco, ¿qué representa el objeto que, a simple vista, parece una nave espacial?). El término deriva de la palabra latina *clipeus*, y hace referencia al escudo de los antiguos romanos.

Roswell y Tunguska, ¿qué sucedió realmente?

Todo el mundo hablaba de ello
La noticia de un posible choque de un ovni en los alrededores de Roswell dio rápidamente la vuelta al mundo. Los grandes periódicos del momento contribuyeron al nacimiento de un debate que aún continúa. Arriba, la entrada al rancho de Mac Brazel, donde se encontraron algunos fragmentos del supuesto ovni estrellado.

Ciudad de Roswell, Nuevo México, Estados Unidos, año 1947. Hasta ese momento, la vida de los habitantes de esta tranquila y desconocida localidad estaba animada por las idas y venidas de los soldados de la cercana base aérea del ejército estadounidense. Pero entre el 2 y el 4 de julio de aquel año, durante el fin de semana en el que Estados Unidos celebraba el Día de la Independencia, sucedió algo que llevó a Roswell a las portadas de los periódicos del mundo.

Era una noche de tormenta, con rayos y truenos que agitaban el cielo y los campos; pero no todo lo que sucedió parece que fuese fruto de las fuerzas de la naturaleza.

Alrededor de las 21:50 h, el matrimonio Wilmot, sentado en el porche de su granja, observó en el cielo un extraño objeto luminoso que se dirigía como una flecha en dirección a la localidad de Corona.

A la mañana siguiente, el 3 de julio, el ganadero William Mac Brazel, al salir de casa, descubrió algo extraño: una gran cantidad de láminas metálicas recubrían su campo. Como no tenía teléfono en casa, no informó de lo sucedido al *sheriff* Wilcox hasta el 5 de julio, cuando fue a Corona. Pero en Corona ya se hablaba de extraños avistamientos. Discos volantes habían aparecido en aquella noche de tempestad. Mac Brazel lo relacionó rápidamente con las láminas metálicas que había encontrado en su campo. De regreso a casa las recogió, y al día siguiente, 6 de julio, las llevó a la ciudad, a la oficina del *sheriff* Wilcox, quien in-

Harassed Rancher who Located Saucer' Sorry He Told About It

UN "DISCO VOLANTE" trovato al Nuovo Messico

Altre segnalazioni da Sydney, da Città del Capo e da Londra

Roswell Daily Record

RAAF Captures Flying Saucer On Ranch in Roswell Region

Claims Army Is Stacking Courts Martial

House Passes Tax Slash by Large Margin

No Details of Flying Disk Are Revealed

Some of Soviet Satellites May Attend Paris Meeting

Roswellians Have Differing Opinions On Flying Saucers

Miners and Operators Sign Highest Wage Pact in History

U.S. ARMY TO EXAMINE A "FLYING DISK"

FROM OUR CORRESPONDENT
WASHINGTON, JULY 8

After an Army announcement from Roswell, New Mexico, that an object resembling a "flying disk" had been found there, the commander of the Eighth Air Force said

Ça n'était pas une illusion d'optique...

UNE "SOUCOUPE VOLANTE" atterrit dans la cour d'une ferme au Nouveau Mexique

Les militaires restent muets devant cette sensationnelle découverte

L'ARMEE AMERICAINE A TROUVE UN «DISQUE VOLANT»

- ROSSWELL-NEW-MEXICO (AP). — L'armée de l'air américaine annonce qu'un « disque volant » a été trouvé dans une ferme près de Rosswell et qu'il est actuellement en possession de ses services.

Doble verdad
¿Qué sucedió realmente en el cielo de Nuevo México aquella noche? ¿Fue una astronave alienígena que se estrelló contra el suelo, o un globo sonda, similar al de la foto pequeña, tal y como dice la versión facilitada por la aeronáutica militar?

formó inmediatamente al comandante de la base militar de Roswell.

La noticia de la recuperación de fragmentos de una objeto volante no identificado ya había dado la vuelta al mundo, pero la aeronáutica militar lo desmintió con un comunicado oficial que informaba de que los restos encontrados formaban parte de un globo sonda que se había precipitado como consecuencia de la tormenta.

Todo resuelto, y los misterios siguen

Para la prensa los datos no encajaban porque, en la llanura de San Agustín, a unos 100 km al oeste de Roswell, se habían encontrado restos de otro objeto metálico, y, junto a los restos metálicos, aunque solo eran rumores, se decía que se habían encontrado, también, algunos cadáveres con forma humana, los componentes de la tripulación. La zona fue inexplicablemente precintada por el ejército, y a nadie se le permitió acercarse. Entonces, si se trataba solo de un inofensivo globo sonda, ¿por qué tantas molestias y tanto secreto?

El 10 de julio se recibió una extraña llamada de teléfono en la agencia funeraria Bellard, que prestaba sus servicios a la base aérea. Desde la base militar se solicitaron dos ataúdes para niños e información sobre la conservación de cadáveres. El director de la funeraria se atrevió a pedir una explicación y, como respuesta, se le dijo que solo se trataba de datos útiles para el archivo.

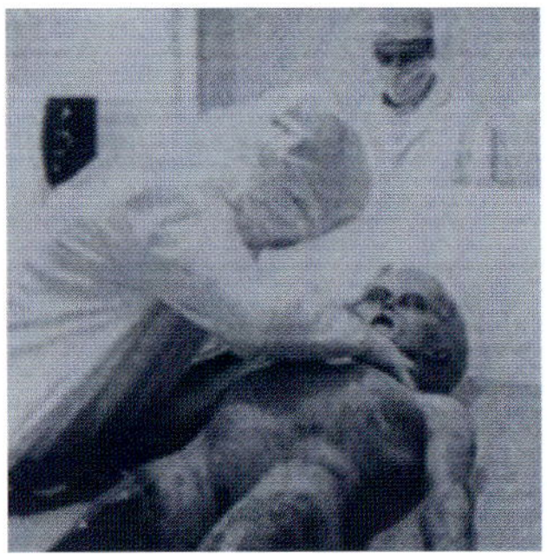

¿Verdadero o falso?
Una foto que ha generado polémica es la que sacó a la luz el famoso documental y que demostraría el hallazgo de cadáveres alienígenas entre los restos de la astronave de Roswell.

La opinión pública enseguida ató cabos: ¿acaso habían sido encontrados los restos de dos extraterrestres, dos cuerpos de las dimensiones de un niño humano?

La fotografía que le sacaron al general Roger Maxwell Ramey en su oficina de Forth Worth la tarde del 8 de julio, y que fue mostrada en el transcurso de una conferencia de prensa, alimentó el culebrón de Roswell. En la imagen se ve a Ramey arrodillado junto a los restos de un globo y de un radar en el interior de su oficina. Evidentemente, había sido tomada con el fin de silenciar cualquier duda sobre la versión oficial que aludía a un globo sonda.

Pero el general tenía en la mano un documento del cual se podía leer parte del texto. Algunos investigadores reconstruyeron la palabra «Magdalena» y otros, la palabra «Roswell», pero todos coincidían en una frase: en el documento se leía «víctimas en los restos». ¿Acaso no había sido un globo sonda lo que había caído aquella noche de julio en Roswell? ¿Qué fue realmente lo que impactó en el suelo? Y las víctimas, si realmente existían, ¿quiénes eran? ¿Para qué se necesitaban aquellos ataúdes solicitados por la base militar?

Durante 48 años no sucedió nada nuevo. Quienes hablaban de extraterrestres seguían convencidos de sus razones, mientras que el ejército continuaba afirmando la versión del globo sonda.

¿Una nueva verdad?

Pero, en 1995, todo cambió súbitamente. El documentalista inglés Ray Santilli encontró una película. Está desenfocada y dura cerca de siete minutos, pero lo que se ve es, inequívocamente, a dos médicos con bata blanca, guantes y máscaras, exa-

El Área 51

Es una parte de una base militar estadounidense (junto a estas líneas, en una foto de satélite) que se encuentra a 150 km de Las Vegas, en el desierto de Nevada. Es una de las zonas más vigiladas del planeta; está prohibido sobrevolarla y, gracias a la formación del terreno, es prácticamente impenetrable. En las fotos de satélite efectuadas por Japón y Rusia se aprecian algunos edificios y una pista de aterrizaje. Hay quien afirma que la base propiamente dicha se desarrolla en noventa plantas subterráneas. Área 51 es famosa porque muchos ufólogos sostienen que el gobierno de EE. UU. custodia allí pruebas de la existencia de extraterrestres. Casi con total seguridad, en esta base se proyectan y realizan prototipos de aviones experimentales. Algunos científicos, que aseguran haber trabajado en la base y después haber desertado, han revelado que han tocado con la mano «platillos volantes» a propulsión gravitacional de origen alienígena, un tipo de propulsión en la que están trabajando los militares. Lo que sí son ciertas son las decenas de avistamientos de objetos luminosos en el cielo de Nevada, particularmente concentrados sobre el Área 51.

minando dos extraños cadáveres del tamaño de un niño. El caso Roswell volvió a las portadas de los periódicos de todo el mundo y la polémica se reavivó.

Pero Santilli no llegó a convencer del todo, principalmente porque no se consiguió saber con claridad el origen del material filmado.

En la actualidad, no existe ninguna prueba que asegure que la película sea falsa o que haga referencia real al incidente de Roswell; no obstante, aunque los elementos disponibles no prueban absolutamente su veracidad, la mayoría de los ufólogos consideran la película como no auténtica.

En resumen, el misterio de Roswell, si se trata de un misterio, está destinado a permanecer todavía tal cual, sesenta años después del suceso.

Tunguska. Pruebas técnicas de apocalipsis

Tunguska, Siberia oriental. Nos encontramos en una región de grandes bosques; 750 ha escasamente habitadas debido a las bajas temperaturas que se registran la mayor parte del año.

Los señores de estos bosques de abetos, alerces y pinos son los renos y los animales de pelaje. Pero a las 7:17 h del 30 de junio de 1908, de repente, sucedió algo. Más de 2,2 ha de bosque, más de 60 millones de árboles, se incendiaron al instante y murieron miles de animales. El estruendo provocado por la explosión se oyó hasta a 200 km del epicentro y, la columna de polvo que se levantó en el cielo miles de metros fue visible a 800 km de distancia.

Una tormenta de fuego seguida de una lluvia negra contaminó centenares de ki-

Tunguska ayer y hoy
Arriba, la zona del impacto tal y como se encuentra en la actualidad y, en la imagen de época, abajo, tal y como se presentó a los ojos de los primeros exploradores que llegaron al lugar de los hechos. Los árboles caídos se encontraban dispuestos de forma radial alrededor del punto de la explosión. Solo algunos troncos carbonizados permanecieron en pie.

Cuerpos extraterrestres

Son objetos que viajan a gran velocidad por el espacio y que, en ocasiones, entran en rumbo de colisión con la órbita de un planeta. A la Tierra llegan continuamente, pero se trata de cuerpos de dimensiones tan pequeñas que se destruyen en el instante en que entran en contacto con la atmósfera. En ocasiones, se puede ver su estela al mirar al cielo en las limpias tardes de verano: son los *meteoros,* también llamados *estrellas candentes.* Algunos de estos cuerpos, rara vez, consiguen atravesar la atmósfera y caen en la tierra: son los *meteoritos* y resultan muy útiles a los científicos, porque así pueden estudiar su composición. Pero, en ocasiones, el impacto tiene lugar con cuerpos de grandes dimensiones, y entonces la cosa cambia. Un suceso de este tipo puede causar profundos y radicales cambios en la superficie del planeta. Basta con recordar que una de las hipótesis más aceptadas sobre la desaparición de los dinosaurios hace referencia al impacto de un meteorito de grandes dimensiones que habría originado una catástrofe natural tal que habría provocado la desaparición de gran parte de las formas de vida de la Tierra.

lómetros del territorio, por suerte, escasamente habitado. Pero hay más. El suceso provocó un temblor sísmico que fue registrado en los observatorios de Moscú, Londres, París e, incluso, Washington, en el otro extremo del planeta. La onda expansiva dio dos vueltas al planeta antes de extinguirse. Durante semanas, en el cielo de todo el planeta se encontraron polvo y detritos.

El 30 de junio de 1908, en toda Europa no se hizo de noche, el cielo permaneció insólitamente iluminado de tal manera que, en las ciudades, incluso se podía leer el periódico por la noche sin necesidad de luz artificial.

En busca de las causas

Gracias a las primeras expediciones enviadas al lugar de los hechos se descubrió que los troncos de los árboles derribados estaban dispuestos en forma radial, es decir, a partir del epicentro de la explosión y hacia el exterior. Los troncos estaban dispuestos de esta manera en casi todo el lugar, excepto en la zona del impacto, donde los restos carbonizados continuaban derechos, plantados en el terreno.

Los testimonios de los habitantes de los pueblos vecinos, situados a unos 200 km de distancia del epicentro, referían un objeto encendido que surcaba los cielos. Al mismo tiempo, todos los animales domésticos mostraron signos de inquietud, mientras que algunas cabezas de ganado escaparon en busca de refugio.

En un primer momento, los investigadores pensaron en el impacto de un meteorito o de un cometa. Se conjeturó que la explosión había tenido lugar, incluso, a algún kilómetro de distancia del suelo, lo cual explicaría la ausencia de un cráter y la posición de los troncos con respecto al epicentro. Pero enseguida surgieron otras hipótesis. Se pensó en el impacto con un agujero negro o con una partícula de antimateria. No se sabe con certeza qué sucedería si algo así ocurriese algún día, pero los investigadores sostienen que el impacto con estos cuerpos podría provocar efectos similares. No obstante, hay quien va más allá: la causa de la explosión habría sido la caída de un ovni averiado, quizás un avión con propulsión nuclear que se estrelló contra el suelo.

Todavía hoy, casi cien años después, no se sabe qué sucedió realmente en Tunguska, pero la hipótesis más aceptada es la que apunta a un meteorito de composición algo particular, quizás de piedra dura o, como se deduce de los testimonios oculares de la época, de un pequeño cometa. Lo que sí se sabe es que la explosión tuvo una potencia similar a mil bombas atómicas de las lanzadas sobre Hiroshima y Nagasaki. Un terrorífico anticipo de lo que el hombre llegó a hacer pocos decenios más tarde. O quizás sería mejor decir una advertencia a la raza humana.

Leonid Kulik
Fue el jefe de la primera expedición de la Academia de la Ciencia rusa enviada a Tunguska en 1921, trece años después del suceso. ¿Fue la caída sobre la Tierra de una astronave alienígena averiada, como la de la reconstrucción que aparece sobre estas líneas, la que causó tanta devastación?

Chartres, los misterios de una catedral

Un libro en piedra
Arriba, una foto del interior de la catedral con el laberinto en forma de cruz bien visible en el pavimento de la nave central. Abajo, la fachada del transepto norte, a través del cual se accedería a la mítica Arca de la Alianza. Según algunos estudiosos, el edificio habría sido construido incluyendo precisas proporciones matemáticas similares a las presentes en otros monumentos de la antigüedad como, por ejemplo, las pirámides de Giza.

Es una de las obras maestras de la arquitectura gótica y fue construida en 1135 por los monjes cistercienses. Con relativa frecuencia, los miles de visitantes que cada día atraviesan el umbral de Notre-Dame de Chartres no buscan solo espiritualidad o buena arquitectura. De hecho, quien llega hasta aquí quiere ver uno de los que el gran alquimista Fulcanelli definió en *Los secretos de las catedrales* como «libros de piedra». La catedral de Chartres puede considerarse un gran proceso alquímico, la representación a través de decoraciones, arquitectura y escultura de un camino iniciático dirigido a la evolución del hombre, que así se acerca a la perfección de Dios.

La máxima expresión de este camino es su laberinto, llamado «camino de Jerusalén», que, en Chartres, como en otras catedrales, tiene una función bien precisa. Según la tradición esotérica, recorrerlo desde el exterior hasta el centro significa crecer espiritualmente renaciendo a una nueva vida. Verdad o no, lo cierto es que ha sido estudiado con atención y se sabe que las piedras del suelo que lo constituyen y llevan al centro se corresponden con los días de la gestación. Según algunos estudiosos, en este laberinto también se encuentran las complejas proporciones identificadas por el egiptólogo Schwaller de Lubicz en los más importantes templos egipcios. Otro nexo con Egipto procede de Tierra Santa, donde los templarios encontraron el códice de geometría sagrada de Hiram Habif, arquitecto del Templo de Jerusalén, quien también trabajó en Egipto.

El Arca de la Alianza

Para seguirle la pista hace falta situarse frente a la fachada norte de la catedral de Chartres, la llamada «puerta de los iniciados». Entre su decoración, un relieve narra que el Arca de la Alianza fue transportada hasta la catedral. Lo confirma una inscripción que reza *Hic Hamittitur Archa Cederis*, lo que, en un latín no propiamente clásico, quiere decir «por esta puerta se ha admitido el Arca de la Alianza», o lo que es lo mismo, «desde aquí se accede a la obra de la alianza».

¿Qué une el Arca de la Alianza con Chartres? Depende del viaje que la inalcanzable reliquia habría realizado durante siglos. Quizás, robada por los romanos en el año 70 d. C. junto con el resto del tesoro del Templo de Jerusalén, habría cambiado de propietarios durante el saqueo de Roma realizado por los visigodos, quienes la habrían llevado a Francia, a los Pirineos. Según otra hipótesis, en cambio, en el momento del saqueo por parte de los visigodos, el Arca habría sido puesta a salvo por

los sacerdotes en los subterráneos del Templo, donde siglos después habría sido recuperada por los caballeros templarios y, de allí, trasladada a Chartres, donde permanecería encerrada en una cripta secreta. La leyenda cuenta que, en el caso de que sea descubierta, la catedral entera se derrumbará como un castillo de naipes. Esta característica parece común a todas las catedrales góticas, construidas según una serie de claves de bóveda y de empujes tan perfectos como unidos, cuyos secretos constructivos procederían directamente, de la experiencia del arquitecto del Templo de Jerusalén.

Las vírgenes negras

En muchas iglesias hay estatuas de vírgenes negras; en Europa llegó a haber quinientas, incluidas las dos de la catedral de Chartres. De hecho, estas últimas se encuentran entre las más famosas: Nuestra Señora de la Tierra y Nuestra Señora del Pilar son tan importantes que ha habido quien, con solo acercarse a sus capillas, ha sufrido algún mal. La causa parece ser su fuerte unión con la Gran Madre Tierra. La energía de la Tierra, según la tradición, es más fuerte en determinados puntos y, coincidiendo con estos puntos, han surgido durante siglos los lugares de culto más antiguos; la catedral de Chartres fue erigida sobre otro templo, quizás del año 800 d. C. La advocación de la catedral a Nuestra Señora se hace evidente en gran cantidad de detalles simbólicos y constructivos. La almendra del rosetón occidental que representa a la Virgen, por ejemplo, en agosto es atravesada por un rayo de sol que se proyecta justo sobre la rosa del centro del laberinto.

A día de hoy, debido al movimiento precesional de la Tierra, el fenómeno tiene lugar el día 20 del mes, pero en el medievo dicho día era el 15 de agosto, día dedicado a la Virgen. Además, uniendo idealmente las distintas catedrales góticas de Francia, se obtiene la representación de la constelación de la Virgen, un último signo de la consagración de Nuestra Señora.

Un antiguo culto que sobrevive
Las Vírgenes de rostro oscuro derivarían del culto a Isis, unido al antiguo culto a la Diosa Madre, que sobrevivió a la aparición del cristianismo. Desde los tiempos más antiguos, la Diosa Madre era representada con la piel oscura.

La unión entre lugares distintos

¿Qué une idealmente Chartres, la Gran Pirámide de Keops y Castel del Monte, tres monumentos tan lejanos y distintos unos de otros? Según una teoría, sería un alineamiento geográfico deseado, presumiblemente, por el constructor del último de los edificios, Federico II. Su Castel del Monte, de hecho, fue construido a partir de 1240, pocos años después de que finalizara la construcción de la catedral de Chartres. La teoría sostiene que el emperador, quizás a través de los monjes cistercienses y los templarios que habían construido Chartres, conoció los secretos de la catedral, que provenían de un lejano pasado y del antiguo Egipto.

El Dorado, la mítica ciudad del oro

El hombre dorado
Esta figura votiva de oro representa la ceremonia de El Dorado, durante la cual el jefe del pueblo era recubierto con resina y polvo de oro y, después, era llevado en procesión sobre una barca por un lago o río. Abajo, representación de la ceremonia en un grabado del siglo XVI.

En 1520, Hernán Cortés, el temible conquistador español, informó a los soberanos de España sobre el tesoro de Moctezuma: inmensas cantidades de oro y ciudades enteras revestidas del metal precioso. Cortés realizó una descripción tan extraordinaria que, enseguida, se difundió la convicción de que en el Nuevo Mundo el oro se encontraba por doquier. Pero lo que contribuyó a crear el mito de El Dorado, es decir, el hombre de oro, fue sobre todo la ceremonia en la que el rey era recubierto de polvo de oro, simbolizando la unión con el dios Sol.

Una búsqueda febril

Rápidamente, numerosas expediciones partieron en busca de las míticas ciudades con palacios, calles y templos cubiertos de oro.

Durante siglos, la avaricia de los europeos condujo a la masacre de centenares de indígenas, torturados y asesinados por no revelar la localización de estas ciudades que, obviamente, no existían.

Pero, también, decenas de europeos perdieron la vida en la selva amazónica y en los bosques sin explorar. Las expediciones se sucedieron desde 1529 casi ininterrumpidamente y, en 1927, se produjo la última víctima.

Desde México, la búsqueda se desplazó siempre hacia el sur, seguramente porque, con frecuencia, los jefes de las tribus ocupadas por los conquistadores, para desembarazarse de estos, se inventaron leyendas sobre ciudades de oro que se encontraban siempre en otros lugares.

Pero Cortés no fue el único que se refirió a las inmensas riquezas de los pueblos del Nuevo Mundo. Ya en 1512, el marino español Vasco Núñez de Balboa partió desde Panamá con una expedición hacia el sur, a lo largo de la costa del Pacífico, en busca de los lugares de donde provenían los misteriosos objetos de oro que poseían las poblaciones indígenas. También en este caso, enseguida se extendió el rumor de que en alguna parte existía un lugar donde el metal precioso abundaba.

El Dorado encontrado

Según un documento encontrado recientemente en Roma por un antropólogo ita-

liano, la ciudad de El Dorado existió realmente y fue descubierta por los jesuitas a finales del siglo XVI.

En una carta enviada por el padre Andrea López, en aquel momento Provincial del Perú, se informaba del descubrimiento al Padre General de la Compañía de Jesús, y se pedía permiso, que fue concedido, para evangelizar a aquella población. El Papa y la Compañía de Jesús mantuvieron en secreto la ubicación de la ciudad para impedir una inevitable, y seguramente cruenta, contienda por el oro. Sin duda, una medida algo inútil, considerando que hoy en día la búsqueda de El Dorado continúa con mercenarios dispuestos a todo con el fin de conseguir tan ansiado tesoro.

Pero, a pesar de las innumerables búsquedas efectuadas a lo largo de los siglos, incluso con la ayuda de sofisticadas herramientas como radares y satélites, todavía no se ha encontrado huella alguna de la mítica ciudad.

Probablemente sea porque, en realidad, no se trata de un único lugar, sino más bien de numerosos pequeños tesoros locales.

Vencedores y vencidos
Hernán Cortés (1485-1547) fue el artífice de la conquista del Imperio azteca. Partió en 1519 con once naves y quinientos soldados y, después de dos meses y medio de asedio, y tras asesinar al emperador Moctezuma II, ocupó con su ejército la capital azteca de Tenochtitlan. En la imagen, Cortés y El Dorado en dos grabados de finales del siglo XIX.

Una atracción turística

Hoy basta con viajar a Bolivia para visitar la mítica ciudad de El Dorado. Obviamente se trata de una atracción turística. El precio de las excursiones organizadas por los guías locales no es demasiado elevado pero, después de tres horas de viaje, lo único que se puede ver es el lago Guatavita (en la foto), que, además, es artificial. Igualmente artificiales son las ruinas del pueblo sumergido. Guatavita era el lugar donde se celebraba la ceremonia de El Dorado, en el transcurso de la cual el jefe del pueblo era recubierto con una resina empastada con polvo de oro. El ritual concluía con la inmersión del «hombre de oro» en las aguas del lago, mientras los habitantes le lanzaban objetos votivos, la mayoría de las veces de oro.

Castel del Monte, la fortaleza de los números

La imagen en las monedas
Reverso de una moneda italiana de 1 céntimo de euro en la cual aparece representado el Castel del Monte.

Castel del Monte es una construcción tan espléndida como misteriosa que se encuentra en Puglia y, más concretamente, en Andria, provincia de Bari, Italia.

Fue erigida entre 1230 y 1240 sobre las ruinas de una fortaleza anterior a Federico II, soberano conocido como *stupor mundi*, es decir, «asombro del mundo». Fue un hombre ilustrado, amaba las artes y la cultura y, aun siendo cristiano, encontraba gran interés en las culturas orientales. Todo esto se refleja en las paredes del Castel del Monte, donde nada se dejó al azar.

En realidad, Federico II no lo habitó nunca; el castillo estuvo abandonado por un largo periodo de tiempo durante el cual muchos de los mármoles que lo decoraban fueron expoliados. Con posterioridad, fue una cárcel y, también, refugio de pastores, hasta que en el año 1876 pasó a ser propiedad del Estado italiano, que lo compró por la suma de 25.000 liras, cantidad exigua incluso en aquel momento.

Ha sido restaurado varias veces y, en el año 1996, fue incluido en la lista de monumentos declarados Patrimonio de la Humanidad por la UNESCO. Su estructura es tan particular que ha sido elegida para ser representada en el reverso de las monedas italianas de 1 céntimo de euro.

Pero ¿cuáles son los misterios de este castillo feudal? En época medieval era frecuente transmitir mensajes codificados incluyéndolos en la arquitectura y proporciones de palacios y castillos. Estos mensajes son enigmas reales que aún no han sido descifrados, pues los misterios sin resolver, de este y otros edificios, son todavía muchos.

¿Por qué fue construido?

Quizás el principal misterio reside en su construcción: ¿por qué fue edificado? Los castillos se erigían con fines defensivos, pero no parece que sea este el caso. Para empezar, no se encuentra en una posición

Arquitectura esotérica

Los ejemplos de arquitectura esotérica son innumerables. En muchos edificios religiosos aparece una forma cuadrada cubierta por una forma esférica: el cuadrado representa la tierra, mientras que la semiesfera, es decir, la cúpula, representa el cielo. Frecuentemente, entre la base cuadrada y la cúpula, existe una estructura intermedia de forma octogonal. En este caso, el cuadrado simboliza la tierra, el octógono, el hombre, y la semiesfera, el cielo. El octógono, igual que el número ocho, tiene carácter de mediación entre la tierra y el cielo. Los baptisterios tienen forma octogonal porque hacen referencia al octavo día de la resurrección de Cristo y, por tanto, a la superación del número siete, que en esoterismo representa la suma del cuerpo y el alma. En la foto, el interior de la cúpula del baptisterio de Florencia.

militarmente estratégica; de hecho, no está rodeado por un foso ni existen elementos defensivos en los alrededores.

Además, otro detalle importante es que en su interior no existen estructuras adecuadas para hospedar a las tropas o para todas las actividades que, en aquella época, eran necesarias para el mantenimiento de un ejército, tales como almacenes para las armas, cuadras para los caballos, depósitos para las provisiones y, lógicamente, alojamientos para los soldados. En resumen, en caso de asedio, más que una fortaleza habría resultado una trampa.

Otra hipótesis es que se tratase de un pabellón de caza, que, como es bien sabido, era una de las grandes pasiones del emperador Federico II. Sin embargo, muchos estudiosos sostienen que es improbable que una construcción de este tipo, tan grande y refinada, fuera edificada para tal fin.

Un número infinito, un misterio sin resolver

Entonces, ¿para qué servía? Quizás no tuviese una finalidad eminentemente práctica, pero hay muchos indicios que sugieren que nos encontramos frente a un maravilloso ejemplo de arquitectura esotérica. En el Castel del Monte existe un número que se repite en muchísimos detalles de la construcción: el ocho.

La planta del castillo es octogonal, así como octogonal es la planta de las ocho torres situadas en cada ángulo del octó-

Bello y misterioso
Sobre un pequeño cerro, el castillo aparece en toda su imponencia. En la planta se perciben los elementos en forma octogonal, desde el cuerpo principal al patio interior y a las ocho torres externas. Más abajo, una miniatura del *De arte venandi cum avibus*, tratado de cetrería escrito por el propio Federico II.

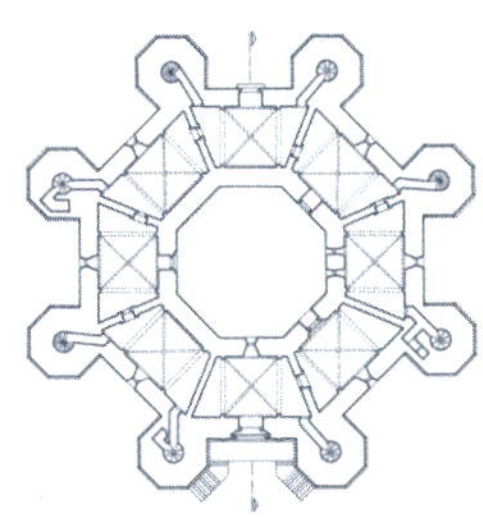

Infinitas veces ocho
El cielo visto desde el patio octogonal de Castel del Monte.

gono central. Ocho son las salas del piso inferior y ocho las del piso superior. El patio interior, naturalmente, también es octogonal, y en el centro tenía un aljibe también octogonal. Pero aún hay más: ocho, o múltiplos de ocho, son las decoraciones de las fachadas, las hojas de los capiteles, las cúpulas y las ventanas. En definitiva, el número ocho se encuentra en cada detalle de esta arquitectura increíble.

Como sucede siempre que se encuentran frente a un caso como este, los estudiosos están divididos en dos grupos: los que sostienen que solamente se trata de una magnífica construcción arquitectónica sin igual, y los que creen que contiene numerosos códigos esotéricos. Hay quien encuentra particulares simetrías astrológicas en su planta y quien asegura que está relacionado con el Santo Grial, quien busca números esotéricos escondidos en las proporciones de sus fachadas y quien afirma haberlos encontrado. Y, todo ello, aún un misterio por resolver.

Ocho, un número cargado de significado

¿Qué significado se le atribuye al número ocho? La forma octogonal es el símbolo de la resurrección y, con frecuencia, es utili-

El emperador Federico II

Nacido en Jesi, en la actual provincia de Ancona, en diciembre de 1194, Federico II (en la imagen, posible «retrato» suyo) era nieto de Federico Barbarroja e hijo de Enrique VI y Constanza, hija de Rogelio II el Normando. Su reino entró con frecuencia en guerra con los Estados Pontificios, tanto, que Federico II fue excomulgado dos veces por Gregorio IX, quien llegó a definirlo como «el Anticristo». Tras la muerte de sus padres, accedió al trono de Sicilia a la edad de cuatro años, bajo la regencia del papa Inocencio III; pero el día de su decimocuarto cumpleaños se autoproclamó mayor de edad, convirtiéndose, así, en rey a todos los efectos. Según las crónicas del momento, Federico II conocía perfectamente nueve idiomas y fue un gobernante ilustrado. A la edad de 30 años fundó en Nápoles la primera universidad estatal de todo Occidente, institución laica que entró inmediatamente en enfrentamiento con la antigua universidad de Bolonia, bajo control papal. La universidad Federiciana existe hoy en día, pero solo desde 1987 está dedicada al gran soberano. En 1227, el papa Gregorio IX lo animó a partir a la sexta cruzada, pero la peste alcanzó a sus soldados y se vio obligado a volver. Como castigo fue excomulgado en el mismo mes. Al año siguiente volvió a zarpar y, gracias a un acuerdo con el sultán, sobrino de Saladino, se coronó rey de Jerusalén en la iglesia del Santo Sepulcro el 18 de marzo de 1229. A él se atribuyeron todos los honores de una guerra resuelta sin la participación directa de la Iglesia, de lo cual Gregorio IX y su sucesor, Inocencio IV, lógicamente, no se alegraron en absoluto.

zada en edificios con significado cósmico. El número ocho, en posición horizontal, representa el símbolo del infinito y significa la unión entre el hombre y Dios. Pero también el octógono es el símbolo imperial de la familia Suabia, a la que pertenecía Federico II, cuya corona tenía forma octogonal. Castel del Monte es, por lo tanto, un gigantesco símbolo del poder del emperador mismo.

Algunos estudiosos piensan, asimismo, que esta simbología es el elemento de unión entre todas las grandes religiones monoteístas.

La profecía

«Tu muerte tendrá lugar en una localidad que contiene la palabra *flor*». Parece ser que esta profecía fue la que siempre mantuvo a Federico II alejado de Florencia. Pero el emperador no sabía que en las cercanías de Torremaggiore, actualmente provincia de Foggia, existía una localidad llamada Castel Fiorentino (*fior* en italiano significa «flor»).

Así fue como el 13 de diciembre de 1250, cuando se encontraba en aquel lugar, al sentirse indispuesto preguntó a sus sirvientes el nombre de aquella localidad. Al oír el nombre Castel Fiorentino comprendió de inmediato que había llegado su hora. Dictó su última voluntad y expiró tan rápido que hubo quien creyó que había sido asesinado, supuestamente a manos de su hijo Manfredo, quien le sucedió en el trono de Sicilia. Esta hipótesis se ha demostrado infundada posteriormente porque, en realidad, parece ser que la muerte le sobrevino a causa de una grave enfermedad intestinal debida a indisposiciones no curadas. Federico II quiso ser enterrado en la catedral de Palermo.

En su sarcófago, inspeccionado por primera vez en el siglo XVII, se han encontrado tres restos mortales. Federico II se encontraba todavía en buen estado de momificación; llevaba un anillo en el dedo con una esmeralda decorada con ocho pétalos, e iba vestido con una túnica idéntica a la de los monjes cistercienses, los mismos que construyeron la catedral de Chartres. ¿También esto es mera coincidencia?

El emperador se llevó consigo muchos secretos que después de tantos siglos todavía esperan ser desvelados.

Una última curiosidad: como ya se ha mencionado, Federico II murió en 1250. Si se suman las cifras que forman el año, resulta un número bien conocido: el ocho.

El sarcófago del emperador
La tumba de Federico II se encuentra en la catedral de Palermo, donde fue sepultado según su voluntad. El cuerpo, embalsamado a toda prisa, fue expuesto durante algunos días y enterrado en la catedral en un sarcófago de pórfido, piedra real según la tradición normanda. Abajo, el castillo en una vista aérea.

La «flor» de la muerte
En esta miniatura de hacia el año 1300, tomada del manuscrito *Nuova Cronica* de Giovanni Villani, Federico II se encuentra en su lecho de muerte. ¿Fue un asesinato o el cumplimiento de una profecía según la cual el emperador moriría en una localidad que contuviese la palabra «flor»?

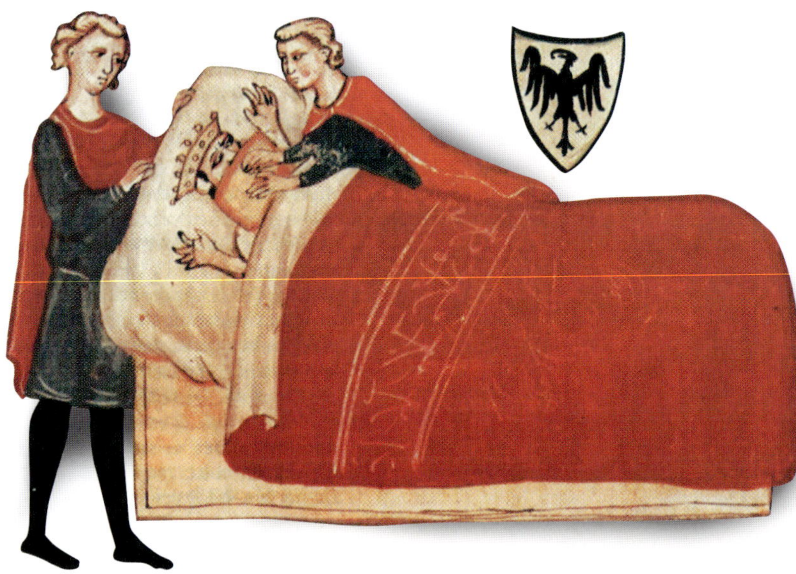

Nazca, desde el cielo

¿Antiguas pistas de aterrizaje?
Abajo, la figura llamada «el trapecio», que según algunos podría haber sido una pista de aterrizaje de antiguas naves espaciales. Arriba, junto al título, fotografías de la época de Paul Kosok y María Reiche, dos de los estudiosos que, durante mucho tiempo, se han ocupado de los signos de Nazca.

El altiplano de Nazca fue sede de una cultura homónima que se desarrolló entre los siglos II y VI de nuestra era. Un pueblo, aquel, que no conocía la escritura.

Situado en el Perú meridional, en una vasta zona desértica de pampa que se extiende cerca de 50 km, es un terreno muy fértil. Junto a la zona en la que se encuentran las misteriosas líneas, el pueblo de Nazca construyó la ciudad religiosa de Cahuachi. Se trataba de una cultura avanzada, y muestra de ello es que el sistema de acueductos de la ciudad todavía funciona. La cultura nazca floreció misteriosamente y, después, desapareció de modo igualmente inexplicable.

Corría el año 1920 cuando el ser humano comenzaba a hacerse dueño del aire y un pequeño aeroplano sobrevolaba la llanura de Nazca. ¿Qué descubrió aquel piloto? Aquella zona desértica escondía gigantescas figuras estilizadas de animales, larguísimas líneas rectas y enormes figuras geométricas. Algunos dibujos son muy pequeños pero otros alcanzan los 200 m y, por eso, solo son visibles desde lo alto, desde una cota que el pueblo de Nazca, ciertamente, era incapaz de alcanzar.

Hasta 13.000 km de líneas excavadas en el terreno con poca profundidad se convirtieron, desde aquel momento, en «el enigma de Nazca». Los dibujos son más de trescientos e incluyen siluetas de los animales de la zona.

Topógrafos del pasado

Pero ¿cómo fueron realizadas esta líneas y por qué? Ninguno de estos geoglifos, es decir, dibujos realizados en la tierra, presenta errores o correcciones. Algunos estudiosos han conjeturado que los habitantes de la zona, antes de realizar cada figura, la trazaban sobre una tela y la trasladaban luego al terreno a mayor escala y con la ayuda de cuerdas, estacas y compases de madera.

Las líneas se realizaban quitando las piedras que se encontraban en la superficie; se creaba así un contraste con la arenisca, de color más claro, de los estratos inferiores. Seguramente, se conservaban

Hombre búho
Así se conoce esta enorme figura humana dibujada en el lateral de una colina por los antiguos y misteriosos habitantes de Nazca. Como sucede con los otros ochocientos dibujos, formados por 13.000 km de líneas, solo es visible desde una altura considerable.

gracias a su propio uso: eran remarcadas durante las ceremonias religiosas. Eso, siempre que se admita que los dibujos se realizaron para invocar a los dioses.

Otras hipótesis

En 1968, Gerald Hawkins, un astrónomo del observatorio de Washington, observó en los dibujos de Nazca alineamientos similares a los de Stonehenge. Concretamente, la figura conocida como «el gran rectángulo» estaría alineada con la constelación de las Pléyades, en el año 610. Fecha que coincidiría con la obtenida tras el análisis realizado con el carbono 14 a un palo de madera encontrado en el lugar.

En cambio, cálculos realizados por ordenador demuestran que este hecho solo entra dentro de la estadística de las casualidades.

Como suele suceder en estos casos, siempre hay quien se lo atribuye a los extraterrestres. Pero la única certeza es que, todavía hoy, este lugar representa un enigma que se pierde en los siglos pasados.

El misterio de la araña

Una de las figuras más enigmáticas de Nazca es «la araña» (en la imagen, en una foto aérea). Representa un insecto de 6 mm típico de la Amazonia, dotado de una rara característica: en los machos, el órgano genital es una prolongación afilada situada en la tercera pata, solo visible con el microscopio. La gigantesca araña de Nazca presenta esta misma característica. En este punto nos encontramos frente a un enigma doble: ¿por qué representaron una araña que vive lejos de aquellas tierras? Y, sobre todo, ¿cómo conocían aquel característico órgano reproductor si no disponían de un instrumento como el microscopio? La araña es un símbolo común a muchas culturas antiguas y algunos estudiosos creen que representaría la constelación de Orión.

Castillo de Coral, un castillo por amor

Érase una vez un joven letón llamado Edward Leedskalnin, de 26 años, felizmente prometido a Agnes Skuvst, una muchacha diez años más joven que él. La fecha de la boda ya estaba fijada pero, en el último momento, la joven se echó atrás. Entonces él decidió que, para reconquistarla, realizaría una obra única en el mundo, algo que tan solo reyes y príncipes hubieran realizado antes: construiría un castillo para ella con sus propias manos. Así, el corazón de Agnes sería suyo para siempre.

Edward Leedskalnin
En esta foto aparece accionando el generador eléctrico que él mismo inventó y que fue la única fuente de electricidad utilizada para sus experimentos en el castillo.

Y así fue como Edward partió de Letonia en busca del lugar más adecuado para realizar su sueño de amor. Viajó por Europa, Canadá y Estados Unidos. Cuando llegó a Florida, comprendió que había hallado el lugar adecuado: había encontrado un particular tipo de piedra local llamado «coral stone», piedra de coral.

Dos corazones, un castillo

Construyó un edificio realmente imponente. Para hacerse una idea de la magnitud de la obra, basta saber que las piedras con las que se realizaron los muros llegan a pesar hasta 6 t cada una. También realizó una fuente que representaba las fases lunares, cuyos cuartos pesan 18 t cada uno, un obelisco de 8 m de altura y 28 t de peso, además de otros objetos, como una mesa y una silla mecedora en piedra de unas 10 t. La pesadísima puerta de entrada rueda gracias a un mecanismo tan preciso que con un leve empujón se puede abrir.

Para construir el castillo necesitaba cortar, tallar, mover y colocar las enormes masas de piedra coral. Cómo pudo una persona de apenas metro y medio de alto y 50 k de peso realizar una obra tan colosal es un misterio.

Edward trabajaba desde medianoche al alba, siempre a escondidas de miradas indiscretas.

Existe una fotografía que lo retrata junto a un cabrestante formado con tres postes de teléfono, seguramente insuficiente para levantar y mover piedras tan pesadas. Y sobre el cabrestante hay una cajita. Nadie

Piedra coral
Algunas imágenes del Castillo de Coral. A la izquierda, la zona conocida como sala de estar. A la derecha, la sala del trono, en la que puede verse tallado en la roca el trono del rey.

sabe con seguridad qué podía contener, pero muchos sostienen que en esa cajita se encontraba la solución al misterio del Castillo de Coral.

¿Científico o mago?

Hoy en día, se sabe que, además del cabrestante, Edward Leedskalnin utilizaba otros objetos extraños, como botellas enrolladas con hilo de cobre y sintonizadores de radio. Empeñó casi veinte años en realizar su sueño, desde 1920 a 1940. hay quien cree que Edward habría encontrado un modo de desafiar la gravedad; parece que algunos de sus escritos así lo confirman.

Según ciertos investigadores considerados «heréticos», el secreto radica en el magnetismo terrestre. La idea se basa en que toda materia tiene propiedades magnéticas y basta con enrollar cualquier cosa con hilo de cobre y enviar el impulso de radio preciso para anular la gravedad. De este modo, mover una masa de 10 t sería casi como mover una hoja de papel.

Parece ser que se trata de un sistema similar al conocido por los monjes tibetanos. Testigos oculares aseguran haberles visto mover enormes bloques de piedra gracias al sonido producido por sus característicos tambores y por sus trompas de 3 m de largo.

John Worrell Keely

A finales del siglo XIX, John Worrell Keely (en la foto) descubrió la manera de elevar en el aire los objetos y moler la piedra utilizando ondas sonoras propagadas a través de los hilos metálicos. A sus experimentos asistieron, entre otros, Julio Verne y Thomas Edison. Keely consiguió encontrar quienes le financiaran con una inversión de 5 millones de dólares, suma más que considerable para la época, pero se negó a revelar la técnica que utilizaba y, tras una discusión con sus inversores, destruyó las máquinas que había inventado. Murió pobre y olvidado. Según algunos esotéricos, Keely había descubierto la terrible fuerza sideral de la Atlántida, una fuerza altamente destructiva si se utiliza de manera inadecuada.

Mobiliario en piedra
En la foto se puede apreciar, en el centro, detrás de la silla que aparece en primer término, la «mesa Florida». Una mesa de 6 m de largo rodeada por diez sillas, con la forma y las proporciones del estado de Florida.

Estas teorías no eran nuevas en la época, pues otros científicos ya estaban investigando en ello, lo que hace plausible que, de alguna manera, Edward tuviera noticias de ellas. De hecho, tuvo contacto con Nikola Tesla, un científico que rechazaba la ciencia oficial. Tesla, nacido en Croacia en 1856, fue uno de los científicos más brillantes de la época. A lo largo de su vida realizó muchos descubrimientos e inventos, pero pocos le fueron reconocidos: la teoría de las ondas sísmicas, la primera central hidroeléctrica, dispositivos para aprovechar la corriente alterna, la iluminación fluorescente... hay quien dice que incluso la radio. Cuando murió, en 1943, el FBI guardó en secreto los resultados de sus experimentos, perpetuando así el olvido en el que había vivido.

Un misterio perdido en el tiempo

Entonces, ¿qué método pudo utilizar Edward Leedskalnin para construir el Castillo de Coral? No existen respuestas que resulten convincentes, si bien recientemente se ha demostrado que pueden moverse pequeñas piedras utilizando ondas sonoras. ¿Es solo una coincidencia el hecho de que los vecinos afirmasen oír una vibración muy baja en las noches en que Edward tra-

Otras obras por amor

El hombre, impulsado por la fuerza del amor, ha realizado con frecuencia grandes obras. Una de las grandes joyas de la India, el Taj Mahal, fue mandado edificar por el rey Shah Jahan en memoria de su adorada mujer Mumtaz Mahal. Es una obra imponente, realizada por completo con mármoles, piedras y metales preciosos, muchos de los cuales, por desgracia, han sido robados a lo largo de los siglos. Los legendarios Jardines Colgantes de Babilonia, una de las siete maravillas del mundo, los mandó construir el soberano Nabucodonosor para su consorte. Más recientemente, el castillo de Chenonceau (en la foto), en la región francesa del Loira, fue mandado construir por el rey Enrique II como regalo para su amante Diana de Poitiers, veinte años mayor que él. Este edificio es aún más fascinante por el hecho de que está edificado sobre un río. El sultán Solimán el Magnífico hizo construir en Estambul un baño turco, un *Hammam*, en honor de la mujer preferida de su harén, Roxelana. A diferencia del Castillo de Coral, quizás más fascinante gracias al misterio que le rodea, todas estas obras fueron realizadas con gran dispendio de medios y personas.

bajaba? Él mismo alimentaba este misterio declarando que había utilizado la misma técnica que los constructores de las pirámides: el antiguo Egipto, Yucatán y Perú, lugares todos donde se han edificado monumentos que, aunque se conocen bien, su construcción es todavía un misterio.

Vibraciones de la materia

Está generalmente aceptado que muchos monumentos antiguos emiten vibraciones a baja frecuencia, entre ellos los Obeliscos de Karnak y la Gran Pirámide de Giza. Las piedras que forman Stonehenge amplifican los sonidos producidos en su interior. En la ciudad maya de Chichén Itzá, el eco rebota de un ángulo a otro sin que exista ninguna explicación científica admisible. Un sonido producido en la base de la pirámide del Mago, en Uxmal, reproduce en la cima una especie de piar de pájaro. Y estos son solo algunos ejemplos.

Pero Edward Leedskalnin hizo algo distinto. En un determinado momento, por motivos desconocidos, decidió que el lugar en el que había construido el castillo no era el más adecuado. ¿Qué hizo entonces? Muy sencillo: lo trasladó unas millas más allá, de la ciudad de Florida a Homestead. Resulta inútil decir que tampoco, en este caso, reveló a nadie cómo lo consiguió. Estas dos localidades se encuentran en una de las redes que componen el campo magnético terrestre. ¿Acaso Edward quería transmitir algo?

Tanto amor para nada

Cumplidos los 60 años, Edward Leedskalnin decidió que había llegado el momento de revelar sus secretos. Parece ser que, el 7 de noviembre de 1951, invitó a algunos amigos al castillo. A su llegada, encontraron un cartel que les rogaba que esperasen. Edward se había dirigido al cercano Jackson Memorial Hospital para controlarse un leve dolor. Regresaría en breve, se trataba de un pequeño examen médico. Pero aquel pequeño dolor escondía una enfermedad incurable. Edward no regresó a su castillo, y se llevó con él los secretos que guardaba.

¿Y su amadísima Agnes? Otra burla del destino. Ella no quiso saber nada ni de Edward ni del castillo. Jamás fue a Florida, a pesar de las continuas invitaciones que recibió. Incluso en 1980, el Estado de Florida consiguió ponerse en contacto con ella, a la edad de 83 años, y le ofreció viaje y alojamiento para enseñarle lo que Edward había construido para ella. Pero Agnes rechazó nuevamente la invitación, esta vez para siempre.

La fuente de la Luna
Pesa cerca de 23 t. El recipiente central representa la Luna llena. Los bloques a izquierda y derecha simbolizan respectivamente el primer y el último cuarto. Arriba, Edward Leedskalnin retratado en el interior del jardín.

PERSONAJES MISTERIOSOS

La mente humana ha fascinado desde siempre a investigadores de todo el mundo. Algunas personas la han utilizado de tal manera que se han convertido en leyenda. Otras, son una leyenda en sí mismas.

Drácula, el príncipe de la noche

Testimonios del Dragón
Abajo, uno de los más famosos retratos de Vlad Tepes, del siglo XVI. Arriba, una moneda con el símbolo del dragón. En la página siguiente, con el rostro de Bela Lugosi difuminado en el fondo, el castillo de Bran (siglo XIV), en Transilvania, donde vivió hace mucho tiempo el conde Drácula.

El nombre real –o mejor dicho el sobrenombre– del príncipe de la Valaquia no era Drácula (adaptación del rumano), como erróneamente se piensa, sino Draculea. De origen latino, este sobrenombre se compone del ambiguo sustantivo *drac,* que significa «dragón» o «diablo», el artículo determinativo *ul,* que equivale a nuestro «el», y el sufijo *ea,* que significa «hijo de», puesto que el nombre de familia procede del padre.

Pero ¿cuál es la historia real del príncipe Vlad? El 8 de febrero de 1431, en Núremberg, el emperador Segismundo de Luxemburgo concedió el gobierno de la Valaquia a Vlad II, uno de sus más fieles y valerosos seguidores. Para confirmar esta investidura, entregó a su protegido un medallón dorado con un dragón grabado, el sello de los caballeros de la Orden del Dragón al servicio del emperador Segismundo. El medallón representaba el símbolo de la victoria de Cristo sobre las fuerzas del mal, y quien lo llevase no podría separarse de él mientras estuviese vivo.

Vlad el Dragón

A la espera de la coronación, Vlad se trasladó a Transilvania, donde hizo construir dos cecas. Para las primeras acuñaciones utilizó su emblema, el dragón, motivo por el cual el pueblo rumano le asignó el sobrenombre de Dracul, apelativo que se convirtió en un apellido real para sus descendientes, entre ellos, su segundo hijo, Vlad III, o Drácula, nacido en diciembre de 1431.

Vlad III, siguiendo los pasos de su padre, se hizo también caballero de la Orden del Dragón. Además de un valiente soldado, se convirtió en un hábil político que adoptó como lema el principio de que «para un príncipe es mejor ser temido que amado».

Poco después de la muerte de su padre, Vlad III fue hecho prisionero por los turcos, sirvió como oficial en su ejército y, de ellos, aprendió técnicas de tortura. Consiguió huir pronto gracias a la ayuda de un tío suyo, un noble rumano con cuya hija se casó poco después.

Tras varios intentos, logró subir al trono de Valaquia el 22 de agosto de 1456, con tan solo 25 años de edad. El comienzo de su reinado se caracterizó por el paso de un cometa sobre Europa, lo cual significaba para muchos un mal presagio. Vlad reorganizó el Estado reformando varias leyes e introduciendo la pena capital por empalamiento para todos sus enemigos.

Un soberano sanguinario
Cuenta la leyenda que el príncipe Vlad, durante las batallas, comía a la sombra de los cadáveres de sus enemigos horriblemente empalados. Abajo, Bela Lugosi y Helen Chandler en la película *Drácula*, de 1931. Al lado, la primera edición de la novela de Bram Stoker.

Combatió con increíble ferocidad contra el ejército turco utilizando las mismas técnicas de tortura que había aprendido de ellos. Esto le valió el apodo de Vlad «Tepes», es decir, Vlad «el empalador».

En el transcurso de una batalla fue hecho prisionero, pero, tras diez años, regresó al trono en 1476 y retomó su feroz lucha contra los otomanos. Hacia finales de ese mismo año fue asesinado por Laiota Basarab, quien le sucedió en el trono.

Una de las más bellas descripciones de Vlad es la escrita por el papa Pío II, contemporáneo suyo, quien ensalzó su grandeza y orgullo.

Drácula el vampiro

Pero el mito de Drácula está irremediablemente ligado a su figura de vampiro. ¿Qué hizo un príncipe caudillo para transformarse en «criatura de la noche» sedienta de sangre? A finales del siglo XV, en el monasterio Kirillo-Bieloserskij, se encontró un manuscrito redactado por un monje ruso que firmaba como Efrosin. Compuesta por capítulos independientes, la obra contiene anécdotas protagonizadas por Vlad III. En uno de estos episodios se cuenta como al príncipe de la Valaquia le gustaba comer bajo los cadáveres de sus enemigos que, empalados en gran número, rodeaban su mesa. Para constatar su resolución y ferocidad, basta con pensar en el episodio en el que un sirviente suyo, al no poder soportar el hedor de los cadáveres alrededor del banquete, se tapó la nariz y giró la cabeza hacia otro lado. Entonces, Drácula lo hizo empalar y espetó «allí arriba el hedor no te llegará». En relatos como este y en las leyendas que fueron surgiendo en el transcurso de los siglos en torno al nombre del príncipe Vlad, además de en una buena dosis de superstición popular, encontró su inspiración el escritor Abraham (Bram) Stoker para realizar su obra maestra: la novela *Drácula*. El libro se imprimió en 1897 y, desde entonces, la figura de Drácula asumió las características con las que hoy se le conoce.

Del libro al cine

El personaje nacido de la pluma del novelista era descrito como un viejo de alta estatura, con largos bigotes blancos y orejas pálidas y puntiagudas. Además, siempre

según la descripción de Stoker, Drácula tenía pelos en las manos y largas, estrechas y afiladas uñas. Podía transformarse en murciélago o desaparecer en la niebla a su antojo. Su punto débil eran los símbolos sagrados, cristianos y paganos, como el agua bendita, el ajo o las cruces. Muy pronto, el cine también se interesó por este terrible y fascinante personaje. Drácula fue retratado en muchas películas que lo hicieron protagonista en distintas versiones. Cada Drácula era distinto del anterior, y cada uno presentaba características físicas y vampíricas propias. Pero el actor que ha quedado ligado, irremediablemente, a la imagen del papel del príncipe de las tinieblas ha sido, sin duda, Bela Lugosi, estrella del cine de terror de los años treinta que, con su aspecto elegante y aristocrático, parecía bien lejano al monstruo peludo de orejas puntiagudas que describió Stoker.

Vampiros en el cine
Desde los comienzos del cine, la figura del conde Drácula, y la de los vampiros, ha dado vida a numerosas versiones de la historia del monstruo sediento de sangre. Arriba, una escena de *Entrevista con el vampiro*, película de Neil Jordan de 1994 con Tom Cruise en el papel de vampiro.

¿Quién teme al vampiro?

Drácula, y los vampiros en general, se han instalado en la mente de las personas como criaturas cargadas de significado. No son pocos los que creen que la popu-

Cómo reconocer a un vampiro

¿Cómo se podía confundir a un hombre con un vampiro? Medicina y ciencia han dado algunas respuestas, asociando rasgos característicos de los vampiros a enfermedades existentes como la anemia, enfermedad de la sangre que presenta un número muy reducido de glóbulos rojos. Entre sus síntomas se encuentran el aspecto pálido, la fatiga, la respiración débil y los problemas digestivos, que conllevan dificultades a la hora de ingerir alimentos. En siglos pasados, estos síntomas podían hacer pensar en el ataque de un vampiro. La catalepsia, en cambio, es un desorden nervioso que ralentiza todas las funciones regulares del cuerpo, de tal manera que en un primer examen el paciente puede parecer muerto. Por último, la enfermedad que más se asocia a las características vampíricas es la porfiria. Se trata de una enfermedad metabólica que bloquea la síntesis del «hemo», componente de la hemoglobina y sustancia fundamental de la sangre. Cuando la enfermedad se encuentra en estado avanzado, la piel se cae si se expone al sol, las cicatrices se cubren de pelo, los labios se deforman descubriendo los dientes y la nariz, y los dedos de la mano se desgastan.

Los lugares de Drácula
Arriba, una placa en una casa de Sighisoara, Rumanía. En esta pequeña ciudad, que conserva gran número de restos medievales, nació el príncipe Vlad III en 1431. Junto a estas líneas, las ruinas de Princely Court, el castillo de Tagoviste, capital de la región de la Valaquia en los Alpes Transilvanos, considerado la casa de Drácula y donde realmente vivió Vlad Tepes durante siete años.

laridad de estos seres de grandes colmillos es fruto de la gran atracción que siente el ser humano hacia el peligro. Pero más fascinante es la teoría que sostiene que el vampiro no es más que la reproducción de la conciencia que tiene el ser humano de la muerte. Por tanto, Drácula se fortalece por su capacidad, que todos desearíamos tener, de engañar a la muerte y de continuar viviendo: es casi inmortal, pero nadie conoce tan de cerca la muerte como él. No obstante, también una criatura como esta tiene enemigos y puede ser vencido. El científico y experto ocultista Abraham Van Helsing, el mayor cazador de vampiros de la historia, afrontó con gran seriedad este tema en su tratado *De Nosferatus Misteriis*, conservado en la Van Helsing Vampiric Society.

Los puntos débiles de los vampiros

En las páginas de su tratado, Van Helsing describió muy cuidadosamente el fenó-

La condesa sanguinaria

Elizabeth Bathory (junto a estas líneas, en una pintura del siglo XVII) fue lo más parecido a una criatura sanguinaria de la noche. Nacida en 1560, en una de las familias más ricas y antiguas de Transilvania, la condesa era muy vanidosa y estaba obsesionada con la pérdida de la belleza. Se cuenta que un día, una sirvienta que sin querer había tirado del pelo a la condesa mientras la peinaba, fue golpeada por esta tan fuertemente que sangró. La sangre de la joven resbaló por la mano de la condesa, quien se dio cuenta de que su piel había adquirido la frescura de la joven gracias a su sangre. Convencida de haber descubierto el secreto de la eterna juventud, ordenó a su mayordomo que la desnudase y la desangrase. La sangre de la joven se vertió en una bañera en la que la condesa se sumergió. Dos hechiceras fueron cómplices del atroz acto. Durante los diez años siguientes, los sirvientes de la condesa le facilitaron jóvenes para el baño ritual, pero un día, una de las víctimas consiguió escaparse e informó a las autoridades de lo que sucedía en el castillo. Arrestada, Elizabeth no fue nunca condenada por ningún crimen, pero fue castigada a vivir recluida en su habitación, con las puertas y ventanas tapiadas, hasta el final de sus días. En 1614, tras cuatro años de reclusión, uno de los guardias la encontró tumbada en el suelo, inmóvil; Elizabeth Bathory estaba muerta.

Transformado en vampiro
Christopher Lee, en el papel de Drácula, en la película de 1958. El vampiro se ve obligado, ante la amenaza con un crucifijo, a exponerse a un rayo de luz, uno de los modos para eliminar a un vampiro. Al lado, Bela Lugosi en el plató de 1931. En la vida real, el actor húngaro se identificó tanto con su personaje que asumió alguna de sus inquietantes características: solo quería rodar las escenas de noche, se vestía de negro y con una capa, y pedía ser llevado a los estrenos de sus películas en un ataúd. Abajo, un monumento al príncipe Vlad III.

meno del vampirismo, facilitando incluso los instrumentos para combatirlo y aniquilarlo. Según el científico, los vampiros son criaturas de las tinieblas que se alimentan de sangre humana, viven lejos de la gracia de Dios y son casi inmortales. Para conservar sus poderes deben descansar en la tierra de su país de origen. Poseen muchas habilidades «mágicas», como la capacidad de transformarse en lobos o murciélagos, la mirada hipnótica, la posibilidad de vaporizarse en una nube de humo, el dominio de algunos fenómenos atmosféricos y otros poderes mentales.

Pero los vampiros tienen, asimismo, numerosos puntos débiles: el contacto con el agua bendita, y otros objetos consagrados, originan en ellos graves heridas, y odian el ajo, la luz del día y los espejos, en los cuales su imagen no se refleja.

Cualquiera puede convertirse en vampiro, por ejemplo, mediante un rito satánico o gracias a una fuerte voluntad para renegar de todo lo sagrado. De esta última manera nacen los vampiros excepcionales, como Drácula. Pero también pueden originarse por contagio si un vampiro muerde y bebe la sangre de alguien, entonces, esa persona se convierte a su vez en vampiro: primero muestra claros síntomas de anemia, y va empeorando paulatinamente hasta que sobreviene la muerte del cuerpo.

Por último, y según Van Helsing, la única manera de matar a un vampiro es clavándole en el corazón una estaca de madera, preferiblemente de fresno, y después decapitarlo.

¿Existen los vampiros?

Drácula tiene, desde hace mucho tiempo, numerosos seguidores e imitadores. En 1994, la consagrada agencia de noticias Reuters informó de que en Vladivostok, Siberia, una joven mató a cuchilladas a un policía para después, aproximando sus labios al cuello de la víctima, beberse la sangre que manaba de las heridas. Según los testigos del horrible episodio, no había lugar a dudas: se trataba de un ataque de una vampiresa.

En 1996, el «Centro de búsqueda de vampiros» de Nueva York realizó un censo exhaustivo por el que certificó la presencia de 40 vampiros en Canadá, 550 en los Estados Unidos y 310 en el resto del mundo. En Italia, según los estudios, los casos confirmados serían «solo» una decena.

Hatshepsut, el faraón mujer

Testimonios de un reino
El templo funerario proyectado por el arquitecto Senenmut, y mandado erigir en Deir-el-Bahri por la reina Hatshepsut, es realmente imponente. Arriba, junto al título, la faraona aparece retratada de rodillas en una estatua conservada en el Museo Egipcio de Berlín.

La figura de Hatshepsut se pierde entre las pirámides y las arenas del tiempo del Antiguo Egipto; sin embargo, a pesar del odio de quienes han querido acabar con su recuerdo, algunos testimonios se han conservado hasta nuestros días, sobreviviendo a los muchos siglos que nos separan de aquella época.

«Hija del Rey», «hermana del rey», «esposa del dios» y «gran mujer del rey», son algunos de los apelativos de una mujer que no se contentó con desempeñar un papel de consorte o regente y se convirtió en la primera faraona de Egipto.

Nos encontramos entre los años 1500 y 1450 a. C. El faraón Tutmosis III solo era un niño en el momento de la sucesión al trono, y Hatshepsut fue nombrada regente. Se habituó rápido al poder y, mientras Tutmosis alcanzaba la mayoría de edad, elaboró un proyecto para legitimarse a sí misma. Para ello, primero debía construir el mito de su nacimiento; en el Antiguo Egipto se creía que los faraones eran hijos de los dioses, por eso, la reina de Egipto debía ser hija de un dios para go-

bernar. Pero para los faraones la muerte era casi más importante que la vida terrenal, por lo que Hatshepsut quería ser sepultada en el Valle de los Reyes, como si se tratase de un faraón. Parece que, para legitimarse, hizo transportar la momia del padre, Tutmosis I, a la que sería su propia tumba.

Complicidades en la corte

La reina encontró un cómplice en el arquitecto de la corte, el poderoso Senenmut. Según algunos, incluso fueron amantes, lo cual se demuestra por las estatuas que los representan, todas de igual grandeza; si no hubiese habido una unión especial entre ellos, Hatshepsut no habría permitido que su estatua no primase sobre las demás. Además, parece ser que existía una galería que unía la tumba de la reina, la majestuosa Deir-el-Bahari, con la segunda tumba del arquitecto, pequeña y secreta, lo que simboliza la unión que debía continuar en el más allá.

Una memoria borrada en vano

La tumba de Hatshepsut permaneció incompleta y, tras la muerte de la reina, su recuerdo quiso ser borrado. Su nombre fue borrado de todas las inscripciones y, ni siquiera se la incluyó en la lista de los reyes de Egipto.

¿A qué se debe tanto recelo? Según algunos estudiosos, fue obra de Ramsés II, quien vivió 150 años después, aunque, más probablemente, fuera su sucesor inmediato, Tutmosis III, el responsable. Pero, entonces, ¿por qué este consintió que fuese sepultada en el Valle de los Reyes, legitimando así el reinado de Hatshepsut?

En cualquiera de los casos, quien haya intentado borrar el nombre de Hatshepsut de la historia no lo ha conseguido. La fama de la reina ha sobrevivido durante 3.500 años y hoy, en día, en la sala del Museo de El Cairo dedicada a la XVIII dinastía, su busto dirige su regia mirada al mundo.

Dos enigmáticas figuras
Arriba, la estatua en forma de cubo, tallada en un bloque de granito negro, de Senenmut con la princesa Nefru-Ra, hija de Hatshepsut. Abajo, el retrato de la reina, cuyo rostro parece muy dulce y bello, a pesar de que lleva la barba ritual de los soberanos egipcios.

Una mujer en el poder

En el Antiguo Egipto, a las mujeres se les permitía proveerse a sí mismas y podían heredar y gestionar bienes con autonomía, sin necesidad de consultar el parecer del hombre de la casa, pero solo dentro de las familias. En las familias reales, se creía que eran ellas quienes transmitían la sangre sagrada de la dinastía. Por este motivo, es decir, para no «diluir» las ascendencias divinas, eran frecuentes los matrimonios entre hermanos. Es lo que sucedió con Hatshepsut y su hermano Tutmosis II. Era hija de Tutmosis I, primer soberano «imperialista» del Reino Nuevo y esposa de su hermanastro Tutmosis II, además de tutora del joven sobrino Tutmosis III. Hatshepsut significa «aquella que tiene el rostro de las nobles damas».

El conde de Cagliostro, seducción y descaro

El conde masón
Retrato de Cagliostro en un grabado a color realizado por F. W. Bollinger en los primeros años del siglo XIX.

Giuseppe Balsamo nació en 1743, en una Palermo muy poblada y sucia. Era hijo de un pequeño comerciante que murió joven. Tras la muerte de su padre, vivió con sus tíos maternos y, pronto, empezó a despuntar por una peligrosa inquietud que le llevó a cometer pequeños hurtos, timos y delitos. A su manera, era un líder, muy hábil en falsificaciones y en química, y un espíritu rebelde que, durante años, conoció más de una cárcel, pues fue encerrado en el Castillo Sant'Angelo de Roma, la Bastilla de París, en San Leo de Londres y en el Palacio Marchesi de Palermo.

Con 23 años se vio obligado a huir de Palermo a Messina. La tarde de su llegada conoció a alguien que no olvidaría nunca: un extraño personaje, con una gran barba y de nacionalidad múltiple, que decía conocer el secreto de la piedra filosofal. Se llamaba Altotas. Según Cagliostro, fue él quien le inició en los misterios de los antiguos sacerdotes egipcios y le llevó por todo el mundo: Egipto, Grecia, Asia Menor... Y así fue como Giuseppe Balsamo pasó a ser conocido como«el conde de Cagliostro».

Nace el conde de Cagliostro

El 12 de abril de 1777, mediante un rito de iniciación a la masonería, en Londres, Giuseppe Balsamo se convirtió, para todos, en el conde de Cagliostro. Rápidamente llegó a ser Gran Maestro de su logia londinense y, poco después, Gran Cofto de un rito suyo propio, el de la masonería egipcia. Pero ¿cómo ascendió tanto? Mediante la búsqueda del renacimiento del hombre a través de ejercicios espirituales, y observando seis mandamientos y tres imperativos que comprenden el amor a Dios y al prójimo, el respeto al soberano y a la naturaleza, y la meditación y la estricta observación de las reglas de la Orden; reglas que él mismo fijó, incorporando a los rituales masónicos los antiguos ritos egipcios y orientales que había conocido en sus largos viajes. Durante mucho tiempo, Cagliostro se forjó una fama sin límite por toda Europa. Sin embargo, aquello que le proporcionó la fama se convirtió también en su cruz, y fue juzgado por herejía.

Rituales secretos
Representación de un rito de iniciación a la masonería de finales del siglo XVIII, tomada de la *Historia General de la Masonería*, de G. Danton, 1882.

Sus predicciones, curaciones y poderes eran muy famosos, tanto, que el escritor alemán Goethe, al llegar a Palermo en su *Viaje a Italia,* quiso conocer la casa donde había nacido Cagliostro.

Durante años, Cagliostro se dedicó a viajar por Europa: Malta, Francia, España, Portugal, Londres, Bruselas, Ámsterdam, Venecia, Fráncfort, Lisia, Berlín, San Petersburgo, Varsovia, París, Estrasburgo, Nápoles y, de nuevo, París. De vuelta en Italia, continuó viajando y visitó Turín, Génova, Milán, Verona, Trento y Roma, donde fue arrestado en mayo de 1789. Sobre él se dijo de todo, incluso que no era más que un embaucador.

Un collar como comienzo del fin

París, 1785. Cagliostro, para su desgracia, se vio relacionado con el que sería recordado como el hecho más escandaloso del siglo XVIII, «el caso del collar». En ese momento era consejero del influyente cardenal Louis Rohan, con quien se pusieron en contacto dos joyeros a quienes el rey Luis XV, antes de morir, había encargado un fabuloso collar para su querida. Los joyeros querían vender el collar al nuevo rey, Luis XVI, a través de contactos secretos con su mujer, María Antonieta. La opinión pública se resintió al comprobar que, en la corte, los lujos prevalecían frente a los graves problemas del pueblo.

Cagliostro terminó siendo encarcelado en la Bastilla y aunque más tarde fue absuelto, tuvo que abandonar Francia. Fue su final. Después de sufrir humillaciones, de retractarse y de un largo juicio, cuya sentencia fue leída en presencia del papa Pío VI, Cagliostro fue trasladado «sin esperanza de gracia y bajo estrecha vigilancia» a la fortaleza de San Leo, en Londres.

Murió en agosto de 1795, después de un duro encarcelamiento, bajo vigilancia y con muchas recriminaciones. Su muerte y su sepultura continúan rodeadas de misterio y, todavía, hay quien se arrodilla, sollozando, en su celda.

Una joya «peligrosa»
Sobre estas líneas, el famoso collar de diamantes compuesto por 575 gemas que provocó el escándalo en Francia. A la izquierda, la reina María Antonieta y Cagliostro en una litografía a color del siglo XIX.

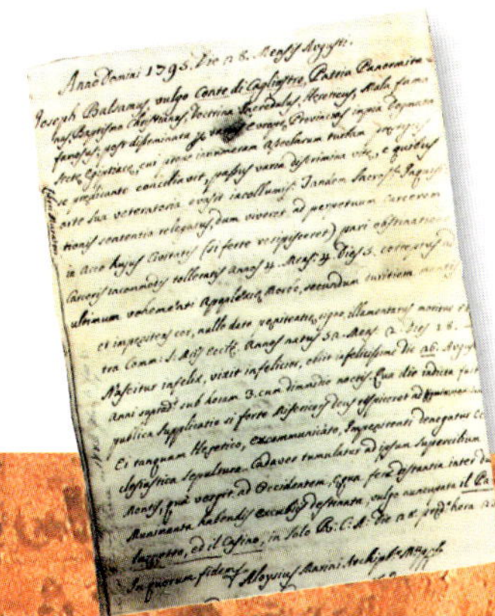

Un terrible encarcelamiento
La celda subterránea en la que fue encarcelado de por vida. Arriba, el documento en el que se certifica su muerte y se le define como «herético».

¿Por qué conde de Cagliostro?

El nombre procede de su madre, Felicita Bracconieri. Una prima suya, madrina del pequeño Giuseppe Balsamo, era mujer de un burgués de Messina, Giuseppe Cagliostro. La propia ciudad de Messina fue crucial para la vida del joven rebelde, tanto, que adoptó el nombre de Alessandro Cagliostro (a la izquierda, un retrato en mármol de 1786).

Lawrence de Arabia, la leyenda del último héroe

Un extraño accidente
Lawrence retratado sobre su moto, una Brough Superior. La foto fue tomada en 1934, en las cercanías de Clouds Hill. Lawrence era un apasionado de las motos y la mecánica. En la página siguiente, fotografiado sobre un camello cerca de Aqaba. Habitualmente, vestía ropas árabes en lugar del uniforme del ejército inglés.

En la mañana del lunes 13 de mayo de 1935, en Bowington, localidad situada en Dorset, al sur de Inglaterra, una motocicleta Brough Superior SS 100, con matrícula GW 2275, se salió de la carretera. Tras el fuerte impacto, el conductor yacía en tierra, exánime, con el rostro cubierto de sangre; se trataba de Lawrence de Arabia. La causa del accidente nunca fue esclarecida. Además, ¿se trató de un accidente realmente? Lawrence era un motorista consumado y un experto en mecánica. Le gustaba la velocidad, pero aquella mañana conducía despacio, no a más de 60 km/h.

Los hechos sucedieron de la siguiente manera: Dorset se caracteriza por ser un terreno bellamente ondulado en el que las carreteras siguen la forma del terreno, con una serie ininterrumpida de ligeras subidas y de suaves bajadas. Justo en lo alto de una de estas subidas, Lawrence se encontró, de improviso, con dos niños que habían salido de su granja y jugaban en medio de la carretera con bicicletas; en aquellos años, y a aquella hora, el tráfico en las carreteras era prácticamente inexistente. Lawrence, para evitar atropellar a los niños, giró bruscamente, perdió el control de la motocicleta y se salió de la calzada.

Algo no encaja

Aquella mañana, el cabo de la Armada Real Ernest Catchcole se encontraba con su perro cerca del lugar del accidente. Vio llegar la motocicleta de Lawrence y a los dos ciclistas, pero también vio un coche de color oscuro arrollar al motorista; o este es el testimonio que dio a la policía. Entonces, ¿esta muerte fue realmente un desgraciado accidente o más bien fue un asesinato? Y en ese caso, ¿quién sería responsable?

Lawrence murió después de permanecer seis días en coma y sin haber recobrado el sentido en ningún momento, extrañamente vigilado día y noche por dos agentes de la policía militar que no dejaron verlo a nadie. El funeral de Estado fue organizado con una celeridad sospechosa.

Además, a los dos ciclistas se les impidió contar los detalles del accidente y al

Thomas Edward Lawrence

Lawrence (en la imagen, en un retrato realizado por Augustus John) no es recordado solo por sus victorias en el campo de batalla: hábil arqueólogo, fotógrafo y escritor, su novela *Los siete pilares de la sabiduría*, acerca de su experiencia en aquellos años de guerra en Oriente Próximo, es considerada una de las obras maestras de la literatura del siglo xx. También el cine ha contribuido a perpetuar su popularidad. En 1962, David Lean dirigió una verdadera superproducción, por los costes, el reparto y la grandeza de las escenas. Es famosa la reconstrucción de la batalla de Aqaba, con un Lawrence magistralmente interpretado por Peter O'Toole. La película ganó siete premios Oscar.

Documentos excepcionales
Estas fotos fueron tomadas por Lawrence mismo. Arriba, el día 6 de julio de 1917, cuando las tropas árabes derribaron al ejército turco en Aqaba y entraron en la ciudad desde el desierto. Abajo, cañones austriacos capturados en enero de 1918 en Tafileh. Las dos fotografías se conservan en el Museo Imperial de la Guerra, en Londres.

cabo Catchchole se le impidió volver a hablar sobre el coche oscuro, del cual no quedaba ni rastro. Catchcole se suicidó años después: ¿una coincidencia?

En los últimos años, Lawrence se había convertido en alguien incómodo; se decía que mantenía amistad con un importante exponente de la derecha británica y, que había tenido contactos, incluso con Hitler. Por lo tanto, podía convertirse en un hombre políticamente peligroso. Quizás, demasiado peligroso.

«Me llamo Lawrence»

Thomas Edward Lawrence nació en Gales en 1888. Gracias a su habilidad como arqueólogo con experiencia en trabajo de campo, cuando ingresó en el ejército de Su Majestad, fue enviado a los países árabes con un encargo secundario, rehacer la topografía del Sinaí. Pero hay quien dice que, en realidad, era un agente secreto y, aquel encargo, solo una tapadera. De cualquier manera, Lawrence se ganó enseguida la confianza de los jefes de las tribus árabes, a quienes ayudó en en la guerra contra los turcos, entre los años 1916 y 1918.

Las tribus, con frecuencia enfrentadas entre ellas y mal armadas, no podían competir contra la potente maquinaria bélica turca, pero Lawrence consiguió conciliar sus diferencias y los árabes le permitieron vestirse como ellos: ha sido el único hombre blanco que, vestido como un príncipe de la Meca, ha viajado a lomos de un camello.

La Primera Guerra Mundial

Los países involucrados en la Primera Guerra Mundial pretendían con la hegemonía política en Europa y el dominio sobre los mercados mundiales, uno de los cuales era el del mundo árabe de Oriente Próximo. Inglaterra se alió con los árabes, enalteciendo sus sentimientos nacionalistas antiturcos. Pero, con la guerra finalizada, las naciones europeas quisieron, antes de todo, proteger sus propios intereses comerciales, incluido el descubrimiento del petróleo, que tuvo lugar en Irán en 1908. Solo Egipto consiguió obligar a Inglaterra a que le reconociese la independencia. De aquellas divisiones derivan algunas de las heridas que hoy en día siguen abiertas en Oriente Próximo.

Maestro de guerrilla

Como no podía organizar a los árabes en un ejército regular, introdujo una moderna técnica de guerra: pequeños comandos bien adiestrados que golpearan la retaguardia turca para, después, desaparecer rápidamente en las arenas del desierto. Vías de tren, puentes, carreteras y pequeños destacamentos militares eran el objetivo de estos comandos. El efecto fue devastador: muy pronto, el enorme ejército turco se encontró sin provisiones y se vio obligado a retirarse.

Pero la empresa por la que Lawrence se hizo realmente famoso fue la caída de Aqaba, ciudad de gran importancia estratégica situada en la actual Jordania, junto al mar Rojo. Todas las defensas turcas estaban dirigidas hacia el mar, único punto por el que se podía suponer que atacaría el enemigo, puesto que a sus espaldas se extiende un desierto tan infinito como caluroso. Pero Lawrence lo atravesó a la cabeza de centenares de guerreros árabes que, al amanecer del 6 de julio de 1917, sorprendieron a las tropas de la ciudad y las derribaron.

Lawrence convertido en leyenda

Desde aquel momento, todos los periódicos del mundo hablaban de Lawrence y de su hazaña, fue ascendido a coronel y se transformó en leyenda: se convirtió para siempre en «Lawrence de Arabia».

Para convencer a las tribus árabes de participar en la guerra, Lawrence había prometido que, una vez concluida esta, los países europeos les apoyarían en la constitución de un Estado árabe; pero los hechos no sucedieron así. Defraudado y amargado, y acusado por los árabes de traición, regresó a Inglaterra y cambió de nombre, en dos ocasiones, con ayuda de los servicios secretos. Quería desaparecer, para siempre, de las páginas de los periódicos.

Arqueólogo apasionado por Oriente, espía al servicio de los servicios secretos, incluso escritor, sobre él se ha dicho y escrito de todo. Pero quizás no se ha escrito todavía la última palabra acerca de su inesperado y trágico final. ¿Qué pasó con su motocicleta? Reparada con sospechosa rapidez, hace unos años salió a subasta, pero no se vendió.

El Príncipe Blanco de la Meca
Este era el apelativo con el que llamaban a Lawrence los jefes de las tribus árabes, quienes, suceso excepcional, le autorizaron a vestirse como ellos, lo cual despertó no pocas antipatías por parte de algunos exponentes del Ejército de Su Majestad. Arriba, una foto de Lawrence como joven arqueólogo.

Los caballeros templarios, guardianes de un gran secreto

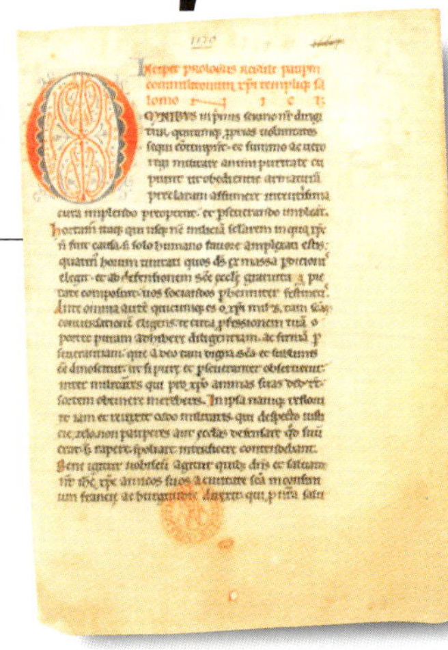

«*Pauperes Commiltones Christi Templique Salomonis*», es decir, «Pobres Caballeros de Cristo y del Templo de Salomón». Son los caballeros templarios, una de las primeras órdenes militares cristianas además de una de las más famosas, misteriosas y odiadas. Se creó entre 1118-1120, pocos años después de la primera cruzada (1096). Su nombre ha estado ligado. desde siempre, al Santo Grial, al tesoro del Templo del rey Salomón, a la masonería y a las figuras de María Magdalena y Jesús.

El sello de los templarios
Dos caballeros con escudo, yelmo y lanza cabalgan en este medallón. Abajo, el castillo de Ponferrada, erigido por los templarios para la protección de los peregrinos que recorrían el Camino de Santiago. Arriba, junto al título, la primera página de la *Reglas del Temple*.

Defender Tierra Santa

En la bula papal *Omne Datum Otimum,* del 29 de marzo de 1139, se hizo oficial su misión de defender el reino de Jerusalén de los musulmanes, que acababan de ser vencidos, y de asegurar protección a los peregrinos que, cada vez en mayor número, llegaban desde Europa. Con el paso del tiempo, la Orden Templaria se hizo más rica y poderosa y, por lo tanto, peligrosa para la Iglesia y para el rey de Francia. Por este motivo, y tras sufrir una fuerte persecución, que llevó al exterminio de todos sus miembros, la Orden fue disuelta definitivamente entre el año 1312 y 1314. Por desgracia, debido a la escasez de documentos referentes a la Orden es prácticamente imposible reconstruir exactamente la historia de sus primeros años. La tradición habla de nueve caballeros, pero se cree que ese número tiene, sobre todo, un significado alegórico. Los templarios, reclutados principalmente entre los jóvenes nobles, se organizaban como una orden monástica real según las reglas de San Bernardo de Claraval, fundador de la Orden del Císter. Debían hacer voto de castidad, obediencia y pobreza, y donar la totalidad de sus propiedades a la orden.

Un poder demasiado incómodo

En el momento de su máxima expansión, los templarios contaban con sedes por toda Europa. El territorio estaba dividido en siete grandes provincias y era «controlado» por las llamadas *Preceptorías,* por las *Mansiones* y, en las grandes capitales, por las *Casas.* La posibilidad de expandirse por doquier fue un favor del papa Inocencio II, quien concedió a los templarios una total independencia del poder temporal y los eximió del pago de impuestos. Además, podían recibir limosnas. En la práctica tenían la obligación de rendir cuentas solo al Papa en persona.

Con la riqueza acumulada construyeron numerosas fortalezas por toda Tierra Santa, y se convirtieron en el ejército mejor adiestrado y disciplinado de la época. Puesto que disponían de grandes sumas de dinero en casi todas sus sedes, desde 1135 comenzaron a realizar préstamos a los peregrinos españoles que querían viajar a Jerusalén. A partir de ese momento, la Orden se hizo cada vez más fuerte y llegó a prestar sumas más que ingentes a varios estados occidentales –sobre todo a Francia–, por lo que pronto llegó a gestionar incluso la Banca del Estado.

Los templarios, precisamente por ser tan poderosos económica y militarmente, terminaron por despertar la antipatía y envidia de muchos soberanos, entre ellos el rey de Francia Felipe IV el Hermoso, quien deseaba cancelar sus propias deudas y, de paso, apoderarse de todo el tesoro templario, lo que, además, le habría permitido disminuir el poder de la Iglesia.

Un trágico final

El 14 de septiembre de 1307, Felipe IV envió en secreto a todas las prefecturas la orden de convocar a los caballeros con la excusa de tratar unos asuntos fiscales. La movilización se llevó a cabo perfectamente, pero, en lugar de un contable, los templarios se encontraron con una orden de arresto y la confiscación de todos sus bienes. Entre las acusaciones, todas infamantes, figuraba la de adorar a Baphomet, una misteriosa divinidad pagana. Torturados sin piedad, los acusados, para liberarse de los sufrimientos, admitieron delitos inexistentes.

Admitida la herejía, el papa Clemente V extendió la orden de arresto a los templarios en todos los territorios de la cristiandad. Además, y debido a la debilidad del Papa, el rey de Francia intentó llevar a cabo una serie de juicios que pretendían demos-

Con el consenso de la Iglesia
Reunión del capítulo general de la Orden del temple en París, en 1147, en presencia del rey de Francia Luis VII y el papa Eugenio III. Abajo, San Bernardo, la más importante personalidad espiritual del siglo XII, que escribió un «elogio de la nueva milicia» celebrando la vida e ideales de los caballeros templarios.

Declarados herejes
Abajo, en una miniatura medieval, el rey de Francia Felipe IV y el papa Clemente V llaman a su presencia a los templarios. De aquello derivó la supresión de la Orden Templaria y la condena a la hoguera, por hereje, de Jacques de Molay (arriba).

trar la culpa de los miembros de la Orden del temple.

En la leyenda

La Orden fue oficialmente suprimida con la bula *Vox in excelso* del 3 de abril de 1312 y sus bienes, transferidos a los caballeros hospitalarios. Jacques de Molay, el último Gran Maestro de la Orden Templaria, que inicialmente confesó las acusaciones y más tarde se retractó, fue quemado en la hoguera, junto a Geoffroy de Charnay, el día 18 de marzo de 1314 frente a la catedral de París, en la isla del Sena llamada «de los judíos». Felipe el Hermoso no consiguió exterminar a todos los templarios; muchos se fugaron a Escocia y Portugal, donde la Orden cambió de nombre por el de Orden de Cristo. Pero, sobre todo, lo que el monarca no consiguió fue su tesoro, compuesto de una ingente riqueza y de valiosísimos documentos secretos. Desde 1314, año de la quema de Jacques de Molay, la Orden de los Caballeros del Temple entró en la leyenda y el misterio. En aquella época, Escocia estaba en guerra contra el Papa, y los templarios, perseguidos por la Iglesia, encontraron en aquellas tierras un refugio seguro. La flota templaria que partió de un puerto de Francia para evitar la captura desapareció misteriosamente. Según los franceses, fue interceptada y destruida; pero según otros, se refugió en Escocia y así fue como los templarios se establecieron en la ya conocida Rosslyn.

¿Dónde está el tesoro de los templarios?

En la Biblia está escrito que, en tiempos de guerra, el monte Moriah era utilizado como escondite para los tesoros y documentos importantes. En una obra hebrea, la *Mishnah*, se dice que el tabernáculo está custodiado en las criptas del templo y, según la tradición hebrea, otros objetos legendarios como el Arca de la Alianza, el Altar del Incienso, la Vara de Aarón, la Urna del Maná y las Tablas de la Ley se escondieron en un vano secreto en el lado

El Baphomet

Es un ídolo del que existen varias descripciones. En ocasiones se representa como un ser con cabeza humana; en otras, como una cabeza con dos rostros; y otras veces, como un ídolo-gato con la cabeza barbuda. La acusación dirigida a los templarios fue la de usarlo en ceremonias de iniciación de novicios. En una descripción más reciente se representa en forma de cabra con cuerpo de hombre, con alas, pechos y una antorcha entre los cuernos. En 1816, en el interior de una villa de Saonara, en la provincia de Padua, Italia, fue construida una «gruta de los templarios» con una estatua en su interior que medía 4 m de alto y que representaba al Baphomet. La estatua fue destruida durante la Segunda Guerra Mundial, cuando un comando de la marina alemana entró en la villa.

La ciudad del Señor
Los barcos de los templarios llevaron a muchos peregrinos hasta Tierra Santa. A la izquierda, los caballeros frente a las murallas de Jerusalén, que estaba en manos de los infieles, en una miniatura francesa del siglo XIV.

occidental del Templo, cerca del *Sancta Sanctorum*.

Las leyendas que se han sucedido a lo largo de los siglos sobre los caballeros de la Orden del temple plantean a los estudiosos no pocos interrogantes.

Cuando eran los guardianes del Templo en Jerusalén, ¿encontraron, al menos, una parte del tesoro del rey Salomón? ¿Qué fundamento tienen las historias que hablan de un documento según el cual María Magdalena, o incluso el mismo Jesús, habrían llegado al sur de Francia dando origen a una descendencia que se convertiría, más tarde, en la familia real de los merovingios? ¿Fueron acaso estos documentos los que encontró el sacerdote François-Bérenger Saunière en Rennes le Château, y que supuestamente le hicieron rico?

Un secreto mortal

¿Fueron exterminados los templarios por el ansia de poder y riqueza de Felipe IV el Hermoso, o porque habían descubierto un secreto capaz de amenazar a la Iglesia y a las monarquías europeas? ¿El rostro impreso sobre la Sábana Santa es el de Jesús o, como sostiene una teoría reciente, es el de Jacques de Molay, el último Gran Maestro de la Orden? Estas son algunas de las extrañas leyendas que han surgido sobre los caballeros templarios. Pero ¿qué conocemos con certeza sobre ellos?

Volvamos a Escocia, a Rosslyn. Ya se ha admitido que el navegante veneciano Antonio Zeno, partiendo de las costas escocesas con doce naves a finales del año 1300, un siglo antes que Cristóbal Colón, llegó a las tierras que hoy se conocen como Nueva Escocia, una región al noroeste de Canadá.

Allí, Zeno estableció una guarnición en New Poss, a poco más de 30 km de la isla de Oak, conocida por el famoso pozo Money Pit.

¿Es posible que en aquellas doce naves que partieron de Escocia viajara el tesoro de los templarios, y que estos estuviesen buscando un lugar seguro para esconderlo y que no se encontrase?

De Molay, Maestro del Temple
En este grabado del siglo XIX aparece con el hábito y la capa blanca, que hacen referencia a la orden cisterciense, y con la insignia de la cruz.

Helena P. Blavatsky, una vidente en la historia

El Mahatma Morya
Fue el guía espiritual de Helena Blavatsky, quien estaba convencida de haberlo conocido en sus visiones infantiles.

Hija de un alemán y de una rusa emparentada con la familia imperial, desde pequeña, Helena Petrovna Blavatsky llamó la atención por los fenómenos paranormales que sucedían a su alrededor tanto que en su pueblo natal, Ekaterinoslav, creían que estaba poseída por el demonio.

Tenía 8 años cuando su familia se trasladó a Saratov, junto al río Volga. Tras la muerte de su madre por tuberculosis, su educación fue confiada a su abuela materna y, sobre todo, a su abuelo, quien la inició en las ciencias ocultas. Helena comprendió rápidamente que tenía cualidades excepcionales. Sus poderes psíquicos asombraban a su familia y amigos. Poco antes de cumplir 18 años, se casó con un hombre de mediana edad, pero unos meses después huyó y viajó a lo largo y ancho de Turquía, Grecia y Egipto. Con 20 años encontró en Londres a Mahatma Morya, un hombre al que aseguraba haber conocido en sus visiones cuando era niña. Este le indicó el camino y ella aceptó su guía.

La joven Blavatsky
Desde muy joven, Helena estuvo interesada y dotada de misteriosos poderes psíquicos que desarrolló gracias a las enseñanzas de su abuelo.

En septiembre de 1875, junto a otras figuras eminentes, fundó la Sociedad Teosófica para difundir las antiguas enseñanzas de la Teosofía, una doctrina que pretende llegar al conocimiento de la divinidad a partir de la filosofía y las experiencias místicas.

Las enseñanzas de Helena

La teosofía de Helena Blavatsky sostenía la existencia de una divinidad, imprecisa e incomprensible para el hombre, de la cual provienen todas las cosas. La naturaleza del hombre y de todas las cosas se consideraba eterna, en cuanto principio de un solo «espíritu» universal; así, se podían adquirir poderes ocultos a través de una fase de purificación que reconducía, paso a paso, hacia el todo, esto es, hacia la eternidad de la cual habían nacido todas las cosas.

Los puntos fundamentales de la doctrina de Blavatsky eran básicamente dos: el karma, es decir, la estrecha dependencia entre las acciones del hombre y sus efectos, y la reencarnación, porque el hombre solo puede aspirar a la perfección, al nirvana, apareciendo de nuevo y haciendo progresos.

¿Modelo de vida o charlatanería?

La doctrina de Helena Blavatsky tuvo un éxito enorme; de hecho, fue tan grande su popularidad, que sus seguidores la consideraban realmente un ser superior dotado de poderes sobrenaturales increíbles. No obstante, pronto surgieron las primeras críticas.

Blavatsky y Olcott
Una de las pocas imágenes de Helena Blavatsky, en este caso fotografiada junto al coronel Henry Steel Olcott, autor de la *Historia auténtica de la Sociedad Teosófica.*

En 1878 sufrió los violentos ataques de quienes la consideraban una astuta farsante, en particular, D. D. Home, médium, y Sarasvati, fundador de una comunidad hinduista que descubrió su incompetencia en materia de yoga y doctrinas orientales. Se vio obligada,entonces a viajar a la India para frenar el escándalo, y trasladó allí la sede de su sociedad. Pero la situación no mejoró y se ganó nuevas enemistades. En 1884, Alexis y Emma Coulomb, miembros de su propio equipo, lanzaron nuevos ataques. En marzo de 1885 regresó a Europa. Durante ese tiempo, la Sociedad de Investigación Psíquica de Londres, SPR, había formado una comisión para investigar a Blavatsky. En diciembre de 1885 fue definitivamente señalada como uno de los impostores más preparados, inteligentes y famosos de la historia.

Si bien es cierto que, hace pocos años, la propia SPR reconoció la inconsistencia de aquella acusación y trató de revalorizar la figura de Blavatsky, quizás ya sea imposible esclarecer su caso.

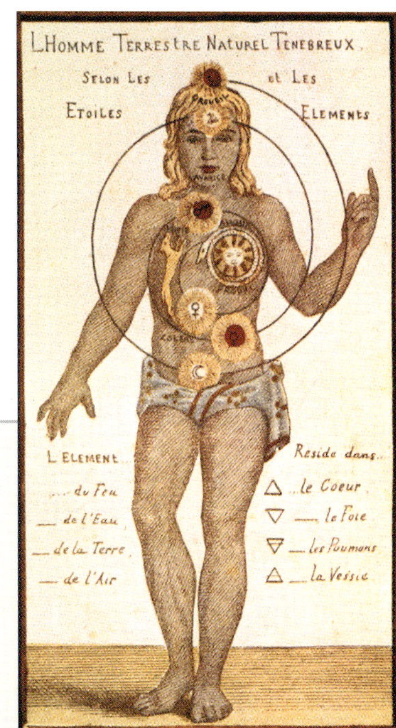

Los siete «chakra»
Una ilustración del siglo XIX, tomada de la *Theosophica Pratica*, muestra los siete *chakras*.

Las obras más importantes de Helena P. Blavatsky

Entre los volúmenes más conocidos y traducidos de Helena Petrovna Blavatsky se encuentran *Isis sin velo* y *La doctrina secreta*. El primero describe a grandes rasgos la historia, el fin y el desarrollo de las ciencias ocultas, la naturaleza y los orígenes de la magia, las raíces del cristianismo y los errores de diversas doctrinas religiosas. El segundo, publicado en dos gruesos volúmenes en 1888, fue su obra maestra. El primer volumen trata de la evolución del universo y la interpretación de los símbolos de las grandes religiones y mitologías del mundo. El segundo volumen narra la evolución de la humanidad. Estos escritos influyeron profundamente en el pensamiento de escritores, pintores y músicos como Gustav Mahler, Jack London, Paul Gauguin, D. H. Lawrence o incluso Albert Einstein.

Dogón, el pueblo del dios Amma

El misterio de un pueblo
Las antiquísimas celebraciones rituales de las tribus dogón sobreviven hoy en día. Con el rostro cubierto por una máscara que representa al dios cocodrilo, este bailarín realiza una danza tradicional.

Los dogón son una pequeña población –cerca de 300.000 habitantes en total– que habita en la región africana de Bandiaraga, en Malí. Observando los ritos previstos por su religión, los dogón, que aseguran descender del dios Amma, proveniente de la estrella Po-Tolo, celebran una fiesta que tiene lugar cada sesenta años. En el transcurso de esta ceremonia, llamada *sigui*, los dogón utilizan una máscara en forma de serpiente que mide cerca de 10 m y que, al terminar el ritual, esconden en una gruta secreta. De no haber sido por dos antropólogos que los estudiaron entre 1931 y 1952, y por una teoría formulada poco después por un estudioso del tema, probablemente hoy los dogón serían prácticamente desconocidos.

Según estos estudios, los ritos religiosos de los dogón se basan en la naturaleza binaria de la estrella Sirio, es decir, el sistema de dos estrellas que giran en torno a un eje común. La órbita de Sirio-B alrededor de Sirio-A se describe con una duración exacta de cincuenta años. Estos avanzadísimos conocimientos se los transmitieron los egipcios, quienes, a su vez, los aprendieron de los habitantes de Sirio. Dejando a un lado este último detalle, queda por resolver el misterio de cómo los dogón poseen conocimientos astronómicos que solo se han podido adquirir en los últimos años gracias a la tecnología más avanzada.

Una estrella única en su especie

La particularidad de Sirio radica en su «ciclo sótico», es decir, la reaparición periódica en el cielo de una estrella tras un periodo de ausencia, cuando al alba surge inmediatamente antes que el Sol en la porción oriental del cielo. En el caso de Sirio, este intervalo dura 365,25 días, esto es, poco más que un año terrestre. Entre miles de estrellas, Sirio es la única con esta característica. ¿Cómo hicieron los pueblos antiguos para conocerla, si para descubrirla han hecho falta miles de años y sofisticadas y continuas observaciones?

Según otra teoría, Sirio fue elegida porque es la única que recorre la distancia necesaria y se mueve en la dirección adecuada en medio de las demás estrellas. Este hecho debió de ser percibido hace miles de años antes de nuestra época y después debió de ser olvidado hasta hoy.

Para algunos, estas hipótesis son fácilmente refutables. Los dogón son un pueblo que tiende a evitar cualquier forma de enfrentamiento, difícilmente contradicen a sus interlocutores y, sobre todo, tienen muchos contactos con el hombre blanco.

Entre los investigadores que los han estudiado en los últimos años, ninguno ha encontrado indicios de conocimientos secretos, y han confirmado que Sirio no tiene importancia en su cultura.

Verdades escondidas

Pero entonces, ¿la religión de los dogón contiene nociones astronómicas muy evolucionadas en relación con Sirio, o solo se trata de una interpretación distorsionada de la realidad que ellos mismos han confirmado con tal de no contradecir a sus interlocutores?

Por ahora, la verdad está destinada a permanecer oculta, como ocultas están las grutas en las que los dogón guardan las máscaras sagradas del dios Serpiente.

¿Una estrella como guía?
Sirio es una de las estrellas más luminosas de la bóveda celeste. Por este motivo, muchas culturas le han atribuido significados particulares.

Etnología

Los poblados dogón (junto a estas líneas) están construidos con forma de cuerpo humano. La cabeza está formada por la llamada «casa-palabra», una especie de techumbre baja donde los ancianos discuten las cuestiones más importante, de la comunidad; el tronco, las piernas y el brazo izquierdo los forman cabañas de barro con forma cónica y los graneros; y el brazo derecho está formado por la cabaña a la cual se retiran las mujeres durante la menstruación, ya que se las considera impuras. Los primeros en estudiar este pueblo fueron Marcel Griaule y Germaine Dieterlen, que lo hicieron durante veinte años desde 1931.

El rey Arturo y Merlín, una saga inmortal

El emblema del poder
La Dama del Lago entrega la espada Excalibur a Arturo, acompañado de Merlín. En la página siguiente, una miniatura francesa del siglo XV que representa al rey en Camelot con los caballeros de la Mesa Redonda.

El rey Arturo y Merlín forman parte del imaginario colectivo desde siempre, pero los perfiles de estas figuras no están del todo claros. De hecho, no existe ninguna certeza de que realmente existiesen y, menos aún, de dónde vivieron. Según la leyenda, Arturo subió al trono por ser el único capaz de empuñar Excalibur, la espada que Uther Pendragon había clavado en una roca y que tan solo quien estuviese predestinado a llevar la corona podría extraer. Una vez coronado rey, sin mayor problema, Arturo sometió a los pocos nobles que no admitían que el trono recayese en manos de un joven que no pertenecía a sus familias.

Pronto se convirtió en un rey sabio y amado por su pueblo. Mandó construir el castillo de Camelot, donde vivió y se rodeó de doce nobles caballeros cuya misión era hacer respetar la ley actuando siempre según los cánones de la justicia y siguiendo un riguroso código moral. Para reunir al consejo de los caballeros, presidido por él mismo, hizo construir una mesa redonda. Así todos estaban al mismo nivel y se podían mirar a los ojos. Los doce caballeros, con el rey a la cabeza, recuerdan mucho a Jesús y sus doce apóstoles.

Los protagonistas de la saga

Otras figuras de primer orden en la leyenda artúrica son su esposa, la reina Ginebra, y Merlín, personaje dotado de poderes mágicos, a cuyos consejos y sabiduría el rey Arturo debe su forma justa de gobernar y la victoria en las numerosas batallas en las que se vio involucrado, sobre todo la guerra contra los sajones.

Pero con el paso de los años, los caballeros, siempre en busca de nuevas aventuras en las que probarse a sí mismos, ini-

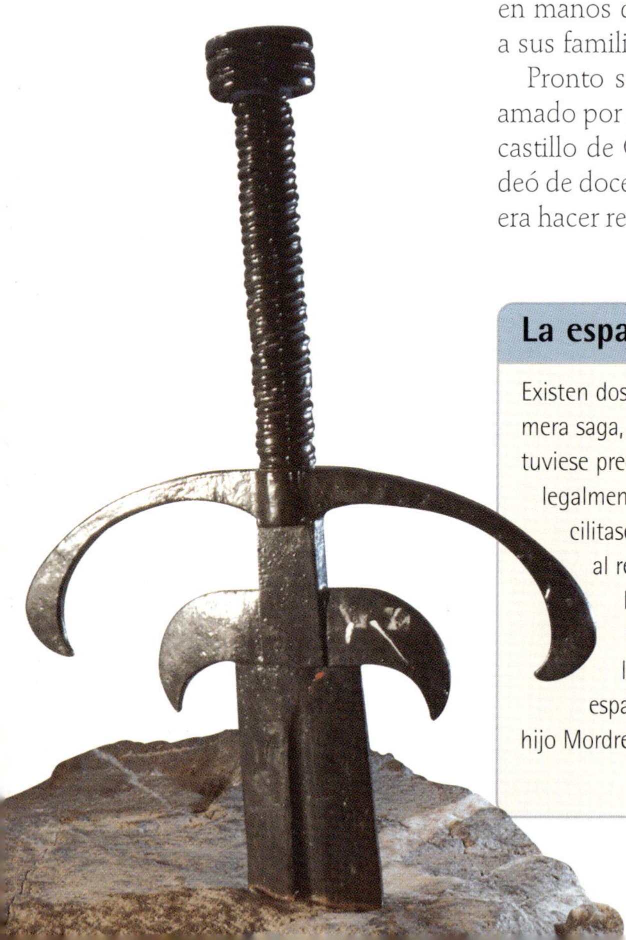

La espada mágica del rey Arturo

Existen dos leyendas referentes a Excalibur, la mítica espada mágica que poseía Arturo. En la primera saga, Excalibur fue clavada por el rey Uther Pendragon en una roca para que solo quien estuviese predestinado a ocupar el trono, llegado el momento, la pudiese extraer y, con ella, tomar legalmente posesión del poder. Pero cuando Excalibur se rompió, Arturo rogó a Merlín que le facilitase otra espada igual de poderosa. Entonces, el mago le remitió a la Dama del Lago quien, al reconocer a Arturo, le donó otra espada. Esta espada, según algunos, sería la auténtica Excalibur, que fue devuelta a la Dama del Lago una vez muerto Arturo. La vaina de Excalibur también tenía poderes mágicos; era capaz de proteger de posibles heridas a quien la tuviese en su poder. Un poema de cerca del año 1400 cuenta que Arturo tenía dos espadas: una era Excalibur y la otra se llamaba Clarent. Sería con esta última con la que su hijo Mordred, después de robarla, hirió de muerte a Arturo.

Considerāt q̃ par les triūphalles et glorieuses oeuvres que les vaillans hommes ⁊ nobles chevaliers anciennement firent en fait de chevalerie acquirent en leurs vies louenges ⁊ gloire de perpetuelle memoire. Je vostre treshumble et tresobeissāt serviteur a lhōneur ⁊ louēge de vo⁹ mō tresredoubte ⁊ souverain seigne⁹ chief de toute noblesse ⁊ chevalerie. Charles huitiesme de ce nō trescrestiē roy de frāce. Affin q̃ vostre chevalereux couraige ⁊ des ieu

El rey y la reina
La saga artúrica ha alimentado la fantasía de los artistas durante siglos. Arriba, Arturo y Ginebra retratados como dos apuestos jóvenes en un panel de cerámica según el diseño de Edward Burne-Jones (segunda mitad del siglo XIX). La reina traicionó a Arturo con Lanzaróte, uno de los más famosos caballeros de la Mesa Redonda.

ciaron la búsqueda del Santo Grial, la cual les alejó del resto de cometidos y los condujo a la ruina y la muerte.

El propio Arturo, ya viejo y resignado, fue perdiendo, cada vez más, el control de sus tierras, y Merlín fue engañado por Morgana, quien con mucha astucia le robó los poderes mágicos para enamorar a Arturo. De esa unión nació Mordred, destinado a combatir a su padre para usurparle el trono.

De la leyenda a la realidad

Hasta aquí la epopeya del rey Arturo tal cual se conoce. Pero la existencia de este rey es todavía materia de debate entre los estudiosos. En los textos más antiguos nunca aparece citado como rey, sino como «señor de la guerra». Por lo tanto, ¿solo se trataba de un combatiente al servicio de algún soberano? El mismo nombre, Arturo, es un apelativo asignado a más personajes, como el título de césar para los romanos, circunstancia que explicaría también su dilatada vida y que en algunas obras resulta excesiva para la época.

Según algunos estudiosos, vivió a finales del siglo V, era de origen británico o romano y gobernó las actuales regiones de Gales y Cornualles. Según otros, Arturo se identifica con Riothamus, un rey de los bretones que vivió en tiempos de Artemio, quien reinó sobre el Imperio romano de Occidente desde el año 467 al 472 de nuestra era. Otros lo identifican con Ambrosius Aurelianus o con Lucio Artorio Castro, condotieros que vencieron algunas batallas contra los británicos. Pero las escuelas de pensamiento al respecto son innumerables y algunas, incluso, lo remontan hasta el año 2300 a. C.

En cualquier caso, el hecho de que, durante esa época, hubiese personas con el mismo nombre puede haber contribuido a que aparecieran diferentes leyendas que

La espada en la roca italiana

La figura de Arturo también está presente en Italia, en particular en San Galgano, en la ermita de Montesiepi, cerca de Siena. Galgano fue un joven noble amante de la buena vida y las aventuras. Según la leyenda, se convirtió tras la visita del arcángel Miguel, quien se le apareció en sueños. Para confirmar la conversión clavó su espada en una roca; de esa manera, renunciaba definitivamente a usarla y así, además, podía utilizarla como un crucifijo. El diablo, intentando corromper de nuevo a Galgano, envió tres hombres para destruir el bloque en el que estaba clavada la espada, pero solo consiguieron romperla en tres partes. Galgano logró reunir los tres trozos con ayuda de sus oraciones. Pocos años después de su muerte, sobrevenida en 1181, fue construido un pequeño edificio de planta circular y cubierto por una cúpula. En el año 1200, la ermita fue ampliada con la construcción de una abadía y una gran iglesia (en la foto junto a estas líneas) de estilo gótico. Durante los siglos sucesivos, el monasterio sufrió una larga decadencia, hasta que se derrumbó, parcialmente, en 1786. A comienzos del siglo XX fue restaurado tal y como se puede apreciar hoy en día. Pero el lugar en el que surgió está rodeado de misterio. Ya en la antigüedad era sede de ritos paganos, y la forma circular y la arquitectura del primer edificio construido tras la muerte de Galgano es muy extraña y recuerda más a un templo celta, con elementos que se pueden relacionar más con los caballeros templarios que con un templo cristiano.

se fueron entremezclando sucesivamente unas con otras.

Las dudas sobre su existencia

También hay quien sostiene que Arturo no existió jamás. Quizás se trata solo de leyendas sobre una o más divinidades célticas, modificadas en el momento de la evangelización de los pueblos británicos.

Arturo es mencionado por primera vez en un antiguo poema gaélico, el *Gododdin*, en el que el poeta Aneirin insertó esta frase: «alimentaba los negros cuervos sobre los bastiones, aun no siendo Arturo». Si bien, la primera versión de esta obra se remonta al año 594 d. C., no es posible datarlo, con certeza puesto que ha sido retocada más veces a lo largo de los siglos. Otras obras en las que se mencionan las gestas de Arturo son las del bardo Taliesin, con frecuencia identificado con Merlín.

En la obra *Historia Brittonum* (Historia de los bretones), atribuida al monje galés Nennio, quien la habría escrito en el año

Una leyenda que no muere
Galwain (Joel Edgerton, en primer plano) y Galahad (Hugh Dancy), dos de los caballeros de la Mesa Redonda, en la película *El rey Arturo* del año 2003. Abajo, los caballeros, capitaneados por Arturo, parten a la búsqueda del Grial, en una miniatura italiana de finales del siglo XIV.

Un episodio famoso
Arriba, tomado de un manuscrito del siglo XIII titulado *Histoire de Merlin*, Arturo, guiado por Merlín, saca la espada de la roca, gesto que lo reconoce y entroniza como rey de Britania con solo 15 años. Bajo estas líneas, el rey Arturo con las armas, en una miniatura del siglo XIV. Abajo a la derecha, Merlín en un grabado de la *Crónica de Núremberg*, uno de los primeros libros impresos en 1493.

830 de nuestra era, Arturo es descrito nuevamente como caudillo. Pero también sobre la etimología del nombre Arturo existen distintas escuelas de pensamiento. Una de estas, deriva el nombre de dos términos celtas: *art* (roca) o *art gwyr* (hombre oso).

La figura de Arturo aparece en muchas obras, pero su verdadera difusión popular se debe a Geoffrey de Monmouth quien, a petición del obispo Alejandro de Lincoln, tradujo algunas leyendas y profecías del gaélico al latín. En su *Historia Regum Britanniae* (Historia del Reino de Britania), que se remonta al año 1135 d. C., Monmouth amplió y rindió homenaje al repertorio artúrico. Otra de sus obras más conocidas es *Vita Merlini* (La vida de Merlín).

Merlín, ¿mago o charlatán?

Merlín es una figura central en la epopeya artúrica. El rey mismo Arturo fue concebido gracias a un encantamiento del mago, que después lo crió y lo llevó, en el momento oportuno, frente a la roca donde Excalibur estaba clavada para conseguir así subirlo al trono.

A la figura de Merlín se contrapone la de Morgana, personaje que en las obras de Monmouth tiene buenas relaciones con el mago, pero que en escritos posteriores es descrita como una mujer diabólica.

La introducción de Merlín en las sagas artúricas se debe a Geoffrey de Monmouth, quien le cambió el nombre gaélico original, *Myrddin,* por el de Merlín. Según Monmouth, Merlín, hijo de un espíritu y una princesa, tenía el don de la clarividencia y el poder de transformar las cosas. Gracias a ese poder fue concebido Arturo: Merlín hizo que Uther Pendragon tomase la forma de Gorlois de Cornualles, entrara en el castillo de Tintagel y se uniera a la reina Igerna, dejándola embarazada del futuro rey. Cuando dio a luz al bebé, Merlín se lo arrebató de los brazos y lo crió él mismo. Así, Merlín aparece descrito de diversos modos, como mago, consejero de la corte, pero también como hábil liante y figura de corte demoniaco engañado por Morgana, cuyo único fin era conocer las artes mágicas solo por poder.

Leyendas aparte, el Merlín que realmente vivió, seguramente lo hizo durante el siglo VI y se le puede identificar con el bardo galés Taliesin. También en este caso, como en el caso de Arturo, las crónicas hablan de una figura que vivió mucho tiempo, lo que hace pensar que habrían existido más personajes con este nombre.

Tras las huellas de Ávalon

Unida a las aventuras de Arturo se encuentra la mítica isla de Ávalon, donde residían los *Thuatha De Danann*, seres de origen divino que en un tiempo habitaron Irlanda. Según la leyenda, en Ávalon fue enterrado el primer Arturo. Desde los tiempos de Monmouth se ha tratado de ubicar geográficamente este lugar. En 1190 los monjes de Glastonbury identificaron su abadía con la mítica Ávalon y, desde entonces, tal ubicación es comúnmente aceptada. Pero las aventuras artúricas también nos conducen hasta Italia, donde la figura de San Galgano está fuertemente ligada a la del soberano bretón. En las leyendas que hablan de Galgano existe también una espada clavada en una roca y un sueño con la visión de Jesús y de sus apóstoles sentados en torno a una mesa redonda. Admitiendo que pudiera haber alguno, ¿qué vínculo habría entre Galgano y Arturo? ¿Cómo olvidar que el nombre de Galgano se parece mucho al de Galwain, o Galvano, uno de los caballeros de Arturo?

Los orígenes de Arturo y Merlín se pierden en el tiempo, tanto que quizás nunca lleguemos a saber dónde acaba la historia y dónde empieza la leyenda.

Arturo «rey pasado y futuro» Según la leyenda, Arturo fue herido tras vencer en una batalla a su hijo, que quería usurparle el trono. Sintiéndose morir, ordenó que arrojasen Excalibur al lago y, en aquel preciso momento, una mano de mujer que surgió del agua cogió la espada (arriba, en una miniatura de hacia 1316). Una embarcación imaginaria transportó a Arturo hasta Ávalon (abajo, en un dibujo del siglo XIX). En la mítica isla se curó de sus heridas y, desde entonces, Arturo espera volver a reinar.

Rasputín, el monje oscuro

Desde su casa de San Petersburgo, Rasputín condicionó la política rusa determinando la suerte de personas y gobiernos. ¿Quién era este hombre tan influyente? Grigori Yefimovich Novykh, más conocido como Rasputín, nació en Pokrovskoye, un pequeño pueblo de la Siberia occidental. Su infancia no fue nada normal; desde pequeño tuvo visiones místicas y, a los 18 años, entró a formar parte de una secta religiosa llamada «los flagelantes». Ahí se originó su fama de curandero y santón. Llegó a la capital rusa y en poco tiempo traspasó el umbral del Palacio Imperial. Alexei, el hijo del zar Nicolás II y de la zarina Alejandra, sufría un tipo grave de hemofilia. Médicos y curanderos habían experimentado en vano todo tipo de curas. Pero la zarina había oído algo acerca de un monje del cual todo San Petersburgo hablaba. Entonces, Rasputín fue llamado y llegó a palacio a medianoche. Conducido hasta el cabecero del pequeño Alexei, el monje se sentó y rezó. Misteriosamente, el niño mejoró. Rasputín, desde ese mismo instante, entró a formar parte de la familia imperial. Nicolás II y Alejandra pusieron bajo su juicio cualquier decisión. Se convirtió en el consejero más escuchado, pero también en el más odiado, puesto que, debido a ese privilegio, se granjeó muchas enemistades, como la de todos los nobles y aristócratas.

¿Diablo o agua bendita?

Los rumores sobre sus ritos nocturnos a base de sexo y alcohol eran cada vez más frecuentes. Rasputín empezó a ser considerado un peligro político.

Un personaje carismático

Los biógrafos no se ponen de acuerdo sobre la fecha de nacimiento de Rasputín, que en cualquier caso estaría entre 1860 y 1870. La dificultad se debe a que se han perdido muchos de los datos del registro de la iglesia donde fue bautizado. Pero el mismo Rasputín siempre fue impreciso con respecto a su edad. Por costumbre se ponía más años, para hacer más verosímil su figura de monje o *starec*, término con el que, en ruso, se identificaba a los monjes considerados elegidos por Dios, los verdaderos profetas y sanadores. También jugaba mucho con su aspecto; su rostro, surcado por profundas arrugas, una larga barba y una mirada magnética, le ayudaron a forjarse un aura de santidad.

Durante la mitad de la Primera Guerra Mundial, Rusia, Inglaterra, Francia e Italia se habían aliado contra Alemania y Austria, pero Rasputín, pacifista convencido, persuadió al zar de retirar sus tropas. Para las altas jerarquías del ejército ruso esto significó un exceso, tenían que detenerlo como fuera. En este momento entró en escena el príncipe Feliks Yussupov, quien tramó un complot. Así fue como, el 16 de diciembre de 1916, Rasputín salió por última vez de su casa; iba en dirección al palacio Yussupov.

Un final agónico

Durante el transcurso de una cena, el príncipe Feliks ofreció a Rasputín unas pastas y vino envenenados. Como la sustancia letal no hizo ningún efecto, el príncipe le apuntó con una pistola y le disparó directo al corazón. Rasputín, herido, escapó del palacio mientras llegaban el resto de los conspiradores, que le dispararon nuevamente, primero en la espalda y luego en la cabeza; finalmente, lo tiraron al río Neva. El cuerpo, encontrado dos días después, tenía los pulmones encharcados. ¿Estaba todavía vivo cuando lo tiraron al río? El curandero, pocos días antes de ser asesinado, había dicho públicamente: «cuando muera, el zar perderá su corona». Ni tan siquiera había pasado un año cuando se cumplió su profecía: la Rusia zarista cayó en 1917, barrida por la revolución de octubre.

Honores y derrota
Rasputín, en su casa de San Petersburgo, con un nutrido grupo de seguidores. Era un protegido de la familia imperial (en la foto de abajo, el zar Nicolás II con su mujer, sus hijas y el pequeño Alexei), pero no se libró de la conjura urdida por el príncipe Yussupov (abajo, en un retrato ecuestre).

Leonardo da Vinci, el genio que imaginó el futuro

¿Qué aspecto tenía el joven Leonardo, el genio que desde hace cinco siglos deslumbra al mundo entero? A juzgar por los escritos de sus contemporáneos debía de tener talento y buena presencia, un físico atlético, ojos azules, cabello largo y un rostro bello como el de un ángel. También tenía un carácter agradable, una personalidad amable y su imagen era la de un joven especial. Giorgio Vasari, excelente pintor con poco éxito y autor de la primera biografía de los artistas del Renacimiento, escribió que era de una «belleza del cuerpo, nunca lo suficientemente alabada». Además era diestro en actividades físicas como, por ejemplo, el uso de las armas. En resumen, el ideal del artista renacentista. Sin embargo, fue considerado distinto a otros artistas de su época: era un hombre casi perfecto, pero tenía como defecto cierta inconstancia.

Leonardo, nacido el 15 de abril de 1452 en Vinci, pequeño burgo entre Florencia y Pistoia, era una personalidad inconformista, conocida y estimada en buena parte de Italia. Hijo ilegítimo de un rico notario del lugar, en su Vinci natal, y puesto que Toscana era el centro de la vida política, artística, literaria y científica del *Quattrocento,* conoció más cosas aparte de la naturaleza. Nadie como Leonardo supo asimilar y desarrollar los estímulos hasta adquirir una genialidad nunca vista.

¿Un retrato de Leonardo?
Pudo haber sido el joven da Vinci, por aquel entonces un simple aprendiz, quien posó para el *David* de su maestro Andrea Verrocchio. En la siguiente página, el *Hombre de Vitrubio,* de Leonardo.

Una vida de estudio, experimentos y viajes

El burgo florentino permitía intensos contactos con ciudades próximas, pero Leonardo, sobre todo, amaba la naturaleza. La familia era propietaria de un molino y al-

El Hombre de Vitrubio

Leonardo estudió de cerca la estructura ósea de los hombres y la musculatura que la recubre, la circulación de la sangre y el movimiento de las articulaciones. Era un apasionado de la anatomía y la fisiología. En 1489 escribió *Della figura umana* (Sobre la figura humana), el primer tratado sobre las proporciones humanas después del de Vitrubio, arquitecto de la Roma imperial que creía que un hombre con las piernas y los brazos extendidos debía entrar perfectamente en un círculo y en un cuadrado, figuras geométricas perfectas; el centro del cuerpo era el ombligo. En cambio, Leonardo, al realizar uno de sus diseños más famosos, su *Hombre de Vitruvio* (a la izquierda, acuñado en una moneda de euro italiana), demostró que la figura humana puede inscribirse en un círculo y en un cuadrado, tal como decía Vitruvio, siempre y cuando no estén el uno dentro del otro. Entonces, el centro del cuerpo varía según esté dentro del círculo o del cuadrado: en el primer caso el centro es el ombligo; y en el segundo caso es un punto por debajo del pubis.

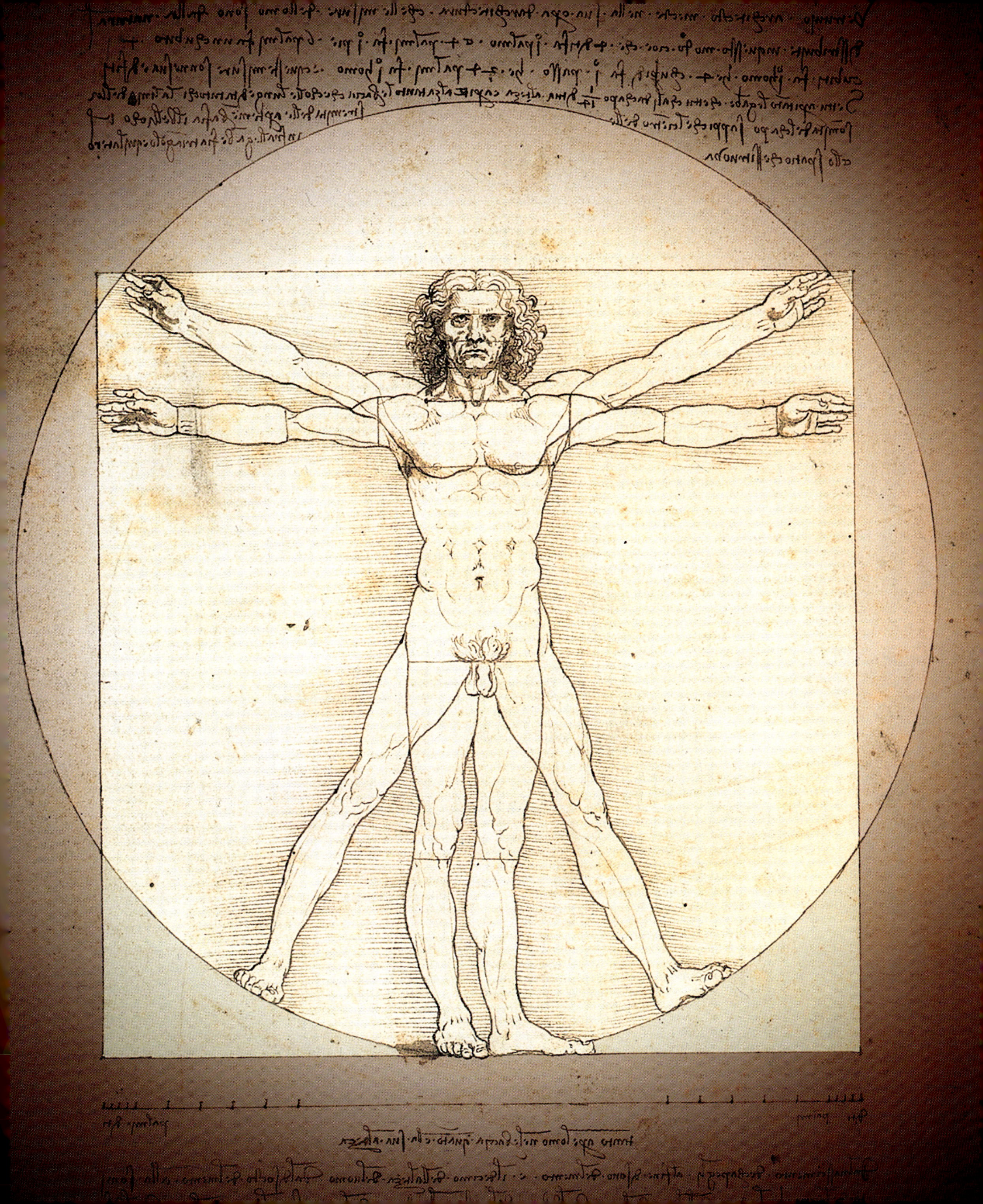

Los Códices
Arriba, el *Códice Atlántico*, una reunión de las hojas de Leonardo realizada por Pompeo Leoni. Abajo, el estudio de un caballo para la *Batalla de Anghiari* y algunas de las páginas de los manuscritos K y L con estudios de anatomía animal y de ingeniería.

gunas tierras en la zona, lo que le permitió explorar por el campo y experimentar cosas nuevas, siempre empujado por su inagotable curiosidad. Empezó a estudiar a las personas, los animales, las plantas, los fenómenos naturales y los astros celestes. Observaba largo rato y apuntaba en sus cuadernos sus apreciaciones, acompañándolas de dibujos muy detallados: una costumbre que le acompañó toda la vida. En el futuro, aquellas hojas se convertirían en los *Códices* de los que tanto se habla. El estudio de las plantas le permitió pintar los paisajes naturales como si de un experto botánico se tratase; la observación de cada movimiento y detalle del cuerpo de los animales le llevó a dibujar, con una realidad impresionante, caballos maravillosos, armiños, dragones y tantas otras figuras.

Descubrir los secretos a la naturaleza

Observar, estudiar y después razonar, tratando de descubrir los secretos a la naturaleza fue, en resumen, el secreto de Leonardo. Él prefería la acción a la cultura teórica, no le gustaba el estudio dentro de las bibliotecas ni profundizar en la teoría de las cosas, prefería la concreción de la experiencia directa a los discursos abstractos. Pero también es cierto que lamentaba no haber estudiado latín y griego, tan necesarios para un científico de la época.

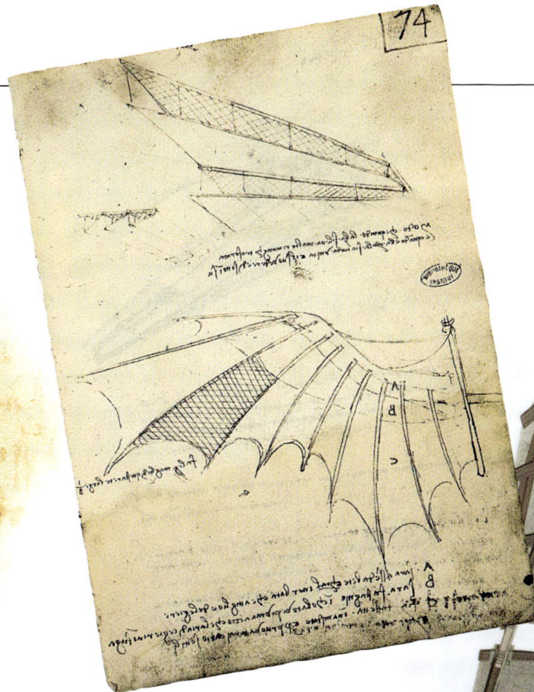

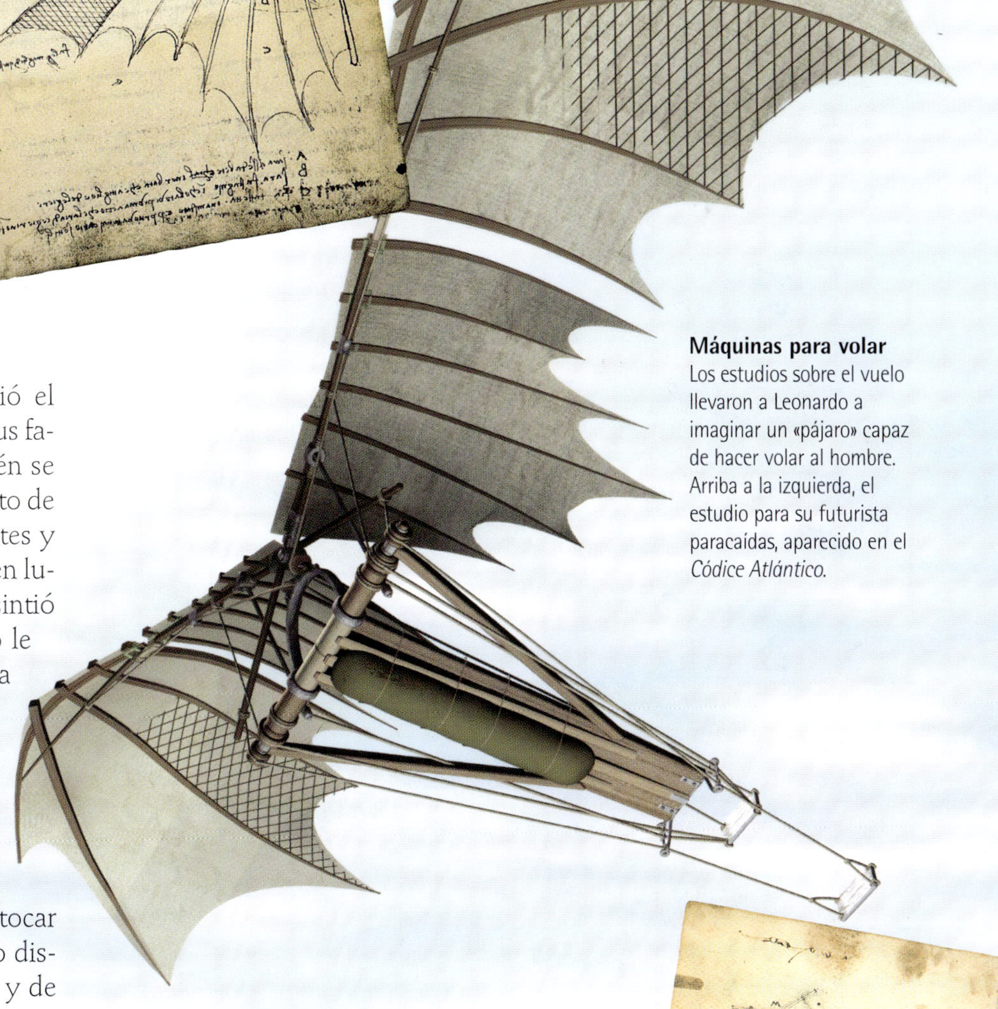

Máquinas para volar
Los estudios sobre el vuelo llevaron a Leonardo a imaginar un «pájaro» capaz de hacer volar al hombre. Arriba a la izquierda, el estudio para su futurista paracaídas, aparecido en el *Códice Atlántico*.

Pasión por volar

Contemplando a los pájaros estudió el vuelo, algo necesario para proyectar sus fabulosas máquinas voladoras. También se dedicó a la observación del movimiento de las aguas, con sus vorágines, corrientes y remolinos, semejantes a los que tienen lugar en el aire. Parece que Leonardo sintió una gran pasión por aquello que no le ha sido concedido al hombre, como la posibilidad de volar.

En 1469, con 17 años, dejó Vinci y comenzó a trabajar en Florencia, en el taller de arte más importante de aquel momento, el de Andrea Verrocchio. Aprendió rápidamente aquello que le gustaba, como pintar, tocar la lira y cantar. No había nada que lo distrajese de la observación, del diseño y de «levantar planos».

Gracias a Lorenzo de Medici, Florencia era el corazón de la cultura de la época y en los talleres, además de las obras de arte, se construían complejas maquinarias destinadas a animar las grandes fiestas de la corte.

Artista...

En Florencia, Leonardo, además de pintar (su primera obra importante, la *Adoración de los Magos*, la dejó inacabada), pensó en una posible canalización del río Arno e imaginó molinos y muchos otros elementos. En 1482, Lorenzo de Medici lo envió a Milán para que trabajase en la corte del duque Ludovico Sforza, llamado «el Moro». En el bolsillo llevaba una carta de presentación en la que se detallaban 36 actividades distintas que podía desempeñar. En Milán organizó suntuosas fiestas, con

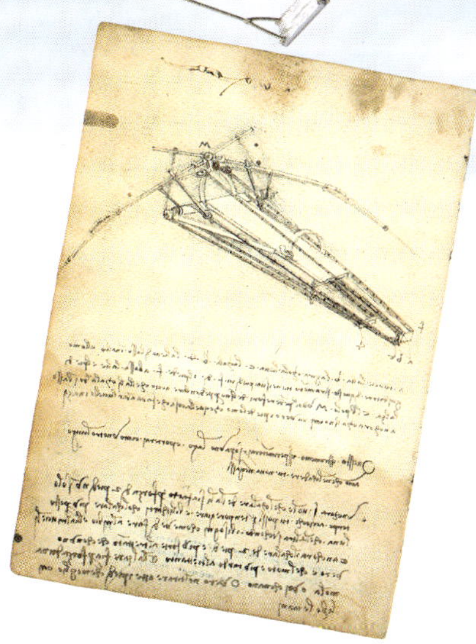

Obras maestras
La segunda versión de la *Virgen de la roca*, conservada en la National Gallery de Londres, y la *Gioconda*, ahora en el Museo del Louvre de París, son dos de las obras de Leonardo más apreciadas en el mundo.

efectos escenográficos y sonoros maravillosos e ingenios mecánicos nunca vistos; y pintó algunas de sus obras más famosas como la *Dama del armiño*, la *Virgen de la roca* y la *Última cena*, considerada una de sus obras maestras.

... e ingeniero

Además de para la buena música y los asombrosos espectáculos, Ludovico «el Moro» necesitaba ayuda para las cuestiones militares. Leonardo proyectó todo tipo de fortificaciones, puentes levadizos, catapultas gigantes, armas y maquinaria para vencer en la batalla sin que las tropas sufriesen daños importantes. Ideó un puente de salvación que sirviese para atacar pero, sobre todo, para ponerse a salvo rápidamente. El puente se improvisaba, sencillamente, clavando los palos que se encontraban en el camino «sin necesidad de otros instrumentos, ni hierros ni cuerdas»; después, bastaba con quitar un solo palo para que la estructura entera se derrumbara y, así, dejar al enemigo atrás.

Después de diecisiete años trabajando como ingeniero, proyectando obras de saneamiento, obras hidráulicas, fortificaciones y máquinas voladoras, al mismo tiempo que profundizaba en sus estudios de anatomía y se consagraba como pintor y escultor –trabajando en un enorme caballo que nunca terminó–, para Leonardo da Vinci llegó la hora de volver a casa.

Un hombre inquieto

En 1499, los soldados franceses de Luis XII ocuparon el ducado de Milán; para aquel entonces, Ludovico «el Moro» ya se había retirado y Leonardo dejó la ciudad. Primero se fue a Mantua, a la corte de Isabel

¿Cómo escribía Leonardo?

El personaje más genial de la historia italiana era zurdo, escribía de derecha a izquierda y, en ocasiones, de forma especular, de tal manera que su trabajo solo se podía leer reflejando el texto en un espejo. Una particularidad que ha hecho creer que se trataba de un lenguaje codificado, ideado para esconder algún secreto. Leonardo empezaba a escribir sus cuadernos desde el final, empezando en la última página. Era más bien desordenado con las hojas y, en ocasiones, las ponía al revés.

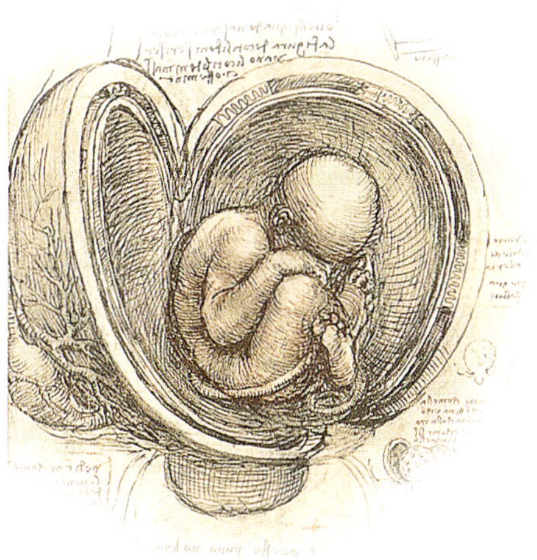

de Este, una de las más refinadas de la época; después, continuó hasta Venecia, donde proyectó un ingenioso sistema de inundación para proteger la ciudad del ataque de los turcos y un traje de buzo para defenderla, incluso, bajo el agua.

Finalmente regresó a Florencia, su ciudad natal. Se dedicó a las matemáticas y a la geometría, volvió a estudiar el vuelo, descubrió el movimiento en espiral –que consideraba una de las fuerzas vitales de la naturaleza– y escribió su códice sobre el vuelo de los pájaros. Llegó a imaginar un sistema para desviar el curso del río Arno con el fin de hacerlo navegable desde Florencia hasta el mar.

En 1503, Leonardo era ya tan famoso, que el gobierno de Florencia le encargó pintar en la sala del Gran Consejo del palacio Vecchio la *Batalla de Anghiari*, en homenaje a la victoria ante los milaneses en 1440. Justo en la pared opuesta Miguel Ángel Buonarroti debía pintar la *Batalla de Cascina*. Sin embargo, Leonardo solo trasladó a la pared parte del boceto preparado en cartón y pronto se fue de Florencia para regresar a Milán, todavía ocupada por los franceses.

En 1513 llegó a Roma, a una corte papal increíblemente rica en artistas. Aquí se concentró en sus estudios y trabajó en diversos proyectos a la vez, como en la desecación de las lagunas Pontinas y el puerto de Civitavecchia. Tres años más tarde marchó a Francia, donde fue acogido con los más grandes honores. El rey Francisco I lo estimaba y lo colmó de riquezas, pues reservó para él los encargos más prestigiosos. Continuó con sus estudios, proyectó castillos y palacios, trabajó en mil ideas a la vez y pintó. Terminó la *Gioconda*, el cuadro más apreciado por el mundo, que llevó siempre consigo.

Cuenta la leyenda que Leonardo murió en los brazos del rey, el 2 de mayo de 1519, en el castillo de Cloux, su último hogar.

Leonardo enigmático

Leonardo no formó parte ni de sectas ni de organizaciones secretas pero, como tantos otros en su época, conocía la alquimia y principios de astrología, de la cual se ocu-

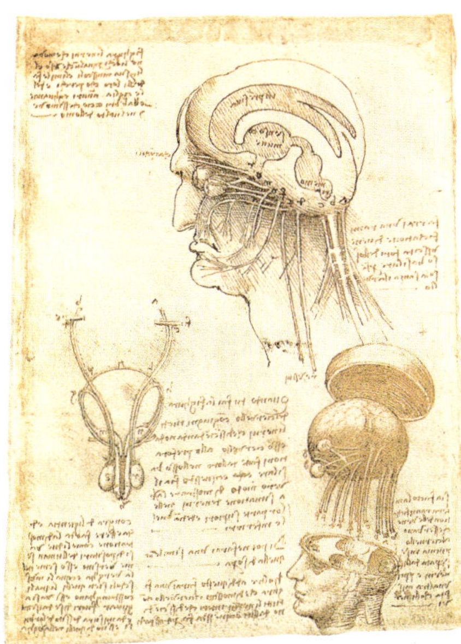

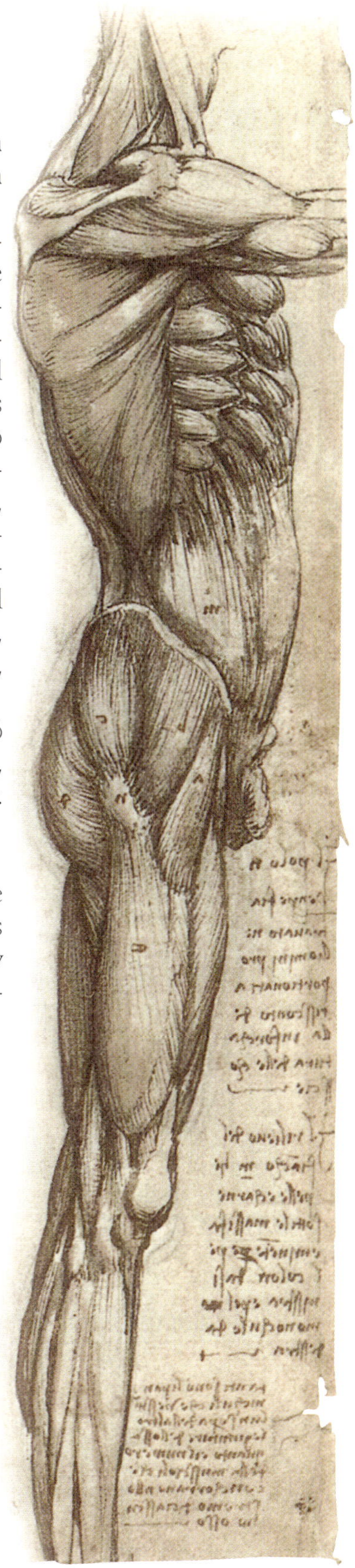

Estudios de anatomía
Durante toda su vida, Leonardo se dedicó con pasión al estudio de la anatomía, examinando cada parte del cuerpo, desde el esqueleto hasta los músculos, desde la evolución del feto en el vientre materno hasta llegar al punto de encuentro de todos los sentidos, el cerebro.

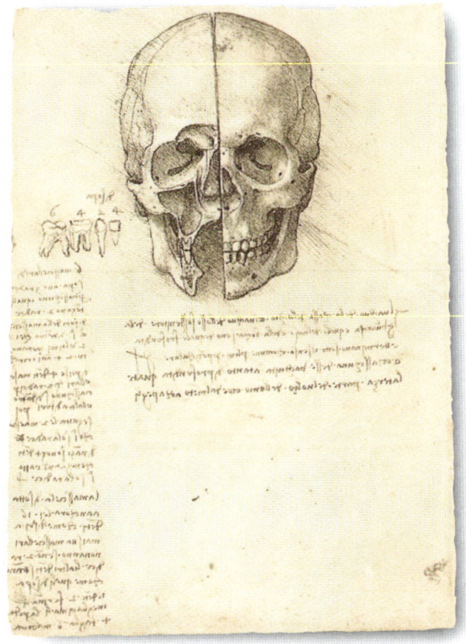

Visiones del futuro
Leonardo lo mismo imaginó un helicóptero –como aparece en el *Manuscrito B* y que arriba vemos en una reconstrucción en 3D realizada según sus dibujos–, que estudió el cráneo humano, que presentó sus proyectos al Duque, como se puede ver en el dibujo *La corte del Moro*, realizado en 1823 por Giuseppe Diotti.

paron científicos como Galileo Galilei o Keppler. Entonces, ¿por qué se considera extraño que en los trabajos de Leonardo aparezcan referencias al zodiaco o a los principios de alquimia? Todo hombre es hijo de su tiempo y Leonardo, al menos en esto, no era una excepción.

Para conocer «desde la verdad», como decía él, los secretos de la naturaleza humana, llegó a seccionar hasta treinta cadáveres de hombres y mujeres de todas las edades. Estudió anatomía en Florencia, Milán, Pavía y en el antiguo Hospital del Espíritu Santo de Roma. Para conservar mejor los órganos delicados que iba a estudiar, como los ojos, llegó a cocerlos. Pero en la ciudad papal fue acusado de necromancia, como si fuese un mago adivino. Y, aunque no tuvo condenas ni del tribunal eclesiástico ni del civil, la hostilidad de la gente hacia sus estudios de anatomía obligaron a Leonardo a cambiar de ciudad. Sin embargo, aquellos estudios fueron los que permitieron dar un giro a

El misterio de la bicicleta

Entre 1962 y 1972, el *Códice Atlántico* fue restaurado en el monasterio Santa María de Grottaferrata. Cuando se separaron las hojas de las tapas, apareció un dibujo que ha enfrentado a los estudiosos: el boceto de una bicicleta moderna. ¿Por qué estaba escondido? A lo mejor fue porque en el mismo folio aparece un esbozo algo «libertino», censurado por quien cosió el cuaderno. Pero las dudas siguen ahí, porque el dibujo no tiene el estilo refinado y cuidadoso de Leonardo. ¿Quién pudo diseñar esta increíble primera bicicleta? Quizás un alumno del gran maestro que copiaba los estudios de la transmisión del movimiento por medio de la cadena. Pero el dibujo es demasiado «moderno» como para no levantar sospechas. Y no hay que olvidar que la bicicleta fue creada oficialmente en 1880.

la pintura y a la representación científica del cuerpo humano.

Sus prodigiosas máquinas

En la corte milanesa de Ludovico «el Moro», Leonardo fue el encargado de los preparativos de fiestas maravillosas con autómatas, escenografías que se abrían, personajes que aparecían de la nada y otros mil artilugios fantásticos. Pero Ludovico quería armas y, por ello, Leonardo, un pacifista vegetariano amante de los animales, proyectó maquinas de guerra innovadoras, fortificaciones, sistemas defensivos y máquinas de asedio. Adelantándose asombrosamente a su tiempo, estudió carros armados para proteger a las tropas en el avance y permitir a los soldados disparar con cañones al enemigo manteniéndose a resguardo; una gran catapulta con ruedas con un arco de 25 m de largo para lanzar piedras de 50 kg; y bombas con explosivos destinadas a acobardar al enemigo y causarle un importante daño y confusión.

También pensó en toda una flota de barcos acorazados para evitar los ataques de los enemigos, que a la vez se podían abrir para permitir a los cañones disparar; en una catapulta gigante fácil de manejar; y en una barca con un movimiento a pedales tripulada por dos hombres.

Proyectó un puente levadizo que, para no obstaculizar a los barcos en su navegación, podía ser accionado rápidamente por una única persona; una máquina para excavar y drenar el fango de los canales y una especie de helicóptero con una gran vela en forma de espiral. Imaginó una máquina para planear, un ala delta donde el piloto podía maniobrar y un ornitóptero, es decir, una máquina para reproducir el batir de alas de los pájaros. Diseñó el primer paracaídas y, en el mismo folio, escribió que de esa manera el hombre «podrá lanzarse desde cualquier altura sin hacerse daño». Este es el legado de un hombre que como ningún otro en el mundo supo anticipar el futuro.

La bombarda múltiple
Leonardo la llamó «circundisparo» y tiene cañones dispuestos alrededor de toda una plataforma circular. Aparece en el *Códice Atlántico*. Abajo, una reconstrucción tridimensional de esta.

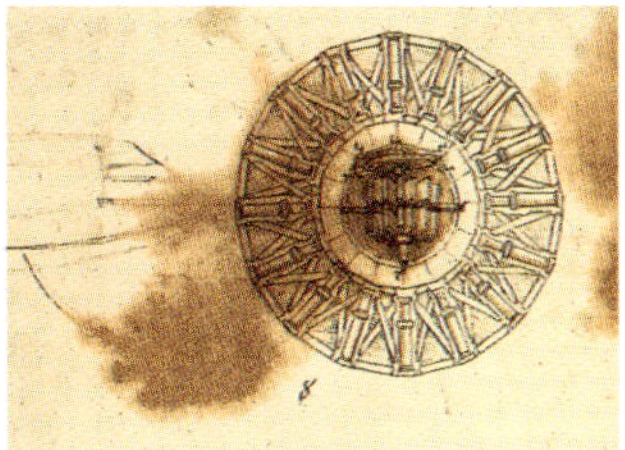

Edgar Cayce, el «profeta durmiente»

Edgar Cayce nació en una granja de Kentucky, Estados Unidos, en 1877. Se hizo muy famoso en los años treinta y cuarenta porque, sumido en un estado de trance similar al sueño, era capaz de profetizar. Se le conocía como «el profeta durmiente».

Cayce afirmaba poder ver, en el trance, las enfermedades de una persona, y estas «visiones» le permitían formular un diagnóstico y una cura.

Por estas consultas no cobraba pero, como todos los médiums y adivinos, aceptaba todo tipo de donativos. Gracias a estos donativos que la gente le ofrecía pudo permitirse abrir un hospital, que permaneció abierto poco más de dos años, y un avanzado centro de estudios metafísicos, Atlantic University, que duró menos de un año.

¿Qué sucedía cuando entraba en trance? Cayce no se limitaba a curar las enfermedades de sus clientes, era capaz de ver sus vidas anteriores, que podían ir desde un soldado troyano a un discípulo de Cristo y a un ángel que estaba en la Tierra antes de Adán y Eva. Cayce siempre hablaba de sus vidas anteriores en positivo, sin encontrar nunca ninguna «sombra».

Las primeras lecturas y el ángel

Su primer paciente fue él mismo. En cierta ocasión, le golpearon con una pelota de béisbol y, cuando le llevaron a casa, en estado de semiinconsciencia, dio a su madre todas las instrucciones necesarias para preparar un remedio que lo curase. Se curaba con la autohipnosis y ordenaba a su propio organismo que restableciese las funciones orgánicas bloqueadas por la enfermedad.

Infinitas visiones

De las ocho mil profecías formuladas por Cayce pocas se han confirmado. Entre las no confirmadas figuran las que hacen referencia a la fecha de construcción de la Esfinge, que Cayce remontaba al año 10500 a. C., y la relativa a los Libros de Tot, que se encontrarían escondidos entre las entrañas de dicho monumento. En general, Cayce profetizaba de dos maneras: entrando en contacto con el subconsciente de sus pacientes e indagando en los llamados «archivos akáshicos» o Libros de la Vida. La Akasha, para la tradición esotérica pero no para la ciencia oficial, es una especie de gran archivo primordial del espacio-tiempo donde se encuentra la historia de todas las almas desde su creación. Es por esto por lo que, según sus seguidores, Cayce era capaz de discutir sobre cualquier materia, aunque no la hubiese estudiado con profundidad.

Curó de tuberculosis y hemorragias a muchas personas que confiaban y se dirigieron a él. En una ocasión, parece ser que devolvió la vista a su hijo, perdida en una accidente.

¿Cómo se inició esta particular serie de curaciones misteriosas? Según algunos testimonios, hubo un hecho que marcó de por vida a Cayce: a la edad de 13 años, se le apareció un ser angelical que le preguntó qué desearía por encima de todas las cosas. Cayce respondió que ayudar a los demás, en especial a los niños enfermos.

Las primeras curaciones

Una de las primeras «lecturas» que realizó fue a una niña de 5 años. El cerebro de Aime Dietrich, después de una gripe, había dejado de desarrollarse y, esto, le provocaba frecuentes convulsiones. Los médicos consultados no habían llegado a ninguna solución.

Cayce, en estado de trance, declaró que el problema era anterior a la gripe y se debía a una caída. Prescribió ciertas terapias osteopáticas que lograron un resultado increíble: la niña se curó.

Obviamente, Cayce fue muy criticado por la medicina denominada «oficial». Pero, aun así, a lo largo de su vida, realizó más de nueve mil lecturas, que actualmente se conservan en Virginia, en dos asociaciones de seguidores suyos. Cayce murió el 3 de enero de 1945.

Una aparición maravillosa
Un ángel se le apareció cuando tenía 13 años y le concedió el poder de curar. Tumbado en un diván, en un estado de trance autoinducido, Cayce podía tener una serie de visiones por las cuales, entre otras cosas, diagnosticaba el estado de salud de una persona. En la página anterior, un retrato del «profeta durmiente».

El príncipe de Sansevero, alquimias en pleno centro de Nápoles

Interesado por todo
Literatura, derecho, filosofía, lenguas antiguas, hidráulica, ingeniería y alquimia... la genialidad del príncipe de Sansevero iba desde el estudio a los inventos, pasando por los experimentos de laboratorio.

El 30 de enero de 1710 nació Raimundo de Sangro, vástago de una familia que se vanagloriaba de descender, ni más ni menos, que de Carlomagno, el fundador del sacro Imperio romano. Huérfano de madre con apenas un año, y abandonado por un padre que ingresó en un convento despreocupándose de él, el joven príncipe creció con sus abuelos antes de irse a Roma a un colegio de los jesuitas. Con 20 años regresó a Nápoles, una de las grandes capitales de Europa, después de haber dado muestras de una inteligencia despierta y de un espíritu indomable. Y no pasó mucho tiempo hasta hacerse popular. Raimundo de Sangro era culto, amante del arte, gran mecenas y personaje de relieve en la vida cultural napolitana.

Un personaje lleno de inspiración, naturalista y filósofo, apasionado de la alquimia, la mecánica y las ciencias en general. En apariencia, un perfecto intelectual.

El palacio de los misterios

Pero ¿qué sucedía por las noches en su palacio? Esa era la pregunta que se hacían los napolitanos, pues escuchaban extraños ruidos, percibían olores inusuales y veían resplandores inquietantes y movimientos sospechosos.

Su laboratorio pronto se convirtió en el lugar más legendario de la ciudad, y la fantasía popular le atribuyó invenciones realmente increíbles como «la luz eterna», una llama que arde consumiendo pequeñísimas cantidades de un combustible que él inventó y que obtenía, según decían, triturando huesos de cráneo humano; o una máquina hidráulica capaz de elevar agua a cualquier altura; o una carroza «anfibia» que podía avanzar por tierra y por mar, con la que atravesó el golfo de Nápoles. No obstante, su verdadera obra maestra se encontraba en un callejón estrecho y oscuro, uno de los lugares más misteriosos de la ciudad.

Una obra perfecta

En el *Cristo Velado* (en la fotografía), los detalles del cuerpo y los pliegues del paño fueron realizados para esconder y destacar a la vez el cuerpo de Jesús. Una leyenda popular infundada cuenta que el conde cegó al artista para que no pudiese realizar otra obra tan perfecta como esta.

Alquimias misteriosas
¿Qué procedimiento fue utilizado para obtener el impresionante maniquí que vemos en la fotografía de abajo, un esqueleto revestido por el sistema venoso y arterial perfectamente conservado? ¿Es posible que el secreto lo encierren los conocimientos alquímicos del príncipe que, según cuenta la leyenda, lo condujeron a la muerte? Junto a estas líneas, *La muerte del alquimista*, obra de Elihu Vedder, 1868.

La legendaria capilla familiar

En el siglo XVIII, la capilla de los príncipes de Sansevero fue enriquecida notablemente gracias a Raimundo de Sangro, quien reunió a su alrededor a los más importantes artistas de la época.

Al príncipe le gustaban mucho los experimentos de laboratorio y preparaba él mismo las mezclas y disolventes para dar a los colores resistencia y vivacidad. Prueba de ello es el fresco de la capilla, *La gloria del paraíso,* cuyos colores han permanecido intactos desde hace tres siglos sin necesidad de restauración y, según parece, gracias a las sustancias utilizadas por el príncipe, que aún hoy se desconocen.

Como alquimista, practicaba a menudo el arte de «disolver y coagular» la materia hasta obtener una pasta especial para cornisas, capiteles y estatuas, capaz de conferirles vistosos efectos plásticos.

Se dice que las estatuas simbólicas de tamaño natural que existen en la capilla fueron realizadas con una técnica que todavía se desconoce.

Las máquinas anatómicas

Para algunos resultan misteriosas y para otros se trata solo vulgares maniquíes. Desde hace siglos se habla de las dos figuras que se encuentran en el sótano de la capilla. Bajando por la pequeña escalera de hierro se accede a una habitación con dos grandes vitrinas. En ellas se conservan las «máquinas anatómicas», dos esqueletos revestidos por completo con una red de venas y arterias solidificadas, al parecer, mediante un proceso de metalización inventado por el príncipe y cuyo secreto se ha perdido. Se piensa que habría inyectado una sustancia alquímica en los cuerpos, todavía con vida, de dos sirvientes capaz de destruir el recubrimiento de carne; después se habrían pintado venas, arterias y hasta capilares. Hay quien sostiene que solo se trata de dos esqueletos, un hombre y una mujer embarazada, revestidos de hilo y cera de colores. Lo que sí es cierto es que el príncipe se interesó por el estudio de la alquimia y la naturaleza humana, según se dice, para alcanzar la inmortalidad; una búsqueda que pudo conducirlo a la muerte.

Experimentos mortales

Según cuenta Benedetto Croce, el príncipe descubrió un elixir prodigioso capaz de dar vida a los cadáveres y quiso experimentarlo en él mismo. Dio orden a un sirviente de cortar su cuerpo en pedazos y guardarlo en un baúl en espera de su renacimiento. Pero alguien abrió el baúl antes de tiempo y el cuerpo del príncipe se levantó, gritó y cayó de nuevo, definitivamente muerto.

Nostradamus, las profecías de un científico

El rostro del profeta
Michel de Notredame retratado en un grabado francés del siglo XIX.

Nostradamus, el vidente más famoso de todos los tiempos, aquel que según algunos estudiosos predijo el futuro de la humanidad hasta el año 3797, nació el 14 de diciembre de 1503 en Saint-Remy-de-Provence, un pequeño pueblo del sur de Francia, en el seno de una familia acomodada de origen judío. Pero el abuelo del futuro Nostradamus se acercó a la religión cristiana, y decidió cambiar de nombre. Queriendo demostrar su devoción a la Virgen cambió su apellido, Gassonet, por el de Notre-Dame (Nuestra Señora), el mismo de la iglesia donde había sido bautizado. Esta versión de los hechos es controvertida y, para algunos, Nostradamus no es más que la derivación del latino de *nostra damus*, que significa «demos nuestras cosas» o, lo que es lo mismo, «transmitamos aquello que sabemos». Lo que sí es seguro es que Nostradamus proviene de la latinización del nombre Michel de Notredame, un hombre de la corte de los reyes de Francia, apreciado astrólogo, consejero personal de Catalina de Medici y, sobre todo, médico de confianza del hijo de esta, el rey Carlos IX. Un personaje que todavía hoy, cinco siglos después, sigue llamando la atención.

Los estudios

El joven Michel pronto abandonó Saint-Remy para ir a Aviñón. Con solo 17 años se había graduado en Filosofía y Literatura, y empezó a estudiar Matemáticas y Ciencias Naturales. En pocos años volvió a graduarse, esta vez en Medicina. Eran tiempos difíciles, la peste hacia estragos en Francia, pero él no se desalentó como otros médicos. Aplicó nuevos métodos y

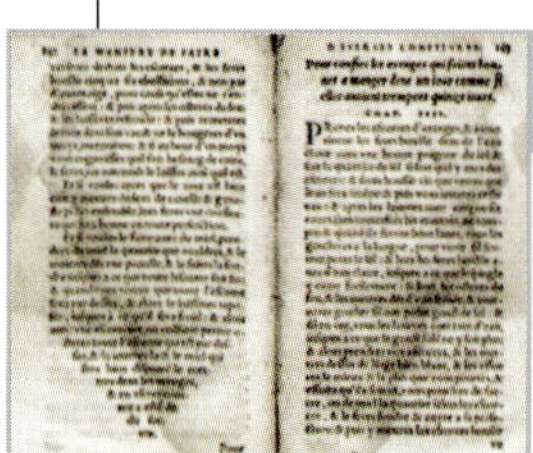

El recetario de Nostradamus

En 1555, después de escribir sus primeras *Centurias*, Nostradamus escribió el *Tratado de cosméticos y confituras*, un compendio de recetas clasificadas en cremas, polvos, perfumes, lociones, medicamentos naturales y, también, conservas y dulces, en el que mostró su experiencia como médico pero, también, su conocimiento de las reglas de la cocina sana. Un tratado rico y sorprendente en el que facilita, incluso, el tipo de vajilla o de cocción que se debe utilizar y sus consideraciones personales. Un compendio escrito para introducir en el día a día principios de higiene alimentaria y remedios sanos y sabrosos para las dolencias más comunes. El texto fue escrito para complacer a Catalina de Medici, que hacía poco lo había enviado a la corte a París, pero también para ayudar a quienes tenían poco dinero y pocas ocasiones para acercarse a los dulces y conservas. De hecho, parece ser que fue el primero en transcribir y divulgar las preciadas recetas, que hasta el momento eran patrimonio solo de especialistas y médicos. Una curiosidad: en el pueblo en el que vivió y murió, Salon de Provence, todavía se venden pequeños dulces hechos según una receta secreta suya.

predicó medidas de higiene en los hospitales, algo revolucionario para la época. Su fama creció a la par que sus éxitos lo que suscitó la envidia y las injurias por parte de muchos de sus colegas.

Viajes importantes

Entre 1535 y 1545, Michel de Notredame viajó muchísimo. Muchos sostienen que de las experiencias de esta época fue de donde extrajo buena parte de sus conocimientos; sin embargo, son diez años de los cuales apenas hay crónicas. Ya en 1547, el brillante médico de Saint-Remy descansó, se fue a vivir a Salon de Provence y empezó a ser «Nostradamus». Su gran pasión era la astrología, que utilizó para situar en el tiempo sus propias profecías. Pasaba buena parte de los días estudiando, y publicó algunos escritos científicos, como un tratado sobre la utilización de los fármacos y su posible uso nocivo, y también el texto que le hizo famoso para siempre, su *Vrayes Centuries et Propheties de Maistre Michel Nostradamus,* es decir, Verdaderas centurias y profecías del maestro Michel Nostradamus.

Un personaje controvertido
La figura de Nostradamus (abajo en un grabado francés del siglo XIX) ha estado siempre ligada a su calidad de vidente. Pero no podemos olvidar que fue un científico en una época en la que la ciencia comprendía estudios y disciplinas que hoy en día se consideran «no oficiales». Al fondo, el gran incendio de Londres de 1666, en una pintura del siglo XVII.

El vidente de la corte
Catalina de Medici, mujer de Enrique II de Francia, llamó a Nostradamus a París (arriba en un grabado francés de 1849) para que le explicase él mismo las *Centurias*, que acababan de ser publicadas.

Las Centurias

La casa de Salon de Provence, donde vivió hasta su muerte, es hoy un museo dedicado a él. Allí vieron la luz las *Centurias*, que le hicieron famoso y que fueron el fruto de un gran trabajo interior. Publicadas hacia 1555 o 1568, se las dedicó a su hijo César. Nostradamus, cuya capacidad de ver el futuro la vivía como una condena, escribió 553 oráculos en forma de cuartetas rimadas. ¿Qué revelaban sus profecías? En realidad, casi todo, ya que hacen referencia a todo tipo de sucesos que tendrán lugar hasta finales del tercer milenio. En la primera parte, Nostradamus explica cómo nacieron las profecías; de hecho, había encontrado textos ocultistas antiquísimos con una sabiduría procedente de épocas remotas. Con estos libros adquirió el arte de la adivinación con tanta fuerza que hasta él mismo se asustó. Por eso escribió sus visiones sobre el futuro de manera críptica, intentando no desvelar demasiado de cuanto había visto. También sobre la naturaleza de estos misteriosos libros existen diversos rumores, como que son fruto de sus contactos con la cultura persa y egipcia.

Se dice que en Salon de Provence trató de quemarlos y que emitieron una luz blanca extraordinaria, completamente dis-

Las profecías de Malaquías

¿Pudo un santo irlandés predecir las elecciones de todos los papas? Esto es lo que sostienen quienes han estudiado las profecías del obispo Malaquías (en la imagen), quien vivió entre los años 1094 y 1148 de nuestra era. En sus escritos, discutidos por muchos estudiosos, el santo anticipó los puntos más significativos de todos los pontificados, resumidos en una sentencia dedicada a cada papa. Aunque algunas profecías resultan difíciles de interpretar, en muchas otras parece fácilmente reconocible cada pontífice. Sus previsiones se refieren a 112 pontífices, ordenados cronológicamente a partir de su época; comprenden también algunos antipapas. Comienza con Celestino II, que fue papa entre 1143 y 1144 y que viene señalado con la sentencia *ex castro Tiberis*, haciendo referencia, presumiblemente, a su tierra natal, Città di Castello, que se encuentra junto al río Tíber. Juan XXIII, patriarca de Venecia, es presentado como *Pastor et nauta*, es decir, pastor y navegante, y, efectivamente, en su blasón cardenalicio había una barca de vela. Pablo VI es *Flos florum*, esto es, flor entre las flores, y en su escudo de armas había flores de lis. Juan Pablo I es señalado como *De medietate lunae*, es decir, a mitad de una luna, quizás en referencia a su corto pontificado, interrumpido a mitad de un ciclo lunar. Juan Pablo II es el «Trabajo del sol», quizás haciendo referencia a su importante labor en todo el mundo y, también, a su gran sufrimiento. La serie acaba con la sentencia *Petrus romanus* o *Petrus secundus*, que según algunos debería ser el último papa. ¿Será Benedicto XVI? En la lista de Malaquías el papa de la «gloria del olivo» está en la penúltima posición, en el puesto 111. Por lo tanto, después de él se produciría un giro en la historia de la cristiandad y la humanidad entera, siempre y cuando esto sea cierto.

tinta de la que produce todo material conocido. También que el hecho de que eligiese escribirlos en forma encriptada podría haber sido más bien por prudencia, para evitar la represión de la Inquisición. Pasara lo que pasara, es evidente que las *Centurias* le reportaron a Nostradamus una gran fortuna. Su lenguaje simbólico gustó tanto a los poderosos del momento, que Catalina de Medici lo mandó llamar a su servicio como astrólogo y el rey Carlos IX lo acogió como su médico personal de corte: un binomio que no debe escandalizar, puesto que en esa época eran muchos los que acercaban el estudio de las ciencias naturales al de la posición de los planetas; por ejemplo, Galileo Galilei, pagaba sus facturas escribiendo horóscopos por encargo.

El misterio de las predicciones

No solo la reina Catalina de Medici confió ciegamente en él. Otros soberanos, entre ellos el duque de Saboya, Emmanuel Filiberto, se valieron también de sus servicios. En Turín, a este último, preocupado por no haber tenido un hijo varón, Nostradamus le predijo el nacimiento del deseado heredero. Y no solo eso, también predijo su nombre, Carlos Emmanuel, que sería uno de los más importantes capitanes de su tiempo, y hasta anticipó su

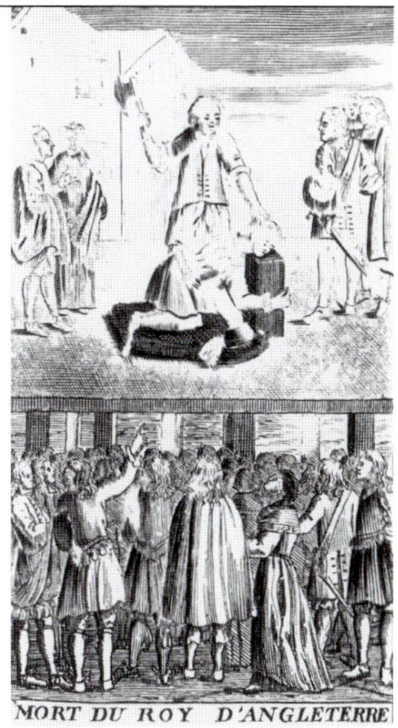

Noticias nefastas
Este grabado perteneciente a una edición del siglo XVII de las *Centurias* acompaña la predicción de la muerte del rey de Inglaterra.

LES PROPHETIES DE M. MICHEL NOSTRADAMVS.
Medecin du Roy Charles IX. & l'vn des plus excellens Astronomes qui furent iamais.
A LYON.
1568.

Un gran éxito
Las Profecías (a la izquierda una edición del año 1568) cosecharon un gran éxito, y no solo en la corte de Catalina de Medici (a la derecha en un retrato del siglo XVI).

Profecías sobre la Revolución francesa

En París, el 14 de julio de 1789, tuvo lugar la toma de la Bastilla (en la imagen), uno de los momentos más importantes de la Revolución francesa y uno de los acontecimientos que cambiaron el curso de la historia política y social del mundo. Aunque parezca increíble, este hecho había sido predicho siglos antes por el obispo, teólogo y astrólogo Pierre d'Ailly, quien vivió en Francia entre los años 1350 y 1420. Estudioso de la astrología, la consideraba un instrumento de conocimiento indispensable, con el que era posible prever el futuro manteniendo intacta la fe. En su tratado *De concordia astronomiae cum theologia* (Sobre la concordancia de la astronomía con la teología), publicado en 1490 tras su muerte, d'Ailly escribió esto: «y ahora hablamos de la octava conjunción que tendrá lugar el año 7040 de la Creación, el 4758 del diluvio, el 1639 a partir de la Encarnación. Después de esta, tendrá lugar un complemento de diez revoluciones de Saturno en el año cristiano de 1789. Entonces, se asistirá a grandes y admirables cambios en el mundo y mutaciones, incluso en lo concerniente a leyes y sectas». Una predicción decididamente precisa que no ha sido la única, puesto que también otros astrólogos describieron 1789 como el año crítico para París y Francia. Antes del año 1000, Albumasar, astrólogo iraní convertido al cristianismo, escribió en el *Liber de magnis conjunctionibus* (Libro de las grandes conjunciones) que el cielo del año 1789 asistiría a un profundo estremecimiento, muy cercano al «fin del mundo». En 1550 otro sacerdote francés, Richard Roussat, escribió en su *Livre de l'Estat et Mutation des Temps* que en los «años del Señor mil setecientos ochenta y nueve, con dos revoluciones de Saturno (...) si el Mundo continúa hasta aquel momento –cosa que solo Dios conoce–, grandísimas, maravillosas y terribles mutaciones y alteraciones sucederán en este mundo universal».

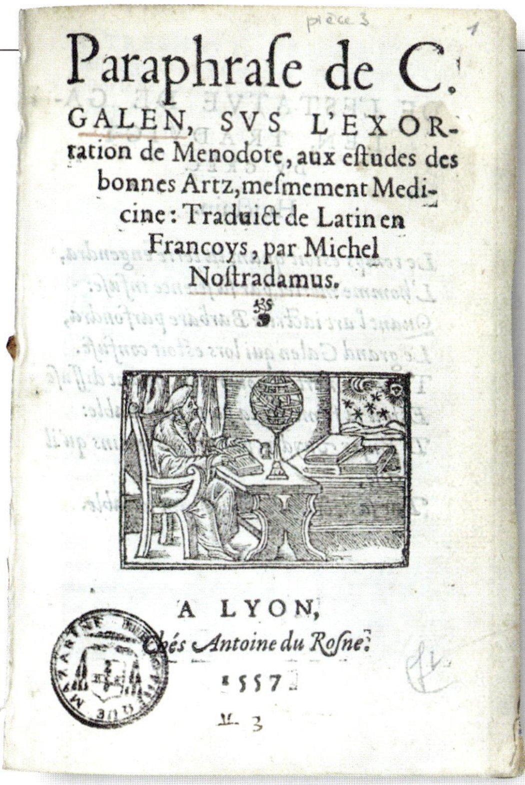
Paraphraſe de C. GALEN, SVS L'EXORtation de Menodote, aux eſtudes des bonnes Artz, meſmement Medicine: Traduict de Latin en Francoys, par Michel Noſtradamus.

A LYON, Chés Antoine du Roſne. 1557.

muerte. De hecho, murió como predijo «cuando un nueve se encuentre delante de un siete», que aunque sea extraño coincide con lo que sucedió, a los 69 años, antes de cumplir los 70.

Un secreto inviolable

Las *Centurias* de Nostradamus están estructuradas en un orden misterioso, en absoluto cronológico, y no facilitan ninguna fecha concreta. Para leerlas con claridad, sería necesario contar con el código que usaba el autor para organizarlas; un secreto que ha permanecido inviolable durante siglos y que todavía apasiona a estudiosos de todo el mundo. De todos modos, aunque fueron escritas en modo críptico, no resulta difícil identificar con certeza a algunos personajes y diversas situaciones.

Un ejemplo de ello es la profecía que dice «la sangre del justo reclama que Londres sea destruida por el fuego en el año 66»,que hace pensar en el gran incendio de Londres, sucedido precisamente en 1666. Y como esta, otras tantas afirmaciones de Nostradamus han sido confirmadas en los libros de historia. Pero ¿es así realmente o son interpretaciones dictadas por la sugestión? Entre las predicciones que parecen más claras y los párrafos que se mantienen en su carácter oscuro se ha encontrado escrito de todo. Se han percibido ciertas analogías con la Segunda Guerra Mundial y con la locura de Hitler, con catástrofes naturales e, incluso, con la tragedia del atentado a las Torres Gemelas del 11 de septiembre. Ante la incertidumbre que nos depara el futuro, los estudiosos de Nostradamus se muestran optimistas: además de la reedición de sus obras, se prevén años de paz y de grandes cambios, tal y como dicen, también, una profecía maya y otra china.

Nostradamus médico
Cuando tenía 22 años fue reconocido como «el médico de la peste». Durante la epidemia, utilizó un medicamento inventado por él mismo a base de hierbas y minerales. Entre otros se encontraba un extracto de corteza de sauce, cuya composición es muy similar a la de las modernas aspirinas. Arriba, un estudio de Nostradamus sobre Galeno, médico del siglo II, publicado en 1557.

El destino de Roma y el Coliseo

¿Cuántas profecías existen sobre nuestro futuro? Son prácticamente infinitas y llegan desde todos los rincones del planeta en todas las épocas históricas. Beda el Venerable, por ejemplo, máximo exponente de la tradición benedictina inglesa, que vivió cuatrocientos años antes de Malaquías, estaba convencido de que el destino de Roma, del Coliseo (en la foto) y del mundo entero están estrechamente ligados: destruido uno, destruidos los otros dos. Algo que también, en los primeros siglos del cristianismo, mantenían las Sibilas, pero que afortunadamente no tiene ningún fundamento, a no ser que no se admita lo que decía el apóstol Pablo: «no apaguéis el espíritu. No despreciéis las profecías».

Gustavo Adolfo Rol,
hombre sencillo y extraordinario

Un rostro sereno
Gustavo Rol y las rosas que tanto le gustaba pintar. Dotado de poderes excepcionales, era un hombre muy religioso.

De no haber sido porque sus experimentos y sus capacidades tuvieron con frecuencia excepcionales testigos, habría sido tomado por un simple mago o, peor, como un ilusionista. En cambio, quien le fue cercano en su vida turinesa cuenta, todavía hoy, situaciones prodigiosas surgidas con toda naturalidad, ayudas increíbles proporcionadas a quienes las necesitaban y, sobre todo, mucha discreción. Gustavo Adolfo Rol nació en 1903 y murió en 1994, llevándose consigo el secreto de sus poderes. ¿Qué poderes? La capacidad de leer libros cerrados, de estar al mismo tiempo en sitios distintos, de materializar y hacer desaparecer objetos, de mover cualquier cosa, de escribir y pintar a distancia, de viajar en el tiempo y muchas otras cosas más. En resumen, un modo de hacer que va contra todas las leyes físicas conocidas.

Célebres admiradores

Corrían los años treinta, en Alemania, cuando el premio Nobel Albert Einstein pasaba las tardes encantado frente a los prodigios de Rol, un joven banquero. Otro premio Nobel, el físico italiano Enrico Fermi, se había aficionado a todas las cosas increíbles que Rol era capaz de hacer. Como ellos, se le acercaron Pablo Picasso, Salvador Dalí, Benedetto Croce, Gabriele D'Annunzio y muchos otros más durante años. A lo que él llamaba «experimentos» asistieron jefes de Estado, estrellas de cine, políticos famosos... Parece que Hitler pretendió, en vano, que fuese su consejero, el general de Gaulle, con frecuencia, lo buscaba para hablar cara a cara y el mismo Mussolini le pidió su opinión en cierta ocasión, aunque luego no le hizo caso (con el consabido resultado que ya se conoce).

¿Capacidades sobrenaturales?

¿De dónde venían los extraordinarios poderes de Gustavo Adolfo Rol? La respuesta la dio él mismo: de la naturaleza. Según lo que muchas veces aseguró, sus increíbles capacidades, en realidad, son propias de la naturaleza humana y algún día será fácil para todos dominar la materia como él. Para Rol, todo sucedía espontáneamente y, con frecuencia, él mismo se sorprendía de sus acciones. Médicos de renombre, conscientes de que la ciencia todavía no puede explicar algunas cosas, se acercaron a él para afrontar los casos clínicos más complicados con éxito. Los científicos no se han enfrentado todavía a un estudio orgánico del fenómeno Rol y prefieren, casi siempre, calificarlo como un hábil prestidigitador de juegos muy efectivos.

Nadie lo analizó nunca, ni él se sometió a ninguna prueba científica. Además, aunque podía ver el futuro, no dejó ninguna predicción escrita. Lo que ha quedado de él, además de los cientos de testimonios, son sus magníficos cuadros. Naturalezas muertas con espléndidas rosas y paisajes que, en su ausencia, parece que se hayan animado solos.

Un cuadro que sonríe

La experiencia enseña que cualquier momento es bueno para las cosas inexplicables. Un equipo de televisión asistió a un fenómeno extraordinario. Sucedió en Turín, una tarde en la que, hospedados en casa de su amigo y heredero, grababan un reportaje sobre Gustavo Adolfo Rol. En aquella habitación, decorada con dos cuadros, Rol se reunía con frecuencia con sus amigos y, en ocasiones, hacía los experimentos sobre los que tanto se ha hablado. La conversación recayó en los dos cuadros, que representan a una noble francesa, Teresa Rovere, antepasada del dueño de la casa, y a su hijo. Parece ser que, años antes, había sucedido algo inexplicable: una tarde, alguien había contado la historia de los dos personajes, y había recordado la muerte por envenenamiento del niño; súbitamente, el cuadro de la dama se despegó de la pared como un gran rayo para, al momento, volver a su lugar. Como hacía con frecuencia, también aquella tarde Rol había hecho que los presentes se metieran papeles en blanco en los bolsillos. En uno de estos papeles se encontró escrita la siguiente frase en francés: «Mi hijo no murió envenenado, sino por una grave afección intestinal». La madre, quizás, había querido defender la memoria del niño y restablecer una verdad cambiada en el pasado.

Una vez escuchada la historia del cuadro, el operador de la RAI volvió a mirar por el obturador de la cámara para terminar la grabación. Enseguida llamó a voces al resto del equipo: ¡el cuadro parecía haber cambiado de aspecto! Teresa Rovere, que en el cuadro tiene una expresión orgullosa, vista a través de la cámara, sonreía. A falta de una explicación plausible no queda más que imaginar a una madre muy contenta y feliz por haber podido aclarar la verdad sobre su amado hijo.

Cuadros animados
Con frecuencia ha sucedido que los cuadros pintados por Rol se han animado, incluso, pasados los años. Abajo a la izquierda, el retrato de Teresa Rovere, y a la derecha, la imagen sonriente registrada por el equipo de la televisión italiana. Las dos fotografías fueron tomadas con pocos segundos de diferencia por Roberto Giacobbo: la segunda, directamente por el visor de la cámara de televisión.

Cristóbal Colón, tres carabelas para ir a las Indias

Su rostro y firma
De Colón no existen retratos realizados en vida. Abajo, un cuadro anónimo. También su firma resulta un misterio: en la última fila se lee *Cristo* (abreviado «Xro») *ferens*, es decir, aquel que lleva a Cristo, o lo que es lo mismo, Cristóforo, Cristóbal, pero las letras que forman una pirámide no han sido descifradas aún.

Cristóbal Colón descubrió América el 14 de octubre de 1492. En realidad, él creía que había llegado a las Indias, pero había demostrado que la Tierra era redonda.

Esto es lo que se enseña en los colegios aunque, en realidad, la figura de este gran personaje esconde algunos misterios. Se sabe con seguridad que se trataba de un navegante, que lo fue desde los 14 años. Parece ser que había realizado otros viajes, desde las costas de África a las de Islandia, y que había encontrado a su paso naves corsarias, familias pudientes y científicos de fama. La experiencia acumulada de aquellos años, además de los contactos con personajes poderosos del momento, seguramente desempeñaron un papel importante en la formación y preparación de su viaje hacia el nuevo continente.

¿Cómo convenció a la familia real española para que le proporcionase la ayuda necesaria y poder realizar una empresa tan arriesgada? Recientemente se han encontrado pruebas de una estrecha relación entre Colón y el papa Inocencio VIII, también genovés y ya obispo de Savona en los años en los que el marino vivió en aquella ciudad. ¿Pudo ser el propio Papa quien ayudó a Colón mientras que la casa real española fue solo un «patrocinador» político? Para dar credibilidad a esta hipótesis se sabe que la mayor parte de quienes financiaron a Colón estaban ligados a Inocencio VIII; armadores y banqueros, entre ellos, el sobrino del Papa. Por tanto, la creencia según la cual la reina Isabel vendió sus joyas para financiar a Colón es solo una leyenda y los reyes de España habrían dado una cobertura política más que económica.

¿Buscando la ruta para las Indias?

El empujón definitivo para su viaje fue la victoria del ejército español frente a los árabes. La ciudad de Granada fue conquistada en enero de 1492. Solo tres meses después, en abril, se alcanzó el acuerdo entre Colón y el rey de España. Colón fue nombrado almirante de los mares y virrey de las islas eventualmente descubiertas. Sus descendientes heredarían este derecho, además de la décima parte, exenta de impuestos, de todos los beneficios. Las tres carabelas con las que Colón realizó su histórico viaje, la *Niña,* la *Pinta* y la *Santa María,* tenían, en total, una tripulación no superior a 150 hombres.

Oficialmente, la expedición tenía una finalidad comercial y estaba destinada a alcanzar países ricos de Asia Oriental. Pero además de las motivaciones económicas, existían motivos de tipo religioso. Colón estaba muy unido a la orden religiosa de los franciscanos, que, junto a los dominicos, le protegían y ayudaban. Él mismo era muy religioso, tanto, que en su diario de a bordo se puede leer que en los lugares en los que desembarcaba hacía erigir una cruz que allí dejaba.

Según algunos estudiosos, la empresa de Colón escondía el intento de organizar una cruzada para liberar Jerusalén y, con ella, el Santo Sepulcro. Las nuevas tierras habrían aportado a España la riqueza necesaria para iniciar esta nueva cruzada, una vez constatado el éxito en la lucha contra los árabes en Granada. Por ese motivo, Colón tenía el apoyo del papa Inocencio VIII, la empresa fue financiada finalmente por este, y a los reyes españoles se les otorgó el título de Reyes Católicos.

Entre bastidores

Colón se consideraba «aquel que lleva a Cristo». Su firma es un criptograma que aún no ha sido interpretado. Un misterio que tiene, exactamente, quinientos años: ¿qué significa realmente esta firma que no puede ser la de un marinero de cultura media, tal y como lo describen los historiadores? Y aún más. Colón había estudiado durante tiempo libros y cartas náuticas de la época. Había leído el *Milione* de Marco Polo, había estudiado los mapas facilitados por un gran matemático y astrónomo florentino, Toscanelli, y había estudiado numerosos textos antiguos.

Vivía en una época de navegantes aventureros y descubrimientos. Una de los mapas más enigmáticos que nos ha llegado de aquellos años es uno del almirante turco

Hacia lo desconocido
Las tres carabelas eran embarcaciones pequeñas y ligeras, pero capaces de navegar contra el viento y fáciles de gobernar. Probablemente Colón no creía en las leyendas que hacían del mar un reino de monstruos fantásticos, y sabía exactamente hacia dónde estaba dirigiendo la proa de sus naves.

El éxito del primer viaje
En presencia de los Reyes Católicos tras el regreso desde el Nuevo Mundo, en un cuadro del siglo XIX de Joseph Robert-Fleury. Por una crónica de la época sabemos que Colón llevaba consigo «seis indios... oro y numerosos papagayos y otras cosas que los indios usaban en sus tierras».

Financiación de la reina
En este tapiz español la reina Isabel dona sus joyas a Cristóbal Colón para que financie su primera expedición. Probablemente, este hecho no sucedió realmente, aunque parece cierto que la reina estuvo más dispuesta a favorecer la empresa que Fernando de Aragón.

Piri Reis, un mapa que, todavía hoy, es objeto de discusión y en el que aparecen reproducidas tierras que aún no habían sido descubiertas, además, a vista de pájaro.

Entonces, ¿Colón sabía que la Tierra era redonda y más grande de lo que se sospechaba? ¿Sabía que navegando hacia el oeste, antes de llegar a las Indias, encontraría unas tierras de las cuales aún no se tenía conocimiento?

Según una teoría, Colón había realizado el primer viaje de exploración siete años antes de la fecha oficial. Si esto fuese cierto, Colón habría descubierto América en el año 1485 y, por lo tanto, la expedición con los españoles habría sido organizada con la certeza de lo que encontraría al llegar: nuevos pueblos para evangelizar y, sobre todo, la posibilidad de conseguir la riqueza necesaria para que los reyes de España retomasen la cruzada en Tierra Santa. Más que un hombre a la aventura, sería una especie de agente papal ejecutor de una misión muy concreta.

La expedición oficial

Colón partió oficialmente del puerto de Palos a las 8.00 h del 3 de agosto de 1492. Tras una escala en las islas Canarias, para el avituallamiento necesario durante la travesía, el almirante genovés dirigió la proa de sus naves hacia lo desconocido. Durante un mes, las carabelas surcaron los mares impulsadas por los vientos alisios, sin que la tripulación pudiera avistar otra cosa que no fuese agua.

El 7 de octubre Colón cambió de ruta. Tras haber divisado unos pájaros que volaban en dirección sudoeste, decidió seguir ese rumbo con la esperanza de que las aves

Cuatro veces sobre la misma ruta

Cristóbal Colón, con una flota compuesta por diecisiete naves, partió en su segundo viaje el 25 de septiembre de 1943. Hizo escala en la Española, en Guadalupe y en Puerto Rico. Regresó a España a comienzos del año 1496. El tercer viaje lo inició en 1498, tras haber convencido a los reyes de España de confiarle seis naves. Se detuvo en las islas de Cabo Verde, Trinidad, el Golfo de Paria y en el delta del Orinoco. Mientras, en Santo Domingo, los colonos y los indios, diezmados por las enfermedades y los trabajos forzosos, se habían rebelado. Los reyes españoles, en el año 1500, arrestaron a Colón y a sus hermanos, considerados responsables de las vejaciones sufridas por la población. Colón fue liberado, pero debió renunciar al título de virrey. A pesar de todo, emprendió un cuarto viaje. Zarpó en 1502 con solo cuatro naves. En Santo Domingo, las autoridades le denegaron el permiso para atracar, y tuvo que dirigirse hacia la zona de América central. En el año 1503, una tempestad le obligó a quedarse en Jamaica, donde permaneció durante casi un año, hasta 1504.

lo condujeran a tierra firme. Y acertó. Finalmente, a las 2.00 h del 12 de octubre de 1492, desde la *Pinta* llegó la noticia de que la tripulación, exhausta, estaba esperando: habían avistado tierra. Al amanecer, Colón desembarcó en una isla de las Bahamas que los indios llamaban Guanahani y que fue bautizada con el nombre de San Salvador. Poco después desembarcó en Cuba y Haití.

Cuando regresó a España, cinco meses después, lo hizo con una sola carabela. La multitud lo aclamaba como a un héroe, pero la situación sobre el solio papal había cambiado. Durante el tiempo que había estado fuera, a Inocencio VIII le había sucedido Alejandro VI Borgia, que estaba acabando metódicamente con el recuerdo de su predecesor. A pesar de esto, Colón organizó tres expediciones más hasta 1504, año en el que murió la reina Isabel, su protectora.

Para el almirante, los tiempos de gloria y fama eran demasiado lejanos, y murió en 1506 bajo una indiferencia generalizada. De la riqueza que liberaría Jerusalén en una nueva cruzada, no obtuvo una sola moneda. Y tampoco, después de un largo juicio con el fisco español, le fue reconocido ningún privilegio a sus hijos. En aquellos años, comenzó una sistemática labor de desprestigio del navegante genovés.

El Nuevo Mundo
El desembarco de Colón en tierras desconocidas, en una obra del español Dióscoro Teófilo de la Puebla Tolin del siglo XIX. Esta no era la meta definitiva: se dice que los marineros creyeron haber alcanzado una de las islas legendarias que, en aquella época, se creía que pertenecían a la mítica tierra donde surgía Cipango, la ciudad de los tejados de oro descrita por Marco Polo en el *Libro de las maravillas*.

La certeza de Colón

En realidad, en la Baja Edad Media, la creencia de que la Tierra era redonda era una convicción bastante difundida entre la gente culta. En cambio, se suponía que el planeta era de dimensiones mucho menores a las reales. La tradición sugiere que Colón estaba convencido de que navegando hacia el oeste, en lugar de utilizar las rutas habituales hacia el este, se podía llegar a Asia oriental en menos tiempo, sin rodear el continente africano. Fascinado por Marco Polo y sus narraciones, quizás Cristóbal Colón solicitó el cargo de virrey de las tierras descubiertas, precisamente, porque estaba convencido de que en Asia todavía quedaba mucho por descubrir.

ESCRITOS Y SIGNOS MISTERIOSOS

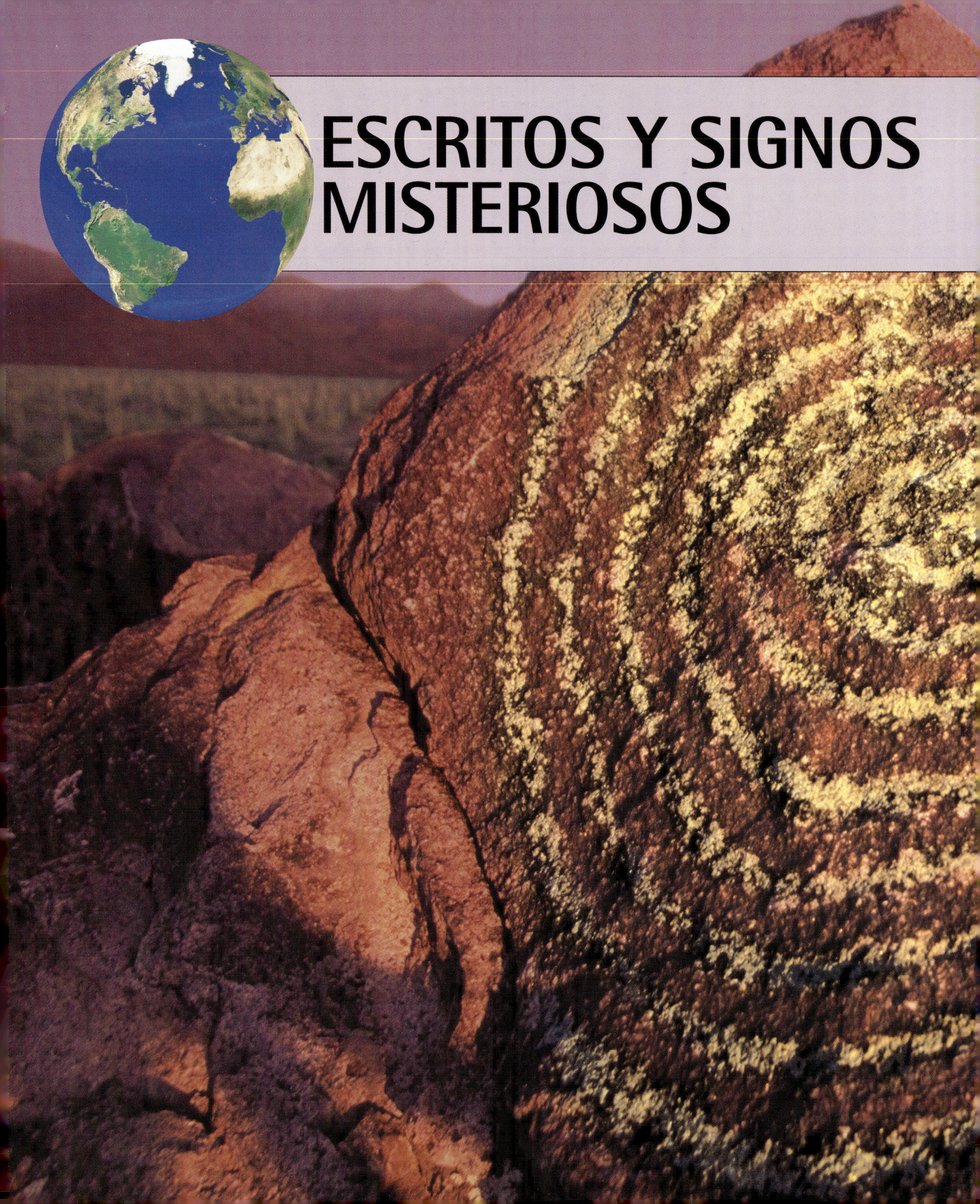

El hombre ha dejado huellas que parecen esconder conocimientos aún por desvelar. Son escritos, signos en la tierra y documentos legendarios que hacen pensar en historias todavía desconocidas.

Signos en la tierra, imágenes gigantescas en el suelo

Un símbolo recurrente
Este caballo rampante de bronce de la época romana (siglo II d. C.), encontrado en el condado de Yorkshire, es una prueba de la veneración que los celtas sentían por este espléndido animal, al que consideraban sagrado.

Al sur de Inglaterra, sobre verdes colinas, se recortan unas gigantescas figuras visibles desde lo alto. Fueron creadas eliminando la hierba de determinadas zonas hasta dejar al descubierto el color claro de la caliza del subsuelo. Principalmente aparecen representados dos símbolos: el caballo y el hombre. Según los arqueólogos, en la Britania prehistórica proliferaban estas figuras que, poco después, fueron en su mayor parte cubiertas por hierba. Pero algunas, en cambio, se han conservado hasta nuestros días. Y, basándose en antiguas monedas encontradas en los alrededores, así como en los documentos históricos, los investigadores creen que al menos dos de ellas, el caballo blanco de Uffington y el gigante de Cerne Abbas, deben remontarse a los orígenes de la era cristiana, cuando las tribus celtas dominaban Britania.

El caballo blanco de Westbury

Se trata de una figura de yeso grabada en una ladera de una colina en la llanura de Salisbury. Por lo que se conoce, fue realizada en 1778 por el propietario del terreno que quería, así, dar un nuevo aspecto al diseño original de una antiguo caballo que se encontraba en su propiedad.

Pero su intervención ha eliminado un grabado mucho más interesante. En un dibujo de 1772 se muestra la imagen primitiva de un caballo de cuerpo largo y ágil, con una cola larga y delgada que terminaba en una media luna y con un gran ojo sobre la cabeza. Se desconoce todavía cuándo fue grabado el dibujo original: hay quien sostiene que se trata de una obra de los celtas y quien, en cambio, piensa que se hizo para conmemorar la victoria del rey Alfredo contra los daneses en el año 878, mientras que otros defienden que se trata de una broma realizada en el siglo XVIII.

El caballo de Uffington

El espléndido caballo que galopa sobre la cresta de una colina de 150 m toma su nombre del pueblecito de la comarca de Berkshire en el que se encuentra, a 100 km al oeste de Londres. Este estilizado corcel, verdadero ejemplo de arte primitivo, tiene la longitud de un campo de fútbol, y resalta con sus líneas claras sobre el fondo verde del paisaje inglés.

Como otras figuras, se encuentra cerca de una antigua fortaleza, justo en lo alto de una colina. Según los entendidos, se trata de un emblema tribal para ahuyentar a los enemigos. La cercanía de la colina del Dragón, lugar donde según la leyenda, San Jorge, patrón de Inglaterra, mató al dragón, suscita una teoría más fascinante que la anterior. Los arqueólogos creen que los celtas de las regiones occidentales, al convertirse al cristianismo, pudieron haber sustituido a un semidiós pagano asociado al caballo por San Jorge.

Y es posible que, en un primer momento, la figura no representara un caballo, sino otro animal. Los entendidos han señalado que el hocico se parece mucho a

un pico, que podría recordar a la forma original de un reptil.

Este tipo de figuras tenía un peso importante en la vida de la población local, pues la unían a la tierra y a una antigua tradición espiritual. Según leyendas que se remontan al siglo VII, cada siete años, en el día de Pentecostés, séptimo domingo después de Pascua, los habitantes del pueblo de Uffington se reunían para reparar el caballo blanco eliminando la vegetación acumulada.

El caballo blanco de Westbury
Visto desde el aire, este caballo inglés es realmente imponente. Fue trazado sobre el dibujo de otro caballo más antiguo.

El caballo de Uffington
Puede ser que su forma original fuese la de un dragón. Aparecía representado en el reverso de las antiguas monedas británicas, como la que vemos bajo estas líneas, de época prerromana (siglo I d. C.).

Después celebraban el acontecimiento con una gran fiesta, bebiendo y divirtiéndose hasta bien entrada la noche. El último de estos llamados «pasatiempos» tuvo lugar en 1857.

El gigante de Cerne Abbas

A unos 120 km de distancia del caballo de Uffington, recostado sobre la ladera de una colina del condado de Dorsetshire, se encuentra el gigante de Cerne Abbas. Esta figura, de 55 m de alto y que agita un enorme garrote, ha sido famosísima durante siglos debido a su desnudez. Algunos estudiosos asocian el gigante al culto a Hércules, aún vigente en los tiempos del emperador romano Commodo, a finales del siglo II. Otros, en cambio, creen que se trata de una representación del dios celta Nodens. Una tercera hipótesis apunta que el gigante era el centro de un culto pagano de la fertilidad, que, tras la conversión al cristianismo en el siglo VII, se transformó en la danza del primero de mayo.

El gigante de Wilmington

La figura de este gigantesco hombre que empuña dos largos bastones mide 70 m de alto. Está grabada en la ladera norte de Windover Hill, en las cercanías de Wil-

mington, en Sussex. Su datación es incierta y, además, su aspecto actual se debe a una restauración realizada en 1874. Hay quien dice que es se trata de un gigante local, de San Pablo, de un soldado romano, de un labrador sajón y, también de una especie de topógrafo prehistórico que utilizaba los dos bastones como palos de medición. En cualquier caso, lo que parece probable es que fuese esculpido hace 2.000 o 2.500 años.

El candelabro de los Andes

Se puede ver al llegar en avión a Paracas, dominando la bahía. No se han desvelado todavía ni su significado ni su origen. Excavado en la arena, tiene unas medidas y una orientación precisas: mide 183 m de

El gigante de Wilmington
El dibujo de un gigante de pie, con dos bastones en las manos, resalta en la campiña inglesa desde hace dos milenios.

Las líneas Ley

Durante los siglos XVIII y XIX, la pequeña nobleza local, para decorar el paisaje, realizó imágenes de caballos y gigantes tallados en las yermas colinas de la campiña inglesa. Algunas de estas figuras se encuentran cerca de una red de líneas rectas llamadas líneas Ley, del término sajón «tierra que se puede arar», que atraviesan la campiña y unen megalitos, túmulos sepulcrales y otros yacimientos importantes. Estas rutas fueron descubiertas en los años veinte por el empresario y escritor Alfred Watkins. Las líneas Ley se encuentran sobre líneas de fuerza capaces de emitir una misteriosa fuerza geofísica.

El gigante de Cerne Abbas
Los estudiosos no se ponen de acuerdo acerca de la verdadera naturaleza de esta figura completamente desnuda. Algunos creen que se trataba de un símbolo de fertilidad. La cercanía de las ovejas y el pastor permite constatar su grandiosidad.

alto, el cuerpo central mide 5 m de ancho, la profundidad oscila entre los 50 y 60 cm, y el eje central tiene una orientación Nordeste-Sudeste.

Se desconoce la época y la cultura que lo realizó, y tampoco se sabe si tiene o no relación con la observación astronómica. De ahí que las teorías que hacen referencia al candelabro son de lo más variadas: desde el uso de las líneas para realizar coreografías o carreras de velocidad, hasta su utilización a la hora de extender los hilos de los telares. Se ha llegado a afirmar, incluso, que la construcción de las líneas, para las que se necesitaba una gran cantidad de fuerza, pudo servir como freno al crecimiento de la población, impidiendo que creciera demasiado en una época en la que los recursos eran escasos.

¿Una señal del espacio?

A finales de los años sesenta, el astrónomo Gerald Hawkins examinó la relación entre 93 líneas de la zona y la posición de los astros en los últimos 7.000 años. El resultado fue que entre las líneas y la bóveda celeste no existía ninguna correspondencia significativa. Aunque realmente no se encuentran muy cercanos, las teorías acerca de sus orígenes tienden a relacionar las líneas de Nazca con el candelabro de los Andes. El investigador independiente Erich von Daniken ha sido de los primeros en sostener la tesis de que las líneas de Nazca están relacionadas con los frecuentes viajes realizados por visitantes extraterrestres a la Tierra.

La cultura Paracas

A 260 km al sur de Lima, Perú, existe una península en la que se encuentra el Parque Nacional de Paracas. En esta reserva natural se encuentran las huellas de las poblaciones que han habitado la zona desde el año 3000 a. C. Entre ellas, numerosas tumbas que, con sus adornos funerarios, están siendo excavadas desde hace relativamente poco. Concretamente desde 1925, cuando el arqueólogo Julio C. Tello comenzó a realizar excavaciones sistemáticas en la zona. Afortunadamente, el clima seco del lugar ha permitido que se hayan conservado numerosas momias en condiciones óptimas (en la fotografía). Gracias a los restos hallados se sabe que, hacia 650 a. C., en la zona se desarrolló una cultura llamada Paracas, que en 200 d. C. adoptó el nombre de Nazca, y que fue suplantada, casi mil años después, por la cultura andina de Tihuanaco-Huari.

Así, las líneas de Nazca serían pistas de aterrizaje para las astronaves, y el candelabro tendría, más bien, una función de faro espacial destinado a guiar a los navegantes estelares.

Algunos estudiosos creen que los enormes dibujos de la zona estaban destinados, probablemente, a ser observados desde el cielo, algo que, presumiblemente, no debían de conocer los habitantes de las poblaciones locales.

Más realistas, hay quien afirma que el candelabro no es una huella de la cultura precolombina, sino un punto de encuentro utilizado por los ladrones de los siglos XVI o XVII.

Bajo la Cruz del Sur

El escritor Graham Hancock sostiene que el dibujo del candelabro podría remontarse a hace 2.000 años, y que podría ser obra de la misma población que realizó las líneas de Nazca, es decir, la cultura homónima que floreció entre el siglo II a. C. y el siglo VII d. C.

Según él, el candelabro sería una copia del firmamento, puesto que está dispuesto muy cerca del verdadero eje Norte-Sur, el meridiano del cielo, la gran línea divisoria a través de la cual los astrónomos de todas las culturas han observado el movimiento de las estrellas. El candelabro solo puede ser visto por completo desde el norte.

Las simulaciones realizadas por ordenador muestran que, a medianoche del equinoccio de primavera de hace 2.000 años, la constelación conocida como Crux o Cruz del Sur aparecía sobre el meridiano sur con una altitud de 52 °.

Alguien que se hubiese acercado en barca, a 1 km de distancia del candelabro ya habría visto la Cruz del Sur justo sobre el dibujo del candelabro.

Esta constelación, desconocida para los marineros europeos hasta el siglo XVI, sí era conocida por los sacerdotes astrónomos de los Andes. La Cruz del Sur atraviesa la Vía Láctea, y se encuentra en el lugar en que se hallaba la entrada al país de los muertos para los incas y sus antepasados. Se sitúa junto a dos nebulosas con forma de zorra y de llama, animales que desde tiempos inmemoriales están relacionados con un diluvio que destruyó la tierra en la Antigüedad, y del que había sido advertida una raza humana anterior mediante una conjunción de estrellas.

El candelabro de Paracas
Una vista aérea del gran dibujo grabado en la arena del desierto peruano y que estaba destinado a ser visto desde el mar. Los expertos no se ponen de acuerdo ni sobre la fecha en que fue realizado ni sobre su función real. En la fotografía destaca en el cielo la Cruz del Sur, una constelación que algunas teorías relacionan con la figura del candelabro.

Los Libros de Tot, el escrito de los dioses

A Tot, considerado el inventor de la escritura y el guardián de los secretos del movimiento del cielo según la antigua tradición egipcia, se le atribuían varios nombres, entre los cuales el más importante era «Tot, tres veces grande». Era hijo y consejero de Ra, y el dios de la Luna, la sabiduría, la escritura, la magia, la medida del tiempo, las matemáticas y la geometría. Los egipcios, que lo representaban con una cabeza de ibis cuyo pico se parece a la luna creciente, le atribuían también la invención del calendario de 365 días. El misterio que le rodea se debe, sobre todo, a los libros que escribió y escondió.

Un verdadero enigma

Según los textos de las Pirámides, el dios Tot había transcrito los misterios de los cielos en unos libros sagrados, que escondió en la Tierra para que solo los encontrasen las generaciones venideras más dignas. Pero ¿dónde pudo esconder estos libros? ¿Y qué había escrito en ellos?

Según algunas teorías, estarían escondidos en una cámara secreta situada bajo la Esfinge; pero las búsquedas realizadas con las más modernas tecnologías, tanto debajo, como junto al monumento, no han revelado la presencia de criptas subterráneas. Según otras hipótesis, han estado siempre ante nuestros ojos; se trataría del conjunto formado por las Pirámides y la Esfinge de Giza, que, si se estudia con detenimiento, resulta ser una copia terrena de una ubicación astronómica muy concreta, calculable gracias a las precesiones de los equinoccios.

La precesión de los equinoccios es un movimiento del eje terrestre, similar al de una peonza, que hace que cambie su orientación con respecto a la esfera celeste. Es una rotación tan lenta que, para completar un giro sobre sí mismo, el eje terrestre emplea casi 26.000 años, durante los cuales la posición de las estrellas sobre la bóveda celeste va cambiando para volver finalmente al punto de partida.

¿Un calendario de catástrofes?

Las antiguas civilizaciones debieron de querer transmitir el modo de calcular el final de cada ciclo precesional, que solía ir acompañado de catástrofes planetarias. Por eso, erigieron construcciones tan imponentes que podrían resistir los peores cataclismos, monumentos en cuyas proporciones matemáticas y alineamientos astronómicos estaba contenido un mensaje que, de este modo, sobreviviría al paso de los siglos.

El dios con cabeza de pájaro
El dios Tot aparece representado como un ibis o, más a menudo, como un hombre con cabeza de ibis. Era un buen juez, y registraba los resultados de la ceremonia del peso de los corazones de los difuntos en el más allá.

Escrito en el cielo
La Gran Pirámide, las estrellas y la Luna. ¿Acaso hay que buscar en el cielo la solución a algunos enigmas del antiguo Egipto? Abajo, detalle de un papiro que representa al dios Tot, como juez, mientras asiste a la ceremonia del peso del corazón.

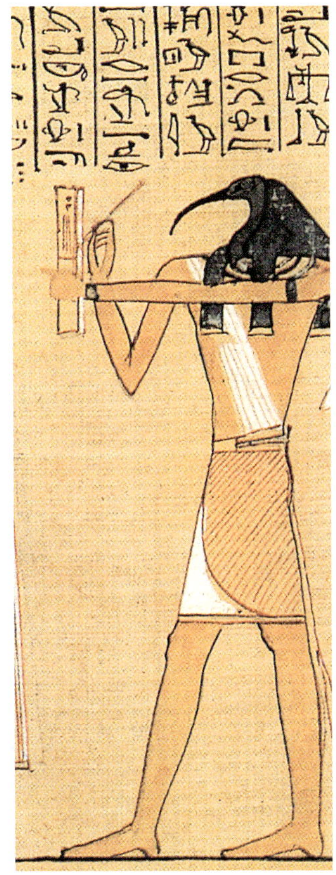

En cualquier caso, el enigma sobre la existencia de los Libros de Tot, por ahora, está condenado a permanecer oculto, sobre todo si se considera que, antiguamente, el conocimiento se transmitía por vía oral.

Antiguas pruebas

Entre los diversos textos que aluden a los Libros de Tot, el pasaje más explicativo se encuentra, quizás, en el *Fedro* de Platón. En el diálogo mantenido entre el rey Tamo y el mismo Tot, este opina que la invención de la escritura es un gran avance para la raza humana, a lo que, el rey contesta que, la escritura, solo hará mentalmente vago al hombre, y sus facultades mentales se verán mermadas.

El «tiempo primero»

El documento más antiguo que hace referencia a una cámara secreta situada en la necrópolis de Giza es el llamado *Papiro Westcar,* que se conserva en el Museo de Berlín. Según algunos expertos, en esta cámara estarían escondidos los Libros de Tot. El texto del sarcófago, en cambio, se refiere a un «algo» que controlaría las emanaciones de Osiris, encerrado en la oscuridad y rodeado por el fuego. Desde hace años, algunos investigadores proponen una teoría por la cual los Libros de Tot no serían más que los archivos de Atlántida, y los dioses egipcios los supervivientes llegados a Egipto del llamado «tiempo primero».
Pero, prescindiendo de todas las teorías, algunas de las cuales son realmente imaginativas, quizás sea posible encontrarse con alguna sorpresa porque, como se sabe, Egipto es como una caja china que se abre y pone en marcha su mecanismo cuando uno menos se lo espera.

El código Enigma, una guerra de espías

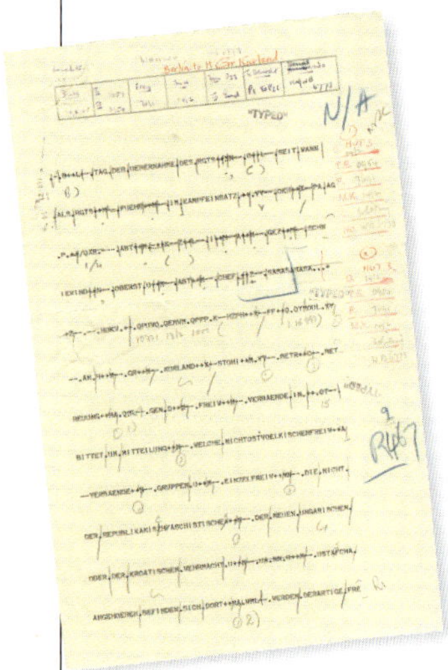

La máquina Enigma nació en el periodo comprendido entre las dos guerras mundiales con fines civiles. El ingeniero alemán Arthur Scherbius la expuso por primera vez en el Congreso Internacional de la Unión Postal de 1923. El auge del espionaje industrial en aquellos años lo había convencido de la utilidad de un invento como este. No obstante, no tuvo ningún éxito entre los equipos industriales. En cambio, y como era de esperar, Enigma fue comprada inmediatamente por los Estados Mayores de los ejércitos de varios países, como Alemania, Japón, Polonia y Estados Unidos.

Enigma, gracias a sus tres rotores, era una máquina tan compleja, que podía realizar hasta 150 trillones de combinaciones diferentes. Esto significaba que podía ser utilizada por el ejército de una nación sin que las otras pudiesen saber cuál de las múltiples combinaciones se había empleado.

Batallas cifradas
Junto al título, una máquina Enigma alemana. Arriba, una página descifrada en Bletchley Park, hacia 1945, que contenía un mensaje de Berlín. Abajo, radioperadores alemanes con una máquina en funcionamiento.

Dinero, mujeres y buena vida

Como suele suceder, en ocasiones son los personajes más insignificantes quienes determinan el éxito de una situación concreta. Quizás los nazis perdieron la guerra por culpa de un personaje extravagante, amante del dinero y las mujeres bonitas, Hans Thilo Schmidt.

Schmidt, por motivos puramente económicos, vendió a los servicios secretos franceses los manuales de Enigma en 1931, cuando Hitler aún no estaba en el poder, y estuvo revelando información a los aliados hasta 1943, cuando se suicidó en la cárcel para no ser torturado por los nazis. Pero las informaciones que pasaba Schmidt no podían ser descifradas debido al gran número de combinaciones posibles.

A su vez, los franceses revendían a los servicios secretos polacos las informaciones que obtenían de Schmidt; pero mientras que en París tenían que desistir porque no conseguían interpretar nada, en Varsovia conseguían, aunque con dificultad, descifrar mensajes que habían sido interceptados meses antes.

Esto sucedía en el año 1937, cuando la Alemania nazi planificaba invadir Polonia. Lo consiguió dos años después y, con ello, dio origen a la Segunda Guerra Mundial.

Los alemanes, para hacer aún más seguro su sistema de comunicación, le añadieron a la máquina dos rotores más y, también, aumentaron la frecuencia del cambio de combinación en un día.

La batalla del espionaje se tenía que combatir en el plano de la velocidad de descodificación.

Una gran partida de ajedrez

En el condado de Buckingham se encuentra Bletchley Park, una villa de estilo victoriano en la que tuvo lugar una partida de ajedrez entre los aliados y las fuerzas del eje. Lo que estaba en juego era mucho, el dominio del mundo. Desde 1938 hasta el final de la guerra, un grupo de matemáticos, ingenieros e informáticos de diversos países pasaron aquellos años intentando descifrar la infernal Enigma.

Fueron años en los que las victorias y las derrotas se alternaban. Mientras que, por un lado, en Bletchley Park se trabajaba para descifrar los códigos de Enigma en tiempo real, en Berlín los cambiaban cada vez con mayor frecuencia. Pero, por más que se esforzasen los alemanes, en Bletchley Park eran cada día era más eficientes. Esto fue posible gracias al genio extraordinario de Alan Turing, a quien hoy se recuerda como el precursor de la inteligencia artificial de los ordenadores modernos.

En 1940, Turing ideó lo que se bautizó como «bombas». Se trataba de máquinas parecidas a Enigma pero con grandes grupos de rotores que, girando a gran velocidad, calculaban todas las combinaciones posibles en poquísimo tiempo. Turing, que, paradójicamente, en el colegio había suspendido matemáticas por perder el tiempo en investigaciones matemáticas superiores, y por ser descuidado y desordenado, con 28 años era el responsable del grupo de investigadores de Bletchley Park.

Era un personaje extravagante que, durante mucho tiempo, resultó incómodo para muchos. A las condecoraciones y honores recibidos al final de la contienda, le siguió una condena por homosexualidad que lo apartó de la socie-

Juego de engranajes
Arriba, el complejo mecanismo de Enigma, que permitía crear mensajes en código modificando las posiciones de las letras. Abajo, un detalle de la máquina con tres rotores del modelo original montados y, al lado, dos de los rotores que los alemanes crearon posteriormente para multiplicar los códigos cifrados.

Enigma en el campo de batalla
Abajo, en una foto histórica que muestra a un general alemán y sus soldados, una de las primeras máquinas Enigma utilizadas en los años cuarenta. Arriba, un modelo de máquina, más evolucionado, con ocho rotores.

dad. Cayó en una depresión y, en 1954, con tan solo 42 años de edad, murió en extrañas circunstancias. Puede que fuera un suicidio, o la mano de los servicios secretos que lo consideraban peligroso por los secretos militares que conocía. Hace tan solo unos años que su figura ha sido revalorizada y se ha erigido una estatua en su nombre.

Dar caza a Enigma

Las fuerzas armadas inglesas jugaron un papel fundamental, al capturar con frecuencia naves o sumergibles alemanes en los que, además de las máquinas Enigma, estaban los códigos cifrados del Reich.

Hace poco, una película ha desatado la polémica al plantear que fueron militares estadounidenses quienes secuestraron las máquinas Enigma, cuando, en realidad, los americanos tenían sus flotas combatiendo en la costa del Pacífico. Por su parte, los ingleses, hasta los años setenta, han preferido otorgar el mérito de tantas victorias a sus generales y no a los hombres de Bletchley Park.

Al mismo Churchill se le han atribuido con frecuencia comportamientos discutibles. Concretamente, fue acusado de haber permitido al enemigo algunos ataques, con las consecuentes y graves pérdidas humanas, por no hacer saber a los alemanes que Enigma había sido descifrado. Y hace unos años, al desclasificar archivos militares secretos, aparecieron documentos que podrían demostrar que Churchill estaba al corriente del plan japonés de atacar Pearl Harbor, pero que no informó de lo que sabía porque quería que Estados Unidos entrase en la guerra cuanto antes.

Protagonista del conflicto

En definitiva, Enigma no es solo el nombre de la máquina que inventó Scherbius, sino todo aquello que rodea a los hombres que trabajaron en Bletchley Park, a quie-

¿Qué es la criptografía?

La criptografía es el arte, o la técnica, de cifrar mensajes de tal manera que puedan ser entendidos solo por quienes tienen las claves oportunas. La palabra *criptografía* deriva del griego *Kryptós*, que significa «escondido», y *gráphien* que significa «escribir». La necesidad de ocultar mensajes a ojos indiscretos es tan antigua como el hombre. Los hebreos usaban un código llamado *atbash;* Cayo Julio César inventó el llamado «cifrado César», un método que puede parecer ridículo de tan sencillo que era... Con el tiempo, los cifrados se han vuelto cada vez más sofisticados, como el monoalfabético o el polialfabético. Entre estos, el más complejo es el de Vigenère, utilizado hasta 1863, cuando el coronel prusiano Friedrich Kasiski descubrió un método para descifrarlo. Poco después, en 1918, Gilber Vernam perfeccionó el método de Vigenère y, después, surgieron los sistemas modernos que se utilizan actualmente. A la criptografía se contrapone el *criptoanálisis*, que estudia los métodos para descodificar los mensajes cifrados (en la foto, la máquina Enigma en funcionamiento).

nes, probablemente, debamos el mundo en que vivimos hoy.

¿Qué habría sucedido si los aliados no hubiesen ganado la guerra en 1945? Por suerte, los soviéticos entraron en Berlín poco después y, quizás, nunca se haya estado tan cerca del punto en el que ya no hay marcha atrás.

Alemania estaba trabajando desde hacía tiempo en algunos proyectos letales, como aviones a reacción, misiles y, quizás también, la bomba atómica; todas estas armas, según parece, estaban casi operativas. Además, en mayo de 1945, en Berlín se había decidido realizar cambios radicales en las tablillas de los códigos de cifrado de Enigma. ¿Cómo habrían reaccionado los hombres de Betchley Park al enterarse de que, inesperadamente, ya no eran capaces de descifrar nada? ¿Habrían tenido la fuerza suficiente para comenzar de nuevo la partida de ajedrez? También esto es un «enigma».

Respuesta de los aliados
The bomb, la bomba, una de las gigantescas máquinas ideadas para descodificar rápidamente los códigos cifrados de los alemanes. Junto a estas líneas, una página de la revista americana *Life* que versa sobre el lenguaje secreto de la guerra. Bajo estas líneas, Betchley Park.

THE SECRET LANGUAGE OF WAR

BREAKING JAPANESE CODE BEFORE PEARL HARBOR WAS CLIMAX OF AN UNCEASING AND UNKNOWN BATTLE

by FRANCIS SILL WICKWARE

La Cábala, las raíces de lo oculto

El árbol cabalístico
Un grabado de comienzos del siglo XVI que muestra a un cabalista con la estructura de las *sefiras*. Abajo, un Árbol de la Vida datado entre 1570-1636.

La Cábala (en hebreo, *Qabbalah*) es una de las principales corrientes esotéricas judías y sus raíces se funden con la Biblia hebrea. Pero la Cábala, tal como se conoce actualmente, no surgió hasta el siglo XII en la región francesa de Provenza.

En el *Libro de la Formación,* fundamento de la doctrina mística presumiblemente compuesto en el siglo VI o VII, aparece la definición de las *sefiras,* que significa «cálculo» o «numeración». Las *sefiras* se definen como los medios a través de los cuales Dios interviene en la creación. Son diez, y cada una de ellas tiene su nombre propio; además, existe un undécimo símbolo que, generalmente, no se considera una *sefira*.

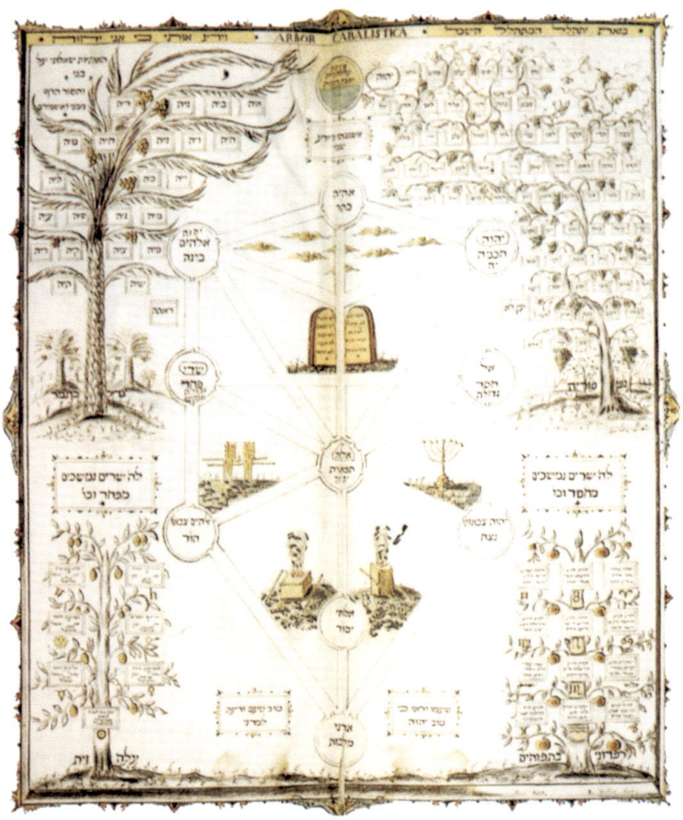

La representación de las diez *sefiras* se conocen como *Árbol de la Vida,* que equivale a la escalera de Jacob mencionada en el Génesis. La representación gráfica del Árbol de la Vida está formada por un tronco central, llamado *columna del equilibrio,* y por dos ramas, una a la derecha y otra a la izquierda, denominadas, respectivamente, *columna de la forma* y *columna de la fuerza.* El undécimo símbolo representa la diferencia que existe entre Dios y el hombre. Las diez *sefiras* están unidas por veintidós caminos, cada uno de los cuales está relacionado con las letras del alfabeto hebreo.

A comienzos del siglo XIV se introdujo la subdivisión de la creación en cuatro mundos: emanación, creación, formación y realización. El primero representa el nivel más alto, el más cercano a Dios, regido solo por fuerzas inmateriales. Los otros tres niveles van siendo más materiales a medida que se alejan de la divinidad.

Un códice muy complejo

La Cábala es un instrumento esotérico muy complejo y completo. Los veintidós caminos se asocian también a otros símbolos ocultos, como el tarot, los signos zodiacales y los planetas, en un conjunto de relaciones que recuerda mucho a la moderna Teoría del Caos. Además, puesto que a cada letra del alfabeto hebreo se le asocia un número, en consecuencia, a cada palabra se le podría atribuir un valor numérico, conseguido por medio de la suma de las letras que la componen. Es decir, cada término puede ser sustituido por otro

Las diez «sefiras»

1 - Kéter
2 - Jojmá
3 - Biná
4 - Jésed
5 - Gevurá
6 - Tiféret
7 - Nétsaj
8 - Hod
9 - Yesod
10 - Maljut

de igual valor numérico o, también, se pueden esconder unos términos dentro de otros, como en un juego de cajas chinas utilizando las letras que componen una palabra como iniciales de otras. En definitiva, se puede decir que la Cábala es una especie de códice secreto muy complejo.

Según las enseñanzas esotéricas, y más allá del significado literario de obras como la Biblia, pueden encontrar se importantes enseñanzas relativas a conocimiento espiritual y humano, escritas por medio de códigos secretos que permiten hacer una lectura en diferentes niveles.

La Cábala es uno de esos libros que puede ser leído en varios niveles: esotérico o secreto, filosófico y moral, simbólico y literario.

El «Zohar» y las «sefiras»

El *Zohar*, o *Libro del Esplendor*, es un texto que fue escrito en España, a comienzos del siglo XIV, por Mosé de León y que comprende, también, textos anónimos (en la imagen, frontispicio de una de las primeras ediciones impresas, Cremona 1558-1560). Es la obra espiritual de los místicos judíos, y puede considerarse el texto base de la Cábala. Habla de los nombres, de su naturaleza divina y sus significados esotéricos. Los nombres de las *sefiras* son los siguientes: Kéter (corona), la más cercana a Dios; Biná (ciencia o conocimiento) y Jojmá u Hokhmah (sabiduría); Gevurá (fuerza) y Khésed o Jésed (misericordia o piedad); Tiféret (belleza); Hod (gloria) y Nétsaj (eternidad o victoria); Yesod (fundamento o fundación); Maljut (reino), la más próxima al hombre. Su difusión fuera de ambientes judíos se debe a Pico della Mirandola, que lo tradujo al latín.

Una estructura perfecta
La *menorah*, candelabro de siete brazos, en una miniatura de un códice de mediados del siglo XIV. Según la Biblia, su compleja simbología fue explicada a Moisés directamente por el Señor. En la tradición cabalística, su estructura muestra la jerarquía de las diez *sefiras*. Los siete brazos, los dos nudos centrales y el nudo de la base son cada uno una *sefira;* el brazo central que sostiene el conjunto es la Columna del Equilibrio; el grupo de tres brazos de la derecha es la Columna de la Piedad y el de la izquierda, la Columna de la Serenidad.

El laberinto,
un recorrido iniciático universal

Mitad hombre mitad toro
El Minotauro, horrendo ser condenado por su padre, Minos, a vivir en un laberinto, retratado en una antigua copa griega. Abajo, un cuadro anónimo de 1510 que evoca la mitológica historia del laberinto.

Dédalo, Minos, Teseo y el hilo de Ariadna. Estas palabras son suficientes para evocar una de las leyendas más famosas, la del mitológico laberinto de Cnosos. La historia comienza cuando, en la isla griega de Creta, la reina Pasífae, mujer del rey Minos, dio a luz a un hijo monstruoso, mitad hombre mitad toro, el Minotauro.

El laberinto del Minotauro

Para evitar que el pueblo lo viera y poder controlar su violencia, el rey mandó construir un lugar del cual fuera imposible escapar. El encargo recayó sobre un brillante arquitecto, Dédalo, que decidió construir un laberinto. Comenzó, entonces, el horror.

Para saciar el hambre de su espantoso hijo, Minos obligaba a otros reyes a que le enviaran chicos y chicas jóvenes que el monstruo devoraba cuando se perdían en el laberinto. La carnicería continuó hasta que el heredero al trono de Atenas, el joven Teseo, decidió hacer frente al Minotauro. Para cumplir la hazaña, el joven se sirvió de la ayuda de una hija de Minos, Ariadna, quien le dio un ovillo de hilo. Mientras él se adentraba en el laberinto, ella esperaba fuera sosteniendo el otro extremo del hilo. Así fue como Teseo pudo matar al Minotauro y encontrar la salida del laberinto.

El significado simbólico de esta leyenda es sencillo: el Minotauro representa el lado negativo del hombre, Teseo es aquel que quiere vencer al mal y, para ello, afronta un camino difícil, mientras que la dulce Ariadna no es más que la voz interior, aquella que sabe dar los mejores consejos.

¿Y Dédalo? A él le ha quedado el honor de haber dado nombre a los edificios y obras cuya geometría, y sobre todo su salida, es difícil de intuir.

La antigua maravilla del laberinto

Del laberinto de Creta no ha quedado más que su diseño en monedas de la época, pero de otros edificios no existe más que el recuerdo. Es el caso del laberinto de Chiusi que, según Plinio, debía de ser, también, la tumba del rey Porsenna.

La descripción del laberinto más antiguo y grande del mundo se la debemos a Plinio y a Heródoto. Lo construyó el faraón Amenemhet III en las cercanías de El Fayum, bajo el lago Moeris. Según Plinio, estaba «inmerso en una oscuridad casi total» pero, según Heródoto, que lo había visitado, se trataba de «un enorme edificio de dos plantas, una de las cuales era subterránea, donde ningún visitante debía entrar sólo porque no encontraría la salida». El laberinto egipcio «tenía doce patios, seis en el norte y seis en el sur, comunicados y rodeados por un muro». Debía de tener dimensiones realmente impresionantes ya que, según Heródoto, «cada piso estaba formado por 1.500 estancias comunicadas por pasillos cerrados y patios porticados llenos de columnas y paredes con decoraciones esculpidas». Todo estaba realizado en piedra, desde el suelo al techo. En su interior había unas estancias donde solo los sacerdotes podían entrar, que albergaban la tumba del faraón y las de los cocodrilos sagrados. Su función, como la de los

Laberintos del pasado
Arriba, mosaico encontrado en una villa romana, en cuyo centro aparece Teseo matando al Minotauro. Sobre estas líneas, una *estátera*, moneda griega de plata que reproduce el mítico laberinto (Cnosos, siglos II-III a. C.).

Infinitas formas
El laberinto puede tener diversas formas. Arriba, el jardín de Traquair House, en Escocia. Abajo, el diseño de un laberinto de una decoración céltica.

demás laberintos, era servir de lugar de celebración para ritos de iniciación. Hoy en día, no se conservan más que algunos restos de aquel edificio que fue tan imponente.

¿Para qué servían?

Ante relatos tan maravillosos, y tan extraños a la vez, uno no puede dejar de preguntarse cuál era el significado de estos edificios. Para todos ellos hay una única respuesta, ya estuvieran en Egipto o en Grecia la función era la misma: poner a prueba al hombre y que, así, pudiera pasar de la oscuridad a la luz. Un recorrido iniciático, verdadero y real, muy rico en significados simbólicos. Llamado con frecuencia «espiral de la vida», el laberinto permitía recorrer el camino de la búsqueda del conocimiento. Cada pasadizo, cada desvío, cada estancia, era una prueba que superar. Una vez alcanzado el centro del laberinto, el hombre se conocía a sí mismo y, descubría complejidad del mundo y estaba preparado para salir de las tinieblas. Un recorrido en el que también se forjó Moisés y demostró ser digno de conocer los secretos del Arca de la Alianza.

Laberintos del mundo

Uno de los laberintos más famosos es el que se encuentra en el interior de la catedral de Chartres, en Francia. Está realizado en el suelo con ladrillos blancos y negros y, todavía hoy, cumple su función original. De hecho, son muchísimos los visitantes que realizan el recorrido, algunos por curiosidad y otros en busca de una especie de elevación espiritual y personal. En el pasado, los peregrinos lo recorrían de rodillas, pidiendo perdón por sus pecados, con la esperanza de obtener la gracia de Dios.

Existe otro conocido laberinto en Inglaterra, en el condado de Hampshire, concretamente en Mizmare. Fue diseñado sobre el terreno de una colina eliminando la vegetación del terreno, blanco y yesoso.

Dentro de los laberintos italianos

En muchas iglesias italianas se hallan espléndidos ejemplos de laberintos. Están grabados sobre las paredes o reproducidos en el suelo, de forma que pueden ser recorridos por los visitantes. Famosos y dignos de una visita son los de San Vital en Rávena, Santa María in Trastevere en Roma, San Martín en Lucca y San Miguel el Mayor en Pavía. Más curioso es el caso de la Villa Nazionale di Stra (junto a estas líneas), cerca de Venecia, donde se puede apreciar un maravilloso ejemplo de laberinto realizado con setos, algo común en muchas de las más bellas villas del siglo XVIII, tanto en Italia como en el resto de Europa.

Signos de iniciación
En el *Retrato de caballero*, del renacentista Bartolomeo Veneto, el símbolo del laberinto aparece bordado sobre un rico traje. Abajo, el diseño del laberinto sobre el suelo de la catedral de Chartres, Francia.

Parece ser que lo idearon los antiguos druidas celtas para realizar ritos y danzas en honor a la fertilidad. Más tarde, fue utilizado por los monjes locales, que lo recorrían de rodillas mientras rezaban en un intento de obtener el perdón de sus pecados.

Laberintos por doquier

Los laberintos no parecen tener confines, y sus huellas aparecen donde menos se esperan. Los restos de la muralla de una antigua ciudad peruana, por ejemplo, vistos desde lo alto recuerdan, claramente, un típico laberinto de planta cuadrada; un modelo que ha traspasado el tiempo y el espacio, puesto que se trata de unas ruinas de la civilización de los chanchan, pueblo preincaico que se remonta, con toda probabilidad, al año 300 a. C.

Ya sea que aparezca diseñado sobre puertas, suelos, antiguas grutas o sobre el terreno, en enormes edificios o con la simplicidad de un seto, el motivo del laberinto ha recorrido el planeta durante siglos; diferentes culturas en diversas latitudes le han dado siempre la misma interpretación: es un camino que hay que recorrer consciente para, así, crecer espiritualmente.

Lugares ideales perfectos

En los antiguos laberintos no era difícil encontrar santuarios; espacios sagrados donde los sacerdotes realizaban ritos de iniciación. En una estructura que tan solo tiene como puntos fijos el centro y la salida, hombres de todos los tiempos han buscado y encontrado el modo de pasar, de manera conceptual, de la oscuridad a la luz, a través de este viaje, en ocasiones difícil, en busca del conocimiento.

Antiguos signos
El laberinto llamado Julian's Bower, en Alkborough, condado de Lincolnshire, Gran Bretaña, obra de unos monjes en el siglo XII.

El Libro de Enoch, la caída de los ángeles

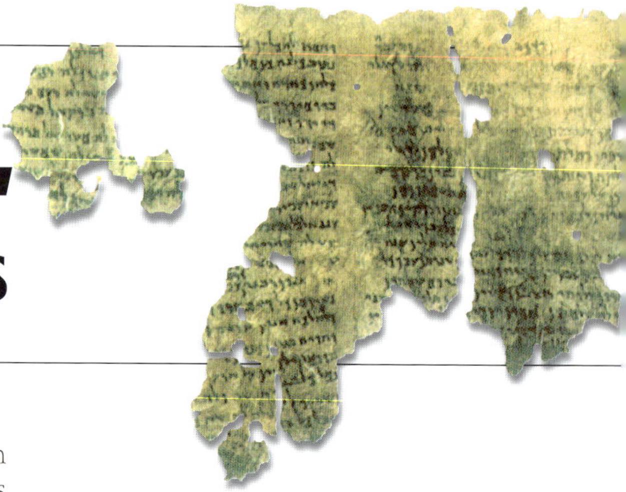

Acogido en el cielo
Abajo, la escena de Jesús conduciendo a los cielos al patriarca Enoch (*Altar de oro de Verdún*, siglo XII d. C.). Arriba, junto al título, un fragmento de pergamino con el Libro de Enoch del siglo II d.C.

Todavía hoy, el *Libro de Enoch* es un texto religioso fundamental para los coptos, es decir, los cristianos etíopes. Algunas de sus particularidades, por ejemplo, que relata la «caída de los ángeles rebeldes», lo hacen un texto realmente único y fascinante, digno de la atención de los mejores estudiosos. Y, por supuesto, habla de Enoch, quien para la Biblia es considerado el séptimo patriarca, el «hijo» elegido por el Señor.

Un relato controvertido

Los escritos que lo componen se refieren a un tiempo prehistórico en el que todavía no existía el concepto de alma, pero también hablan de guerras espaciales. Por este motivo, el texto es quizás una de las obras más controvertidas de la Antigüedad. La narración comienza con el rapto de Enoch por parte de los que él mismo define como «ángeles» y por el mismo «Señor de los Señores», que le transmiten los secretos de la creación. A todo ello, Enoch añade muchas observaciones personales.

Como es fácil imaginar, el Concilio de Trento (1545-1563) definió el *Libro de Enoch* como un texto apócrifo. Por eso, en la Biblia, Enoch aparece casi exclusivamente como el patriarca hebreo que testimonió la caída de los ángeles rebeldes; de todo lo demás no queda ni rastro. Así fue como los teólogos judíos y cristianos trataron de solventar los muchos problemas que el texto planteaba, sobre todo en lo referente a la existencia de otras formas de vida inteligente similares al ser humano.

El increíble viaje del patriarca

El *Libro de Enoch* tiene como punto de partida el capítulo 6 del Génesis. Narra como, en tiempos de Jared, padre de Enoch, doscientos ángeles rebeldes, llamados Vigilantes, alcanzaron la cima del monte Hermón, a más de 3.000 m de altitud, y se prepararon para descender y mezclarse con la raza humana. Los ángeles rebeldes instruyeron a los hombres en el arte de fabricar armas fundiendo metales, enseñaron a las mujeres a llevar adornos y maquillarse, y revelaron al ser humano las artes de la brujería y la magia ritual. El panorama que presenta el libro es el de una antigua civilización tribal a la que una cultura más avanzada le enseñó la astronomía, la astrología, la meteorología y la influencia del Sol, la Luna y la Tierra. De la unión de estas dos razas nacieron los gigantes, los cuales resultaron ser tan incontrolables que devoraron a los seres humanos.

Los ángeles rebeldes

Entonces, Dios decidió que los ángeles rebeldes debían ser castigados, y envió a sus propios Guardianes, Gabriel, Rafael y Uriel, para imponer su voluntad; después, con el fin de purificar la Tierra, provocó el diluvio, con el único testimonio superviviente de Noé.

Algunos estudiosos han subrayado la semejanza de los tres ángeles descritos por Enoch y los astronautas, basando sus tesis en el hecho de que los pensamientos y herramientas de estos ángeles rebeldes son típicamente humanos y, por lo tanto, incompatibles con una naturaleza divina.

¿Ángeles o antiguos astronautas?
Una obra de Giuseppe Cesari, aproximadamente de 1610, representa la caída de los ángeles rebeldes debido a sus deseos demasiado «humanos». ¿Acaso esta historia sagrada esconde la existencia de antiguos visitantes llegados a la Tierra desde el espacio?

Distintas versiones de los escritos de Enoch

Existen tres versiones del *Libro de Enoch*. La más conocida de las tres es la etíope, que se remonta a los siglos II-I a. C. basada en anteriores versiones judías que se han perdido. La versión eslava, del 30-70 d. C., es probablemente una reelaboración de la anterior. Y, por último, la versión judía, del siglo II d. C., es la narración menos histórica y más mística. La importancia de estos textos se debe al hecho de que, en ellos, se narran de manera muy detallada los primeros encuentros antediluvianos entre los ángeles del Señor y los seres humanos, la caída de los ángeles que se corrompieron al enamorarse de las mujeres de la Tierra, la composición de los ejércitos angelicales y, en definitiva, la ordenación del cosmos y de lo creado.

Necronomicón, el libro de las leyes de los muertos

Imágenes de cultos prohibidos
Un amuleto con un pentagrama o pentáculo en el centro reproduce el «sello» del *Necronomicón*. En la siguiente página, la hipotética cubierta del libro maldito, del cual, no obstante, no se tiene la certeza de que haya sido escrito realmente.

Supuestamente, Abdul al-Hazred, un poeta árabe que vivió en el siglo VIII, es el autor del *Necronomicón*. El título original de la obra era *Al Azif* que, literalmente, significa «sonido de las voces de los demonios». Al-Hazred, que no era musulmán, adoraba a las divinidades paganas Yog Sototh y Cthulhu. Una posterior, y secreta, traducción bizantina fue titulada *Necronomicón* que, en griego, significa «el libro de las leyes de los muertos». En el *Necronomicón,* donde se habla de terroríficas entidades primordiales que poblaban un mundo donde los hombres no podían vivir, se afirma que, cuando las estrellas retornen a una posición exacta, los monstruos retomarán el control de la Tierra. Se cuenta que Al-Hazred fue devorado a plena luz del sol por un monstruo invisible, en presencia de multitud de testigos que quedaron petrificados por el horror.

Un libro inquietante

El *Necronomicón* ha llegado a nosotros gracias al escritor americano Howard Phillips Lovecraft, autor de relatos de terror cuyos personajes son los seres maléficos que se describen en el texto de Al-Hazred. Publicados desde 1921, los libros de Lovecraft siguen teniendo su público, tanto, que otros escritores los han retomado y ampliado.

Lovecraft era un personaje extraño. Racionalista convencido, decía que el *Necronomicón,* así como Al-Hazred, eran solo fruto de su fantasía. Era una persona muy sensible y de aspecto enfermizo, que aseguraba no haber inventado nada; sencillamente, recibía la inspiración para sus relatos mientras dormía.

Algunos autores han lanzado una teoría según la cual la mente de Lovecraft, durante el sueño, era capaz de acceder a distintos estadios de la existencia. A través de él, las criaturas de otros mundos se nos revelaban, al igual que los demonios se revelaron a Al-Hazred.

A la búsqueda del texto original

Pero, aunque Lovecraft declaró siempre que había escrito un «pseudobiblium», es decir, un relato basado en un libro jamás

El universo de Lovecraft

Nacido en Providence, Rhode Island, en 1890, según algunos autores Lovecraft (en la fotografía) podría haberse inspirado en textos antiguos realmente existentes. Alguno de estos libros podría ser la *Llave de Salomón,* uno de los más célebres y temidos libros de magia ritual, o también el *Picatrix,* un texto árabe de artes ocultas del siglo XII. Asimismo, en 1975, un investigador descubrió que el padre de Lovecraft pertenecía a una logia masónica que practicaba el rito egipcio, un ritual basado también en fórmulas mágicas. Pero ¿qué hay de cierto en todo esto? ¿Acaso, como sería el caso del *Necronomicón,* se trata de una realidad inventada?

escrito pero citado como real en libros posteriores, los apasionados del tema comenzaron a buscar el original. En los años sesenta, circularon rumores sobre la presencia de un *Necronomicón* auténtico en las secciones secretas de la Universidad de California y de la Biblioteca Vaticana y, desde entonces, las noticias continúan. Hay quien afirma que algunas copias fueron, además, escritas con sangre y encuadernadas con piel humana.

Lovecraft murió en 1937 a causa de una enfermedad incurable, llevándose el secreto sobre los originales de su obra.

Convencido de ser un escritor maldito, quizás no se llegue a saber nunca de dónde le vino la inspiración. Si fue solo fruto de su fantasía, si pudo haber consultado textos masónicos antiguos, si fueron los demonios los que le hablaron en sueños... nunca se sabrá; lo único cierto es que sus escritos, todavía hoy, tienen un éxito cada vez mayor.

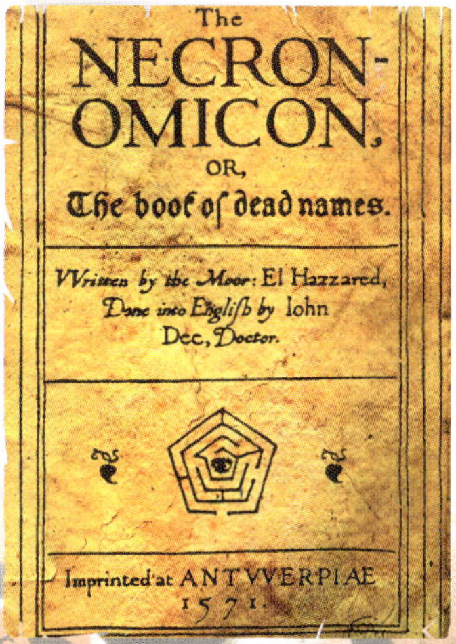

Los rollos de Qumrán, textos antiguos del mar Muerto

Descubrimiento casual
Los antiguos textos del mar Muerto, perdidos en la noche de los tiempos, reaparecieron en las grutas del valle de Qumrán. En la página siguiente, una vista aérea del desierto con un saliente rocoso en primer término, en el cual se pueden apreciar parcialmente las entradas de las grutas..

Nos encontramos en el valle de las Grutas de Qumrán, localidad cercana al mar Muerto, en Palestina, en el año 1947. Un grupo de chicos juega, como de costumbre, a tirar piedras dentro de las grutas. Pero una piedra lanzada por Mohammed el-Hamed, conocido como «el lobo», hace un ruido distinto al habitual, como si se hubiese roto un jarrón. Al día siguiente, el joven beduino regresa al lugar de los hechos, entra en la cueva y encuentra decenas de ánforas, algunas rotas pero muchas íntegras, con antiguos manuscritos en una lengua antigua para él incomprensible.

Aunque «el lobo» no lo sabía, aquellos jarrones tenían un enorme poder, el poder de cambiar la historia de los últimos dos mil años, e incluso de poner en duda la figura de Jesús.

Una primera valoración

La primera persona que examinó los rollos, un empleado del Departamento de Antigüedades de Palestina, no les dio ningún valor. Pero, después de algunos meses, cinco rollos fueron adquiridos por el Monasterio Ortodoxo Siriaco de San Marcos, en Jerusalén, y tres por la Universidad Hebraica, fue entonces cuando el gran valor de los documentos saltó a la vista de los expertos ya que, hasta ese momento, no se conocía ningún manuscrito tan antiguo del Antiguo Testamento en hebreo.

El extraordinario descubrimiento se hizo público en 1948, pero el estallido de la primera guerra árabe-israelí ralentizó las investigaciones. Aun así, numerosos estudiosos acudieron a Qumrán desde todos los lugares del mundo.

Arqueólogos y beduinos empezaron a explorar la zona y descubrieron en pocos años muchas otras grutas, lo que hace evidente que los rollos formaban parte de una gran biblioteca escondida en el desierto por motivos desconocidos.

Desde 1948 hasta 1956 se descubrieron, en total, 11 grutas, 15.000 fragmentos y

El mapa del tesoro

De entre todos los fragmentos hay uno que representa un verdadero enigma. Se trata de un documento (junto a estas líneas) que, a diferencia del resto, está escrito sobre cobre, quizás para preservarlo de una posible destrucción. En él se indican 64 lugares en los que se encontrarían otros tantos tesoros. El problema es que todas las localidades, con el paso de los siglos, han cambiado de nombre y el viejo apelativo se ha perdido. Todos menos uno; el Mausoleo de Av Solom, situado en la ladera del monte de los Olivos, ha conservado su nombre original. En este lugar, escondido, se encontrarían alhajas de plata, oro y numerosos contenedores de ofrendas. Es inútil decir que los intentos de recuperar el tesoro no han tenido éxito.

Antiguo calendario
Fragmento de uno de los rollos escrito en el siglo I a. C., con un texto que hace referencia a algunos días de la semana y del mes en los que caen festividades significativas de la religión judía.

Un contenido muy valioso
Los rollos de Qumran estaban guardados en ánforas parecidas a estas. Evidentemente, se trata de una elección muy buena, puesto que los pergaminos han perdurado durante siglos y los manuscritos han podido conservarse hasta la actualidad.

850 pergaminos. Durante los años cincuenta, fueron las autoridades jordanas las que controlaron el yacimiento. Constituyeron un equipo de investigadores al que se concedió la exclusividad del estudio de los manuscritos. Ningún investigador ajeno al equipo fue autorizado a examinar los fragmentos.

Pero en 1967, al cambiar la situación política, Qumrán pasó a estar bajo el control israelí. Tras algunos malentendidos entre el consejo directivo del comité de investigadores y las autoridades israelitas, se decidió cambiar la directiva del equipo.

A pesar de esto, y aun considerando las guerras y conflictos internos, la difusión de las noticias fue de una lentitud inexplicable. A finales de los años noventa, solo el 20% de los resultados obtenidos se habían hecho públicos. ¿Entonces? ¿Acaso los rollos del mar Muerto esconden algo inquietante?

Algunas hipótesis

¿Quizás, como pretenden algunas teorías, los rollos contienen verdades que podrían cambiar la historia de la Iglesia, como evangelios apócrifos con distintas interpretaciones de la figura de Cristo? ¿Quizás, tal y como detalla la pluma de un famoso escritor, en los rollos de Qumrán ha sobrevivido una versión de la historia que la Iglesia quiso borrar? A día de hoy, cuando la mayor parte de los manuscritos se ha hecho pública, estas teorías parecen cada vez menos verosímiles. También se ha dicho que los análisis completos confirmarían la datación apuntada por los investigadores, que se comprende entre los siglos III a. C. y I d. C.

Los expertos han subdividido los rollos en tres grandes categorías. La primera categoría comprende una serie de copias de la Biblia, prácticamente casi todos los libros del Antiguo Testamento. La segunda categoría está compuesta por una serie de textos apócrifos y, también, versiones del Antiguo Testamento que, en la actualidad, no se incluyen en la Biblia. Por último, la tercera categoría está compuesta por una serie de manuscritos referentes a los usos y costumbres de la época, además de algunos escritos inquietantes como los que anuncian el fin del mundo.

Pero ¿quiénes eran los habitantes de aquellos lugares y por qué escondieron los manuscritos?

La tribu de los esenios

Plinio, historiador romano de la época, habla de una pequeña ciudad, habitada por la tribu de los esenios, situada justo en esta zona. Probablemente, en el año 66 d. C., cuando los judíos zelotes se rebelaron contra la autoridad romana, los esenios escondieron los rollos por temor a la furia de las legiones romanas.
¿Acaso pensaban que la revuelta pondría en marcha la llegada del apocalipsis, es decir, el fin de la colonización romana y la llegada de un nuevo mesías como profetizaban algunos rollos?
Pero los hechos no sucedieron así. En el año 70 d. C., las legiones romanas conquistaron Jerusalén y el Templo de Herodes quedó destruido. De los textos bíblicos acerca de los esenios se deduce que en esta tribu se realizaban ritos y sacramentos celebrados por el mismo Jesús; hipótesis que gana valor por el hecho de que

muchos elementos de la doctrina de Jesús se encuentran en el pensamiento esénico.

Los textos que tratan del apocalipsis probablemente se refieren al fin de la colonización romana y el odio de la clase política, representada por Herodes, y de la clase sacerdotal, representada por los escribas y fariseos. De la lucha final nacería el Reino de Yahveh, es decir, Israel.

Los rollos descifrados

La cuestión más importante, la que podría cambiar la historia de los últimos dos mil años, es la siguiente: ¿los rollos del mar Muerto están relacionados con Jesucristo?

Por algunas frases de ciertos fragmentos, parece ser que había relación entre los autores de los manuscritos y los primeros cristianos. Entonces, ¿los rollos son transcripciones del Antiguo Testamento o narran algunos acontecimientos que conocían los esenios? Un fragmento escrito antes del año 70 d. C. parece contener una cita del evangelio de San Marcos. ¿Podría tratarse de una excepción, puesto que los rollos son todos de corte judía y ninguno de corte cristiana? Este texto se ha encontrado en una gruta distinta a las demás, una gruta que contenía solo diecinueve fragmentos escritos en griego. Según algunos estudiosos, podrían ser los únicos rollos escondidos después de la rebelión sofocada por los romanos. Sea como fuere, ahora que los estudios sobre la mayor parte de los textos se han publicado, solo una pregunta parece sostenerse: ¿era Jesús esenio?

Todavía existen muchos misterios en torno a Jesús y a los acontecimientos de aquellos tiempos; pero parece que, por el momento, las interpretaciones no van a cambiar, o, al menos, no por el estudio de los rollos del mar Muerto.

Una biblioteca natural
En esta gruta, en 1947, se descubrieron los primeros manuscritos. Entre los restos encontrados en la zona había también instrumentos de escritura, como el tintero bajo estas líneas.

Herodes, la figura de un gran soberano

La muerte de Herodes el Grande, en el año 4 a. C., después de un reinado que duró 33 años, tuvo una importante repercusión en los acontecimientos de aquel periodo histórico. Herodes (junto a esta líneas, en una página miniada que representa la toma de Jerusalén) fue considerado un gran soberano que, siguiendo la huella de Alejandro Magno, creía en una cultura sin distinciones étnicas ni religiosas. Debido a sus ideas y a sus orígenes árabes, los judíos lo tildaron de tirano sanguinario. Los primeros cristianos, de formación cultural judía, continuaron en esta línea. A pesar de ello, Herodes consiguió mantener intacto su dominio, que se extendía por toda Palestina, gracias a su capacidad de gobierno y mediación. Esto no significa que, subrepticiamente, no hubiese tensiones entre los varios componentes sociales y políticos. Tensiones que estallaron en el momento de su desaparición, hasta la cual, el asentamiento de Qumran había sido escasamente habitado, entre otras causas, debido al terremoto del año 31 a. C. y a un incendio cuya datación es incierta.

Círculos de los sembrados, un enigma moderno

Investigaciones aéreas
Un equipo de televisión, a bordo de un helicóptero, sobrevuela la campiña inglesa en busca de nuevos dibujos y de una posible solución al misterio.
En la siguiente página, un bellísimo círculo en el sembrado, aparecido en las cercanías de Stonehenge, una de las zonas del planeta más interesante debido a estas «apariciones».

El 15 de agosto de 1972, en Warminster, al sur de Inglaterra, un periodista estadounidense, Bryce Bond, y un ufólogo británico, Arthur Shuttlewood, observaron en el cielo dos objetos luminosos volando en círculos. Esta visión extraordinaria tuvo lugar sobre Stars Hill, la «colina de las estrellas», poco después del atardecer. El informador narró que uno de estos objetos luminosos, de forma triangular y de unos 7 m de largo, había comenzado a moverse y a girar sobre un campo de trigo. En la zona por debajo del objeto, las espigas quedaron aplastadas armoniosamente en forma de espiral. En menos de un minuto se había creado un gran dibujo con la misma forma que el misterioso objeto. Bond terminó su relato afirmando que, poco después, apareció un segundo círculo de unos 10 m de diámetro. Una vez acabado el dibujo, el objeto desapareció. El episodio de Warminster es el primer *crop circle* de la historia que ha tenido testigos.

Un fenómeno misterioso

Desde los años sesenta se ha hablado insistentemente sobre los círculos en los sembrados o en el maíz. Las primeras informaciones provienen de Australia en 1966. Estas, junto a otros testimonios procedentes de Estados Unidos en torno a los años treinta y cuarenta, no fueron acompañadas de documentación fotográfica.

Con el paso de los años, tanto la cantidad como la calidad de los círculos han aumentando increíblemente. A día de hoy, el dibujo más sorprendente es el que apareció el 13 de agosto de 2001 en Milk Hill, Wiltshire, al sur de Inglaterra. Tenía unos 300 m de diámetro y estaba formado por 409 círculos. El fenómeno se difundió rápidamente a otros países; los primeros «pictogramas» aparecieron en Alemania en 1991, pero el mayor número de avistamientos de ovnis y apariciones de círculos, dos fenómenos que van de la mano, ha tenido lugar en el sur de Inglaterra, y el lugar más rico, en este sentido, es la región de Warminster, una de las más misteriosas del planeta.

¿Qué son los «crop circles»?

Quienes han examinado este extraño fenómeno han formulado distintas teorías: los círculos se podrían formar a causa de torbellinos de viento; también podrían ser platillos volantes que, al aterrizar, dejarían su huella; o, según teorías más osadas, se trataría de la Madre Tierra que reacciona así a la destrucción del medio ambiente. En cualquier caso, en el imaginario colectivo, los círculos en los sembrados están unidos a la presencia de extraterrestres. Los ufólogos, de hecho, están convencidos de que se trata de mensajes que dejan seres alienígenas que intentan establecer contacto con nosotros; dibujos que deberían hacer de nexo entre el pensamiento humano y el de otros mundos.

¿Creación de hombres o de alienígenas?

Según Michael Hesemann, uno de los mayores expertos en esta materia, la solución al misterio de estos círculos está relacionada con la futura llegada de los ovnis: los

Trabajo «de campo»
Un grupo de investigadores busca pruebas in situ para comprender cómo, qué y, sobre todo, quién pudo haber realizado en una sola noche aquel *crop circle* encontrado en la campiña de la República Checa en julio de 2005.

círculos son la manera por la que los extraterrestres pretenden anunciar paulatinamente, su regreso y, para evitar a nuestra civilización un fuerte impacto, han elegido este método tan fascinante. Para quien no cree en los ovnis, en cambio, se trata solo de grandes obras de arte creadas por el hombre.

Muchas asociaciones han intentado reproducir dibujos en sembrados para demostrar que es posible realizarlos. Entre ellas, la inglesa Team Satan, sin duda el grupo más competente, ha conseguido un discreto nivel de ejecución, aunque todavía lejano al de los círculos «auténticos». Lo mismo sucede con las numerosas personas que han declarado haber realizado círculos en Inglaterra en un intento de burlarse del mundo entero: ninguno, hasta el día de hoy, ha podido trazar oficialmente una obra de las características de los círculos más famosos.

Los medios más utilizados por el hombre para crear *crop circles* son una escalera o palo situado en el centro, al que se ata una cuerda. La soga debe poder completar un giro de 360°, mientras que el hombre, equipado con palos, acompaña el movimiento y va doblando cuatro o cinco espigas cada vez, con extremo cuidado y sin romperlas; también puede hacerse deslizando con el pie un bastón unido a la cuerda.

¿Cómo se forman los círculos?

Las características de los «auténticos» círculos de los sembrados son numerosas e

importantes. En primer lugar, los círculos solo aparecen de noche y, sea cual sea su forma o tamaño, no se han verificado añadidos posteriores. Además, aparecen, sobre todo, en zonas en las que existen yacimientos prehistóricos, como por ejemplo Stonehenge, en Wiltshire. En el interior de un círculo el grano está doblado, nunca quebrado, en el sentido de las agujas del reloj o a la inversa, con una sola línea de espigas reclinada en sentido opuesto justo en el borde, para hacer más nítido el dibujo. En ocasiones, el trigo también está trenzado y, otras veces, aunque pocas, presenta leves quemaduras.

Todos los insectos que aparecen entre las espigas están muertos, en ocasiones reventados por dentro, como si hubiesen estado expuestos a un fuerte calor. ¿Y el resto de los animales de la zona? Un puercoespín encontrado en un círculo en Milestone, Canadá, el 12 de agosto de 1992, había sido aplastado hasta alcanzar un espesor de solo 2 cm y tenía las púas dobladas en el mismo sentido que las espigas.

Dibujos siempre distintos
Los *crop circles* son diferentes entre sí y, en la mayor parte de los casos, están realizados con perfección. Formas circulares y líneas rectas se combinan formando dibujos armoniosos y espectaculares sobre superficies enormes.

La geometría de los «crop circle»

En 1998 apareció una formación cerca de Melick, en Holanda, compuesta de algunos círculos con anillos unidos por líneas rectas. Análisis matemáticos han revelado su increíble complejidad. Entre el círculo central y la parte interna del primer anillo se podía encajar un triángulo equilátero; entre el primer y segundo anillo, un cuadrado; y entre el segundo y el tercero, un pentágono. Las partes interiores y exteriores de los tres anillos podrían construirse por el círculo central sobre la base de formas geométricas similares. Todos los anillos estaban unidos al círculo central por un triángulo equilátero, un cuadrado, un pentágono, un hexágono, un hexagrama (la estrella de David) y dos pentagramas (estrella de cinco puntas con cinco trazos rectos). En consecuencia, se puede excluir que la formación la realizaran los dos muchachos que, unas semanas después del hallazgo, declararon que lo habían hecho como un juego y que ellos mismos estaban asombrados por el resultado. Como suele suceder en estos casos, su historia fue admitida. Cuando, poco después, los muchachos declararon haber mentido, no se tuvo noticias de su retractación.

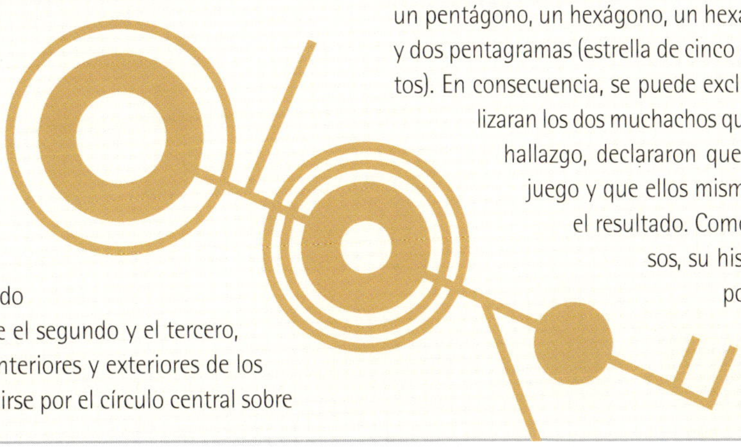

Dentro del círculo
Detalle de un círculo donde se ve el «camino» perfectamente realizado; se pueden apreciar las espigas dobladas y aplastadas contra el suelo.

Otra característica de los círculos es la ausencia total de huellas de ningún tipo, ya sea entre el grano o cerca de él; algo asombroso si se considera lo débiles que son las espigas, que se quiebran con suma facilidad. En ocasiones, en algunos círculos se han percibido fuertes anomalías electromagnéticas y radiactivas, capaces de provocar reacciones como náuseas y dolor de cabeza. Con frecuencia, las inflorescencias plegadas presentan mutaciones genéticas, como deformaciones de los granos o explosiones de los poros de la celulosa, como si las espigas se hubieran metido en un horno microondas durante, al menos, dos minutos. Por último, los círculos aparecen siempre en zonas en las que es frecuente el avistamiento de ovnis.

¿Existen los extraterrestres?

Son muchas las zonas del planeta en las que han aparecido *crop circles*, pero solo en Inglaterra y Alemania el fenómeno se ha verificado cerca de lugares de interés arqueológico, en concreto, prehistórico. Los dibujos son cada vez más complejos, lo que hace pensar en una refinación de la técnica de realización que mejora año tras año. Los campos de trigo, generalmente, son atravesados por caminos sin cultivar para el paso de los tractores; sin embargo, no existe ningún círculo que se superponga a estos caminos, al menos, en el centenar de fotos existentes. Si los misteriosos autores utilizaran estos caminos para comenzar su obra, se podría justificar la ausencia de huellas fuera de los círculos, todos realizados en zonas llanas, rodeadas de colinas muy bajas.

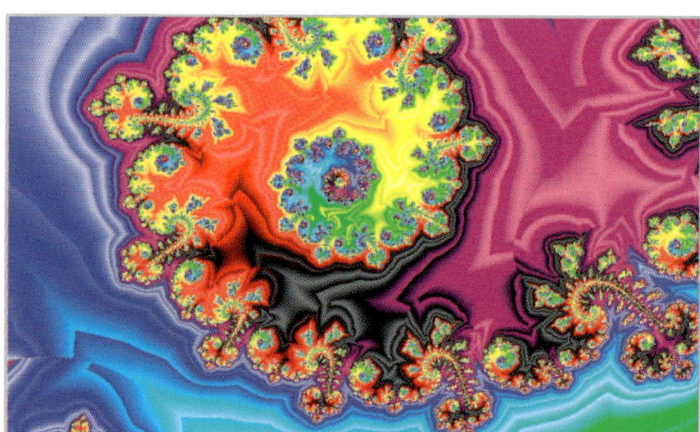

Singulares analogías con los fractales

Un fractal (en la fotografía) es una forma geométrica irregular que puede dividirse en más partes, cada una de las cuales es una copia reducida del conjunto. Los fractales son una parte importante de la Teoría del Caos, con la cual están relacionadas las nubes, las montañas, las costas, y todas las demás formas que no se parecen a figuras geométricas regulares. Es curioso cómo algunos círculos de los sembrados tienen mucha similitud con algunos fractales: el círculo de Mandelbrot, por ejemplo, parece una réplica del fractal homónimo. ¿Es solo una coincidencia? Quizás, en cada caso, la belleza y la fascinación de ambos, círculo y fractal, acrecientan el misterio.

¿Obra de alienígenas?
Según una teoría, los *crop circles* son el resultado de una emisión de microondas generadas por naves extraterrestres que sobrevolarían los campos a una altura de metro y medio.

Misteriosas esferas luminosas
En algunos casos, testigos relatan haber avistado pequeñas esferas de luz sobrevolar un campo de trigo antes de la formación de un *crop circle*. Las fotos tomadas por los pocos afortunados que han contemplado este fenómeno lo atestiguarían.

En verano, miles de personas se acercan al condado de Wiltshire y organizan turnos de vigilancia nocturna equipados con cámaras de vídeo. Entre ellos, por supuesto, también hay científicos y periodistas, pero todavía no existe una sola grabación que documente este fenómeno de una manera creíble. A fin de cuentas, náuseas, dolor de cabeza y zumbidos pueden ser fácilmente fruto de la autosugestión.

Un mensaje de la Tierra

Entre las distintas corrientes de pensamiento existe una especialmente sugerente: muchas de las señales encontradas en los círculos se encuentran, también, en el alfabeto de los indios hopi, de los aborígenes australianos y de los dogón africanos. Algunos expertos sostienen que en estas figuras existe un denominador común. En la práctica, tienden a interpretar los *crop circles* como mensajes de la Madre Tierra. Estos mensajes se manifiestan, por ejemplo, en fenómenos atmosféricos y en los campos magnéticos. La contaminación, y los cambios medioambientales que origina, obliga a la Tierra a quejarse, a lanzar gritos de alarma. Muchas profecías de los aborígenes, que conocen la simbología de los *crop circles* desde hace siglos, coinciden en este aspecto. Es más que evidente que la Tierra se encuentra en un momento crítico, así que, quizás, no sea tan sorprendente que en los últimos años haya proliferado la aparición de estos dibujos en los sembrados. Son distintos en cada país y específicos de cada cultura. Primero llaman la atención y después se van volviendo cada vez más elaborados y complejos, lo que empuja a los investigadores a tratar de comprender el mensaje que encierran.

Arepo Sator, el cuadrado mágico

R	O	T	A	S
O	P	E	R	A
T	E	N	E	T
A	R	E	P	O
S	A	T	O	R

El epígrafe misterioso
Abajo, la inscripción encontrada en Pompeya en la casa señorial de Paquio Proculo, un panadero que parece que era la persona más influyente del barrio. Junto a ella, una pintura del siglo XIX, *Casa de Pompeya*, de Saverio Altamura.

La antigua ciudad de Pompeya ha brindado a los investigadores más de una sorpresa.

En 1926, en la casa que perteneció a Paquio Proculo, se descubrió un misterioso epígrafe. Y en 1936, también en Pompeya, se encontró la misma inscripción misteriosa sobre una de las columnas de la llamada Palestra Grande. Cinco palabras que forman un cuadrado palíndromo, es decir, legible de derecha a izquierda, de izquierda a derecha, de arriba abajo y de abajo arriba. Una combinación perfecta de términos que crea estupor desde el primer momento, y no solo por su original disposición.

«ROTAS OPERA TENET AREPO SATOR». Es el texto de un mensaje que resulta indescifrable, ya que no existe ni en latín ni en ninguna otra lengua antigua la palabra *arepo*.

Un elemento para la datación

¿Quién grabó en el pasado aquel mensaje y cuándo lo hizo? El único dato inequívoco es la fecha de la erupción del Vesubio, que llevó la muerte a Pompleya en el año 79 d. C. Una nube de polvo y detritos cayó inexorablemente sobre la ciudad, cristalizando para siempre su vida cotidiana y enterrándola durante siglos. Por lo tanto, lo que hoy conocemos como «el cuadrado mágico» tuvo que ser trazado, con toda probabilidad, en el siglo I d. C.

Palabras codificadas

La inscripción tuvo una discreta difusión en buena parte del Imperio romano. Algo que puede hacer pensar en un tipo de código, de mensaje secreto, que solo los primeros cristianos sabían interpretar. Hay una teoría que afirma que, bajo la apariencia de juego de palabras, en realidad se esconde un secreto para ser transmitido solo a quien tenga los elementos para leerlo; en concreto, a los cristianos, oprimidos por

una relación dificilísima con la autoridad romana.

El cuadrado mágico, por tanto, tiene una presencia más amplia de lo que se pueda imaginar. Las investigaciones arqueológicas han aportado más de un hallazgo en Europa, pero también en Mesopotamia. Un ejemplo es el que apareció durante unas excavaciones en Cirencester, en Gloucester, Gran Bretaña. También desde el punto de vista temporal su existencia ha sido larga. Se dio entre los siglos IV y V d. C. en Egipto, y en las pinturas rupestres de la Capadocia desde el siglo IX.

En la Edad Media, esta extraña fórmula parece que fue utilizada para realizar magia y para proteger a quien transitaba por el inaccesible mundo de lo sobrenatural. Además, el cuadrado mágico se encuentra en numerosas catedrales góticas y allí donde es más evidente la influencia de los caballeros templarios.

«Melancolía I»
Una de las obras más famosas de Alberto Durero, de 1414, contiene numerosos elementos alquímicos, herméticos y astrológicos. Arriba, se puede ver un cuadrado mágico compuesto por números. Abajo, las letras del cuadrado mágico que componen el *Pater Noster* (padrenuestro) con la A y la O como Alfa y Omega, la primera y la última letra del alfabeto griego, que significan el principio y el fin de todas las cosas.

El misterio de su traducción

Expertos y apasionados no se ponen de acuerdo en cuanto a su significado. Si hay quien cree que es el primer testimonio del padre nuestro, la oración más importante de los cristianos, hay quien piensa que estos últimos están bien lejos de tener algo que ver en su creación. Los que apuestan por una forma original de oración consideran el hallazgo de *sator* una prueba inequívoca de la presencia de los primeros cristianos en Pompeya.

Otra teoría profundiza más todavía y ofrece una lectura completamente distinta del cuadrado mágico. Sustituyendo y rotando tanto las letras como las palabras, según un método basado en consideraciones histórico-religiosas, se obtendría una revelación inesperada. Los primeros cristianos habrían utilizado esta fórmula para transmitir esa verdad escondida, destinada a proporcionarles el coraje necesario para afrontar la persecución romana: la inscripción revelaba el verdadero escondite del Arca de la Alianza, que se encontraría «a los pies de las pirámides». De esta manera, la solución del enigma da paso a otro gran misterio.

A
P
A
T
E
R
A PATERNOSTER O
O
S
T
E
R
O

El segundo ejemplo
Junto a estas líneas, La inscripción descubierta por el arqueólogo Matteo della Corte (1875-1962) sobre una de las columnas del pórtico de la Palestra Grande de Pompeya.

Voynich, el manuscrito indescifrable

Wilfrid Voynich
Arriba, el librero anticuario de quien tomó nombre el misterioso manuscrito. En las otras fotografías, algunos detalles del manuscrito, diseños, símbolos, letras y palabras, todos ellos igualmente misteriosos e indescifrables.

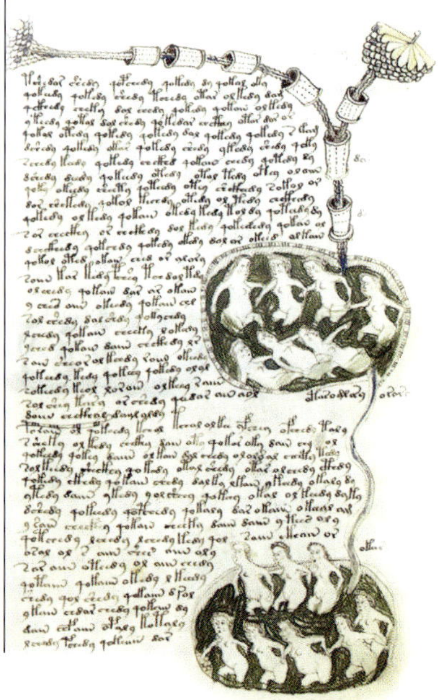

Wilfrid Voynich, un rico anticuario americano, entró en Villa Mondragone, un antiguo convento de jesuitas situado en Frascati, cerca de Roma, en 1912, fecha que ya nunca olvidaría.

Le recibió el padre Strickland, que le mostró un pequeño libro de 22 x 16 cm, custodiado en la biblioteca del convento tras haber pasado por varios dueños. En total contaba con 102 folios, 204 páginas ilustradas y escritas en un lenguaje desconocido. Faltaban 24 páginas que habían sido arrancadas y se habían perdido. Pero ¿qué contiene el misterioso manuscrito? Solo se sabe con certeza que se trata de 250.000 caracteres que unidos forman 4.000 palabras cuyo significado no ha sido descifrado. Las innumerables ilustraciones que completan la obra también necesitan una explicación. El nombre con el que se conoce el manuscrito proviene de su último propietario, Wilfrid Voynich. Aparte de estos datos, todo lo relativo al libro, autor, época, finalidad, etc., se desconoce. Solo se cuenta con las muchas hipótesis que se han barajado a lo largo de los años.

Un desafío para los expertos

El *Manuscrito Voynich* es un libro misterioso. Para tratar de descifrar su código, suponiendo que se trate de un código, se han utilizado hasta los más potentes equipos informáticos de los servicios secretos estadounidenses.

Han sido años de trabajo inútil que no han aportado ninguna certeza. Idéntica suerte han corrido los distintos grupos de investigadores que han tratado de resolver su enigma. El manuscrito parece no ceder y ninguna de las soluciones propuestas se puede aplicar al texto completo. La primera parte, denominada «Botánica», contiene 113 dibujos de plantas no identificadas. En la segunda parte, llamada «Astronómica», se presentan 25 diagramas similares a cartas astrales, entre los que se pueden reconocer el Sol, la Luna y diversas constelaciones de la galaxia. La tercera parte, considerada «Biológica», reproduce 227 figuras de mujeres desnudas, algunas de ellas embarazadas y sumergidas en bañeras unidas con extraños tubos. Por último, la cuarta parte, la «Farmacológica», muestra centenares de raíces, pequeñas plantas y contenedores de especias. Existe una última sec-

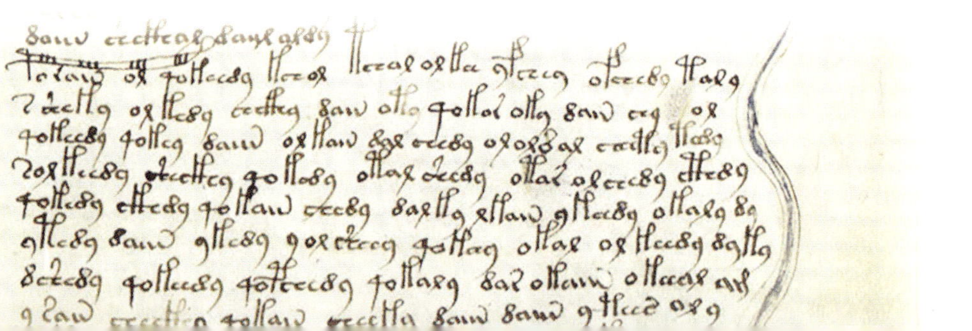

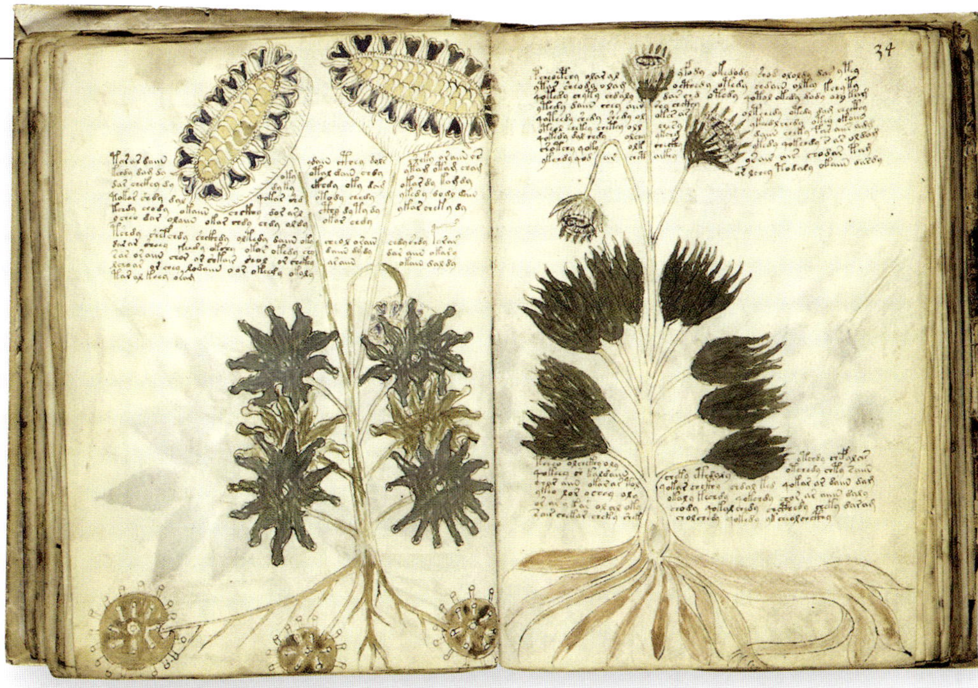

Botánica y Astronómica
Son los nombres de las secciones en las que aparecen plantas y raíces desconocidas, pero también esquemas que parecen representar constelaciones o incluso una galaxia en espiral como la que aparece abajo.

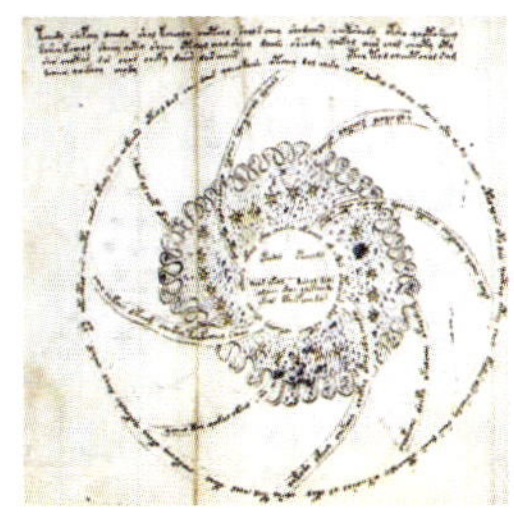

ción, pero se compone solo de texto y se cree que podría tratarse de una especie de índice.

Atribución incierta

El hipotético autor que aparece citado más veces es Roger Bacon, filósofo y «mago» del siglo XIII. En 1921, el filósofo William Newbold declaró que el manuscrito era obra de este y que contenía sorprendentes descubrimientos de astronomía y biología; conclusión a la que también llegó, veinte años después, el abogado Joseph Feely. Pero ninguna de estas dos traducciones convenció a los estudiosos que, de hecho, continuaron intentando desvelar el misterio. En 1987, el médico americano Lev Levitov se convenció de que el manuscrito no era más que la única copia conservada del manual para el suicidio ritual de los cátaros, exterminados en Francia en el siglo XII.

Como suele ocurrir cuando no se sabe a quién atribuir algo, se recurre a Leonardo da Vinci. Y es a él a quien algunos investigadores consideran autor del manuscrito. Otra hipótesis baraja la posibilidad de que el *Manuscrito Voynich* pueda ser una transcripción codificada realizada por Bacon de la *Llave de Salomón,* un texto mágico de particular poder, en un intento de salvarlo de la Inquisición y poder conservarlo.

Pero aún existen más teorías. Hay quien cree que, más que de un código, se trata de un idioma auténtico y desconocido, quizás de origen alienígena, como asegura el científico Gordon Rugg. Y también hay quien piensa que es un auténtico engaño histórico. De hecho, en 1666, el emperador Rodolfo II de Bohemia adquirió el misterioso manuscrito a un precio altísimo, creyéndolo de Bacon. En esa época, a la vez, se encontraban en Praga los ingleses Edward Kelley y John Dee, un aventurero y un mago y astrólogo, que podrían haber sido los creadores del intrigante manuscrito.

¿Un posible autor?
Roger Bacon (1214-1294), el filósofo inglés considerado una de las mentes más privilegiadas de su tiempo, retratado en un grabado del siglo XVII.

OBJETOS MISTERIOSOS

¿Qué es un objeto misterioso? Cualquier cosa, desde la más pequeña a la más grande, que, la mayoría de las veces, no debería existir o, al menos, debería tener una historia distinta a la que se conoce. Un auténtico manjar para los apasionados y los grandes investigadores.

Ovnis, objetos volantes no identificados

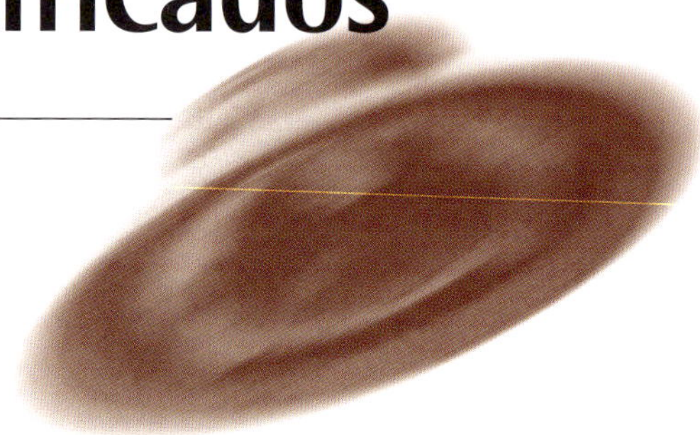

Kenneth Arnold
El piloto privado estadounidense que por primera vez señaló el avistamiento de un ovni muestra una reproducción de los misteriosos objetos volantes aparecidos en cielo americano.

¿Por qué el ser humano ha de ser la única forma de vida existente en un universo formado por miles de galaxias, cada una de ellas constituida, a su vez, por otras tantas estrellas, cada una de las cuales podría estar rodeada de cientos de planetas? Las noticias sobre avistamientos de objetos volantes no son algo exclusivo de nuestros días, se puede seguir el rastro de pasajes extraterrestres incluso en pinturas de siglos pasados.

Los primeros «platillos volantes»

La fecha oficial del comienzo de la ufología moderna es el año 1947. El 24 de junio, el estadounidense Kenneth Arnold sobrevolaba el monte Rainer, cerca de Washington. No sin aprensión, señaló el avistamiento de nueve objetos volantes plateados, que giraban delante de él en formación de cono, como la que adoptan los patos, y que se reflejaban y perseguían sobre la superficie del agua como grandes platos al revés. En adelante, esta tipología de ovni se llamó *Flying Saucers,* literalmente, «platos volantes», debido a la definición de Arnold. Así fue el primer contacto con lo que, hoy en día, se llaman platillos volantes. Comenzaba una época de avistamientos, verdaderos o falsos, alarmas hasta el momento injustificadas y muchas sospechas. Solo en el año 1947 se verificaron otras 850 señalizaciones. Los ovnis, objetos volantes no identificados, como se llamaron desde 1951, entraron oficialmente en la vida de

El proyecto Bluebook

Nacidos para conocer mejor el mundo ufológico y desafiar un posible ataque a la seguridad nacional, desde los años cincuenta, en Estados Unidos, han desarrollado diversos proyectos gubernamentales, el más famoso de los cuales es el llamado Bluebook (en la foto, una reunión). Activo desde 1951 a 1969, nunca se dio una explicación oficial de los casos examinados. Pero hay quien cree que los resultados de las investigaciones no han sido realmente divulgados. Los ufólogos hablan de «conjura del silencio», y acusan a las autoridades de querer mantener en secreto la verdad sobre los contactos con alienígenas. También hay quien piensa que, entre el Gobierno estadounidense y los alienígenas, existe un acuerdo que se remonta a 1933. Un pacto que prevé, incluso, el uso de algunas bases subterráneas estadounidenses.

Los testigos
Varios periodistas y un ex futbolista entrevistados por un equipo de televisión recuerdan, todavía con claridad, los objetos aparecidos en 1954 sobre la ciudad y el estadio de Florencia.

Los ovnis en Florencia

Se dice que los avistamientos oficiales documentados desde 1947 llegan a ser más de cien mil. Entre todos ellos, hay uno que tuvo a una ciudad entera pendiente del cielo. Fue el 27 de octubre de 1954, una fecha todavía cercana como para garantizar testigos oculares. A las 14:20 h, en el cielo de Florencia aparecieron más de veinte objetos volantes no identificados. Volaban en formación, cruzando como un rayo el cielo de Norte a Oeste y de Sur a Este, desde Cascine hasta Rovezzano. Los primeros recordaban a las alas de un águila, los segundos tenían forma de gota de agua y los últimos eran discos blancos, planos y luminosos. Fueron quince minutos inolvidables. La redacción del periódico florentino *La Nazione* se colapsó por las llamadas telefónicas. Los periodistas subieron al tejado del edificio para ver mejor los ovnis volar a gran velocidad sobre el *Duomo*. Mientras tanto, en el estadio de fútbol, empezaba el partido entre la Fiorentina y la Pistoiese. Apenas había comenzado la segunda parte cuando sucedió el gran avistamiento colec-

las personas. El interés y el halo de misterio que los medios de comunicación crearon en torno al asunto alimentó nuevas discusiones, tanto que se creó un numeroso grupo de apasionados, los *ufólogos*. Pero aún hay más. Hay personas que afirman haber tenido contactos físicos o telepáticos con extraterrestres, hombres y mujeres que son conocidos como los *contactados*.

Una oleada de avistamientos

Desde 1947 en adelante, las noticias sobre avistamientos se han hecho cada vez más numerosas, llegando a su máxima difusión en los años 1967 y 1974. En Nueva Zelanda, todavía en 1947, se contabilizaron numerosos avistamientos de objetos volantes, en particular en la zona del estrecho de Cook. Inmersos en la ola de emoción colectiva, un periodista y un cámara, australianos, Fogarth y Crochett, se subieron a un pequeño avión para alcanzar Nueva Zelanda. En un momento dado, la torre de control de Wellington avisó a la tripulación: «Un objeto vuela en formación con vosotros». El piloto, al no ver nada junto al avión, apagó las luces de navegación y, finalmente, comprendió lo que le comunicaban desde tierra: cinco luces intermitentes, de distintos tamaños, volaban bajo el avión. El episodio fue inmediatamente grabado pero, a pesar del video, tan nítido y tan conocido, todavía no se tiene ninguna certeza sobre la naturaleza real de aquellas luces.

La casuística sobre los avistamentos, desde entonces, ha sido prácticamente infinita. En Francia, en 1981, un tranquilo agricultor, mientras trabajaba en su campo, vio lo que parecía una astronave que descendía del cielo: era de color plomo, compuesta por dos platos dados la vuelta, uno sobre el otro. Los inspectores franceses de la Gepan, una sección independiente de la

Ovnis en París
Arriba, en una foto de 1958, París parece invadida por platillos volantes. Sobre estas líneas, una revista de ufología hace referencia al avistamiento de 1981 por parte de un agricultor francés.

tivo: público, jugadores y entrenadores observaron durante once minutos las extraordinarias evoluciones de los objetos volantes. Maniobras acrobáticas, pasadas en zigzag y veloces cruces imprevistos impresionaron tanto a los presentes que el árbitro suspendió el partido y dejó constancia de lo sucedido en el acta arbitral. Pero eso no es todo. Durante más de media hora, llovió una especie de nieve pegajosa (en la foto) que se disolvía al contacto con las manos, el *cabello de ángel*, fenómeno típico en los avistamientos ufológicos.

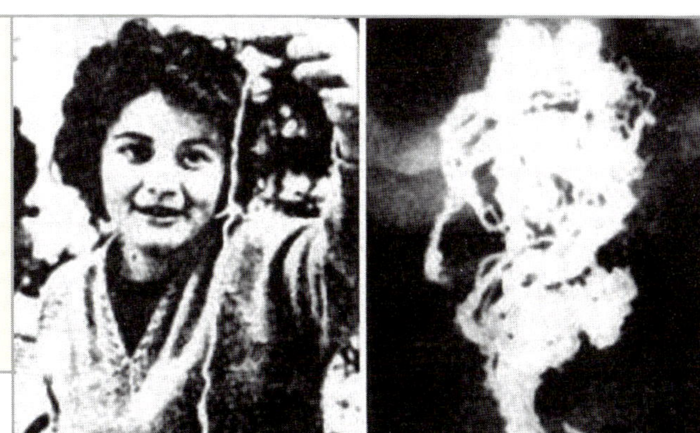

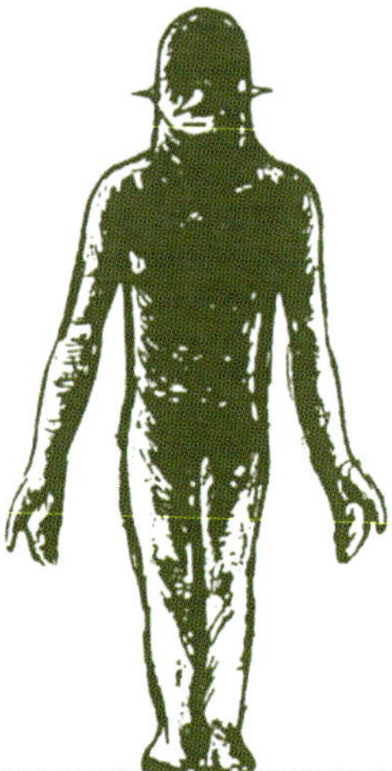

Entidad Espacial Nacional Francesa, después rebautizada como Sepra, encontraron que, efectivamente, el terreno contenía pequeñas partículas de fosfato y de zinc, y todo alrededor estaba como si se hubiese quemado a una temperatura de entre 300 y 600 °C. Además, comprobaron que la vegetación del lugar había reducido la producción de clorofila. La conclusión a la que llegaron fue que era muy probable que el agricultor hubiese dicho la verdad sobre lo sucedido.

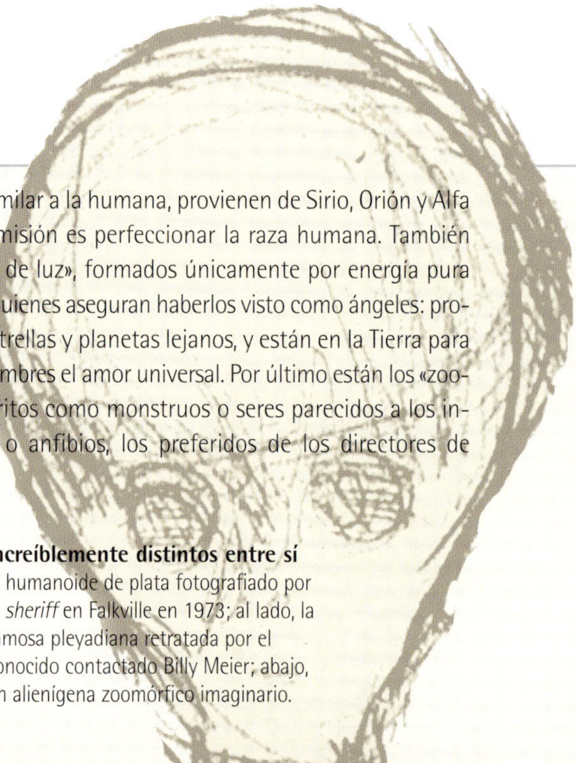

Las mil caras de los alienígenas

Según los ufólogos, nuestro planeta ha sido visitado en numerosas ocasiones por distintas razas extraterrestres, seres espaciales muy diferentes entre sí, y no solo en su aspecto. Los «grises» son alienígenas con largos brazos y cuatro dedos en cada mano, con una cabeza grande y alargada con dos minúsculos agujeros en lugar de nariz, grandes ojos ovales y una boca pequeña. Su hogar se encuentra en el sistema estelar Zeta Reticuli, y visitan la Tierra para captar seres humanos con el fin de estudiarlos y crear una nueva raza que integrar con nosotros. Los «nórdicos», de apariencia similar a la humana, provienen de Sirio, Orión y Alfa Centauro y su misión es perfeccionar la raza humana. También están los «seres de luz», formados únicamente por energía pura y descritos por quienes aseguran haberlos visto como ángeles: provienen de las estrellas y planetas lejanos, y están en la Tierra para enseñar a los hombres el amor universal. Por último están los «zoomórficos», descritos como monstruos o seres parecidos a los insectos, reptiles o anfibios, los preferidos de los directores de Hollywood.

Increíblemente distintos entre sí
El humanoide de plata fotografiado por el *sheriff* en Falkville en 1973; al lado, la famosa pleyadiana retratada por el conocido contactado Billy Meier; abajo, un alienígena zoomórfico imaginario.

Más casos

También en Italia, como en el resto del mundo, ha habido muchos avistamientos de ovnis. Destacan los de los años 1954 y 1979, aunque después han ido en aumento.

Muchos testimonios proceden de fuentes como los *carabinieri,* la policía del Estado, pilotos militares y civiles, y personal de los servicios meteorológicos. Entre los numerosos casos, está el que sucedió en Pesaro la noche entre los días 30 y 31 de diciembre de 1979. En esta ocasión, fueron militares destinados en los cuarteles Cialdini y Del Monte quienes vieron un objeto luminoso descender sobre el recinto del campo militar, realizar unos giros en el aire y desaparecer velozmente. Después de lo sucedido, el terreno que so-

Ovnis en Roma
Una fotografía realizada el 19 de octubre de 1954 sobre las instalaciones deportivas del Foro Itálico, pocos días antes del célebre avistamiento de Florencia.

La raza de los «grises»
Según los expertos en ovnis, una tipología de alienígenas tendría este aspecto físico.

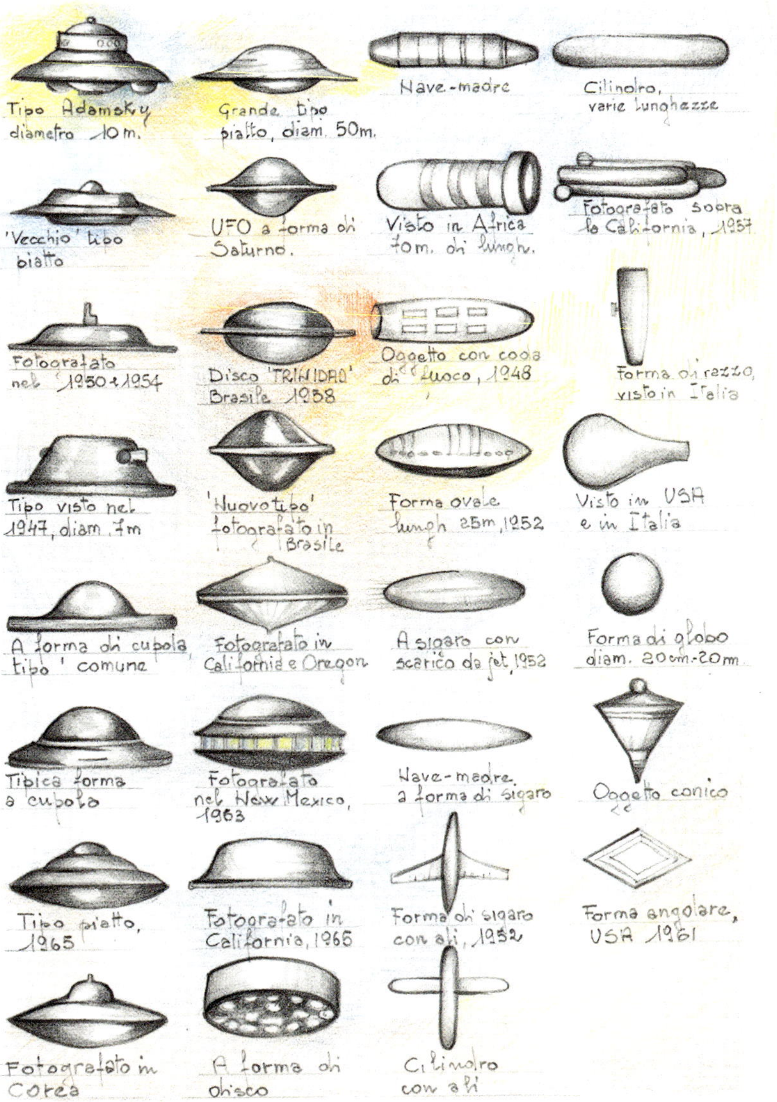

Una gran cantidad de formas
Las formas de los ovnis avistados en los últimos decenios son innumerables, así como las fotos tomadas entre los años sesenta y ochenta en todo el mundo. Arriba, Roma, 1967. Abajo, Charleston, Carolina del Sur, 1980.

brevoló el ovni presentaba un aspecto distinto, más duro e inclinado que antes. Tras una primera difusión de la noticia por parte de los medios de comunicación, la cúpula militar desmintió lo sucedido y se explicó que lo ocurrido había sido una especie de alucinación colectiva.

En el mismo año, en Sant'Angelo di Treviso, a plena luz del día, un mariscal de la Aeronáutica Militar recibió una extraña orden de la base cuando finalizaba un vuelo de entrenamiento: se le pedía interceptar un objeto volante no identificado que se encontraba justo en la vertical del aeropuerto. Era «cilíndrico, negro, de unos 8 m y con una cúpula blanca». El piloto realizó hasta 84 fotografías mientras volaba alrededor del objeto, que permanecía inmóvil en el cielo; después, lo vio desaparecer tras haber emitido un extraño líquido azul. La Aeronáutica Militar declaró que tan solo se trataba de un balón de juguete que, extrañamente, se mantuvo inmóvil en el cielo mientras el avión volaba a su alrededor.

Este no es el único caso en el que se ha hablado de confusión entre una cosa y otra. Por lo general, en caso de avistamiento, quien cree en los ovnis habla de naves con forma de disco o de cigarro, blancos, color metal o luminosos y tornasolados, mientras que los más escépticos hablan, sobre todo, de globos sonda y de fenómenos atmosféricos mal interpretados, así como de armas avanzadísimas de potencias enemigas. En buena parte de los casos se habla de sugestión o de alucinación, incluso colectiva. Para confirmar una presencia extraterrestre, las autoridades necesitan un encuentro cercano en la tercera fase; hay quien asegura que ya se ha producido más de uno.

Los contactados

Con el transcurso de los años, el mundo de la ufología se ha enriquecido con protagonistas más o menos creíbles. Además de apasionados del tema, periodistas espe-

cializados y «ufólogos convencidos», han aparecido los *contactados,* personas que sostienen estar en contacto físico, telepático o como mediums, con seres o entidades de otros planetas. Entre los más famosos figuran el americano George Adamski y el mexicano Carlos Díaz. George Adamski fue el primer contactado y, de hecho, el término fue acuñado por él mismo. Afirma haber estado en astronaves extraterrestres y haber conocido a alienígenas de Venus, Marte y Saturno con una inteligencia superior a la nuestra, facultades telepáticas y un óptimo conocimiento de la lengua inglesa. En un libro que publicó en 1955, *A bordo de platillos volantes,* afirmó haber sido transportado a bordo de dos grandes astronaves madre, de forma cilíndrica, que orbitaban alrededor de la Tierra; allí se enteró de que los seres humanos descienden de los alienígenas. En sus repetidos contactos con ovnis, Adamski ha recibido siempre la exhortación a la paz y el bien universales. Una visión pacífica que se opone a la de quienes, durante años, han denunciado secuestros por parte de alienígenas, operaciones quirúrgicas dentro de astronaves y muchas otras cosas más.

No estamos solos en el universo

El mexicano Carlos Díaz es un fotógrafo profesional que afirma estar en contacto con extraterrestres desde hace veinte años. Científicos e investigadores del gobierno estadounidense han analizado varias veces las fotografías tomadas por Díaz sin haber encontrado, nunca, rastro alguno de falsificación. Además organiza encuentros con ovnis en presencia, según parece, de diversos testigos. Según él, no estamos solos en el universo: en el cosmos existen muchas otras formas de vida que esperan el momento oportuno para darse a conocer.

Contactados famosos
El fotógrafo Carlos Díaz (sobre estas líneas, junto a una de sus fotografías) y el estadounidense George Adamski (abajo, junto a un diseño suyo de astronave alienígena) afirman haber tenido contactos con extraterrestres.

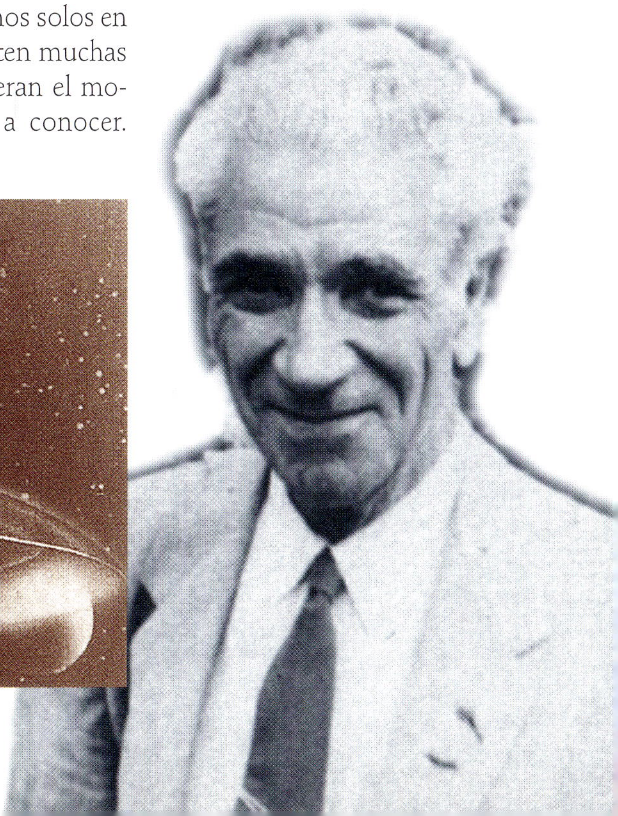

La pila de Bagdad, electricidad del pasado

Una civilización refinada
En la antigua ciudad de Hatra (Iraq) se han encontrado numerosos testimonios de la cultura de los partos, como la bella estatua de un guerrero ricamente ataviado (arriba), del siglo I-II d. C.

Lo que se conoce como «pila de Bagdad» es una pequeña ánfora encontrada por Kuyut Rabboùa en 1936, durante una excavación arqueológica en las proximidades de Bagdad. Mide 12 cm de largo y, en su interior, contiene un pequeño cilindro de cobre de 9 cm de longitud y un diámetro de 26 mm, cerrado en sus extremos por dos tapas de asfalto. Dentro de este cilindro hay una barra de hierro. Se cree que data de cerca del año 200 a. C., cuando en la zona habitaban los partos.

Si bien es cierto que recipientes de este tipo se utilizaban para la conservación de papiros, Wilhelm König, director del Museo Iraquí de Bagdad, enseguida constató lo mucho que se parecía a un objeto muy difundido ya en los años treinta, la pila común de carbono-zinc. Pero ¿cómo podían conocer los partos la electricidad en el año 200 a. C.?

No es fácil probar, ni desmentir, que se trate de un objeto utilizado para producir energía eléctrica. Cualquier objeto compuesto por dos metales distintos y sumergido en una solución ácida puede funcionar como una pila.

Pruebas de laboratorio

Esta «pila», efectivamente, puede producir energía eléctrica, pero con una potencia muy baja y discontinua porque carece de algunos de los dispositivos utilizados en las baterías modernas.

Algunos investigadores han intentado usar varias sustancias, pero solo han obtenido resultados satisfactorios, aunque breves, con el sulfato de cobre.

Se cree que, en la Antigüedad, se conocían tecnologías avanzadas, heredadas de civilizaciones desarrolladas, como, Atlántida; tecnologías que sabían utilizar solo de manera superficial. En caso de que esto fuese cierto, ¿para qué la utilizarían los partos?

Una corriente de baja tensión, como la que genera la pila de Bagdad, hoy en día se utiliza para técnicas de electrorrecubrimiento en oro. Este procedimiento con-

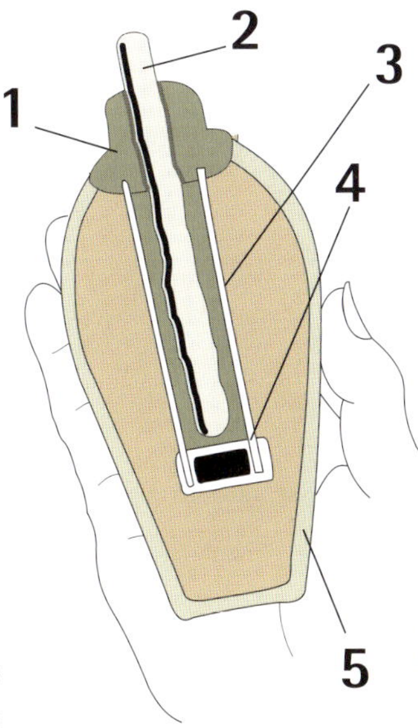

1.- Tapa de asfalto.
2.- Barra de hierro.
3.- Cilindro de cobre.
4.- Base de asfalto.
5.- Envoltorio de arcilla.

Un objeto fascinante
Interior de una pila de Bagdad, donde se ven los dos electrodos de cobre y hierro. Al lado, el cilindro y la barra separados y fuera del jarrón de arcilla.

siste en crear un sutilísimo estrato de metal precioso que se adhiere perfectamente al objeto sobre el que se aplica. Ahora bien, aunque es cierto que en muchos yacimientos arqueológicos de todo el mundo se han encontrado objetos preciosos cuya realización es un misterio, no se puede demostrar que dichos objetos se hayan realizado con este procedimiento. Además, junto a las ánforas encontradas, no había nada que condujese la electricidad desde la pila al posible objeto sobre el que trabajar. En cambio, las ánforas utilizadas para albergar los papiros sagrados contenían estatuillas de metal que representaban una divinidad.

Si así fuese, ¿cómo puede ser que la barra de hierro que contiene la pila de Bagdad esté corroída, como si hubiese estado en contacto con sustancias ácidas? ¿Acaso tienen razón quienes aseguran que, en la Antigüedad, algunas poblaciones conocían la electricidad pero no sabían cómo utilizarla?

Lo que está claro es que la pila de Bagdad es un misterio. Y puede ser que la verdad esté a medio camino entre quienes piensan que objetos de este tipo han sido traídos por extraterrestres, y quienes se niegan a considerar hipótesis distintas a las que propone la ciencia oficial.

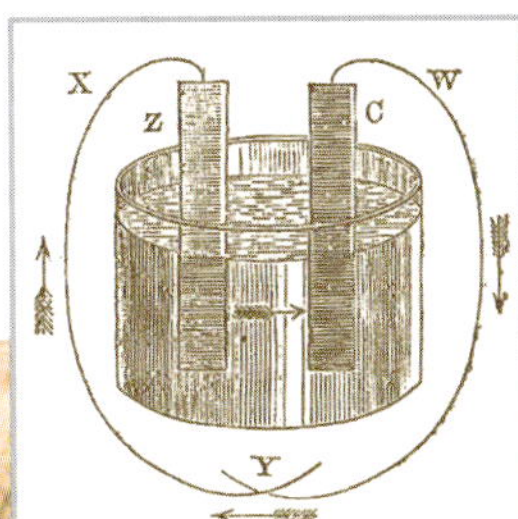

Cómo funciona una pila

En una batería se producen dos reacciones distintas que tienen lugar junto a los dos electrodos que producen la energía. Estas reacciones, durante las cuales se liberan electrones, se producen entre los mismos electrodos y las sustancias disueltas en el líquido en el que están sumergidos. Todas las baterías tienen dos polos, uno positivo y otro negativo. Los electrones, normalmente situados en la parte baja de la batería, no se mueven si no se conectan los dos polos entre sí. Cuando se introduce una batería en cualquier aparato, los dos polos se conectan a través de los circuitos del mismo aparato. Así, los electrones se liberan y, entonces, se produce la energía eléctrica.

La Esfinge, desafío al tiempo

La Esfinge y Napoleón
Así fue como los soldados de Napoleón vieron la Esfinge cuando llegaron a Egipto, con el cuerpo completamente enterrado en la arena.

La Esfinge es un gran misterio tanto por lo que representa como por lo que esconde. Los egiptólogos sostienen que fue construida en el año 2500 a. C. por el faraón Kefrén, pero todavía no existen indicios definitivos que corroboren esta atribución.

El aspecto que presentaba recién terminada es bien distinto del actual: tenía la superficie lisa, perfectamente tallada en la roca de la cual fue extraída.

Pero ¿cómo ha llegado a las condiciones actuales? Estudios recientes han demostrado que la sola acción del viento y la arena no pueden haber reducido el cuerpo, y el foso que rodea al monumento, al estado en el que se encuentran en la actualidad. Además, se sabe con certeza que la Esfinge permaneció sepultada en la arena, y por lo tanto protegida del viento, durante aproximadamente 3.300 años.

Según estudios geológicos, las erosiones verticales pueden atribuirse únicamente a siglos de lluvias, en ocasiones de gran intensidad, y a inundaciones.

Sin embargo, en la llanura de Giza, estas grandes lluvias concluyeron hacia el año 5000 a. C., y la última inundación tuvo lugar en el 10500 a. C., es decir, ochocientos años antes de la fecha aceptada por los arqueólogos.

Guardián de sus secretos

La Esfinge tiene cuerpo de león y una cabeza humana que mira hacia el este. La cabeza es extremadamente pequeña con respecto al cuerpo, hecho que resulta extaño cono-

Un mirada enigmática
La Esfinge, majestuosa, tal y como se puede apreciar hoy en día, con una mirada que parece indiferente al paso del tiempo. Sus dimensiones se pueden deducir fácilmente observando al hombre de la parte inferior de la fotografía.

ciendo la atención maniática que tenían los egipcios por las proporciones, y que testimonian los monumentos de la llanura de Giza. ¿Quizás, como pretenden algunas teorías, la cabeza humana se realizó con posterioridad, tallándola sobre la original?

En el cielo se puede encontrar la respuesta a muchas preguntas. Según cálculos astronómicos, en el año 10500 a. C., la Esfinge miraba hacia la constelación del León, es decir, se miraba a sí misma; esta constelación aparece en el firmamento poco antes que el Sol durante el equinoccio de primavera, exactamente, el mismo periodo en el que tuvo lugar la última inundación. Entonces, ¿ya había sido realizada en aquel momento?

Mensajes de un pasado remoto

Estas teorías no son aceptadas por los egiptólogos, pero si hubiese que retrasar en el tiempo la fecha de construcción de la Esfinge y, con ella, la de casi todos los monumentos de la llanura de Giza, se abrirían muchos interrogantes. ¿Qué mensaje querían transmitir los constructores y, sobre todo, quiénes eran?

Pero aún hay más. En una estela, atribuida a Tutmosis IV, llamada la *Estela del Sueño,* aparecen representadas dos esfinges, una mirando al este y otra al oeste.

Según una teoría reciente, conocidas las características de las técnicas pictóricas egipcias, muy similares a las modernas proyecciones ortogonales, en las cercanías de la primera podría haber una segunda esfinge. Las búsquedas, por ahora, no han dado ningún resultado, pero los enigmas aumentan a medida que se sigue excavando.

Ahora solo queda esperar a que la Esfinge, aburrida de observar los intentos por conocer sus secretos durante estos milenios, decida, en algún momento, desvelarlos por propia voluntad.

La Estela del Sueño
La estela fue erigida por Tutmosis IV, faraón de la dinastía XVIII, después de que, en su juventud, un día se quedase dormido a los pies de la Esfinge y recibiese, durante el sueño, el encargo de liberarla de la arena, que ya por aquel entonces la había cubierto por completo.

La fecha de los enigmas

El año 10500 a. C. es una fecha recurrente en muchos estudios relacionados con distintos lugares del planeta. Esta fecha no solo está señalada en las teorías sobre la llanura de Giza, sino que también, lo está en aquellas que tienen relación con la ciudad preincaica de Tiahuanaco, cuyos muelles, en aquel entonces, se encontraban en las orillas del lago Titicaca, y ahora están situados a 30 km de distancia. También es la fecha, según Platón, del hundimiento de Atlántida. Aunque algunas de estas teorías resulten ciertamente fantasiosas, también parece exagerado no tener todo esto en cuenta. Sobre el pasado, sobre hechos ya acontecidos, seguramente hay muchas otras cosas que no se saben todavía.

El Arca de Noé, y el diluvio universal

Escenas del diluvio
La historia bíblica del diluvio está muy extendida en la iconografía cristiana. Bajo estas líneas, en los mosaicos de la basílica de San Marcos de Venecia (siglo XIII), se ve a Noé dando las instrucciones precisas para construir el arca y, en la imagen superior, el momento en el que hace entrar a las parejas de animales.

Solo Noé podía haber aceptado construir una barca tan grande como para afrontar un diluvio universal, guarecer en ella a hombres y animales y, más tarde, devolverlos a la Tierra sanos y salvos. Solo un hombre justo, en compañía de los demás justos de su familia, debía salvarse del castigo de Dios. Es la Biblia la que narra la gran catástrofe natural que desoló la Tierra: encolerizado por la maldad y violencia de los hombres, Dios decidió sumergirlos bajo el agua, eliminando así a todo ser viviente. Para salvar a los únicos hombres justos, pidió a Noé que construyese un arca de madera de ciprés, dividida en compartimentos y recubierta de barniz tanto en el interior como en el exterior. El Señor entregó a Noé un proyecto preciso hasta en los más mínimos detalles: el arca debía medir trescientos codos de largo (156 m), cincuenta de ancho (26 m) y treinta de alto (15 m), un techo con un muro que sumaría otro medio metro de alto, una puerta de entrada en un lateral y una división en pisos inferior, medio y superior. El pacto de alianza entre el Señor y Noé también era preciso: en el arca habría sitio para él, sus hijos Sem, Cam y Jafet, su mujer y las mujeres de sus hijos. Además, tendría que meter en el arca machos y hembras de «todo cuanto vive, de todo tipo de carne»: dos ejemplares de cada especie, para un día, regresar de nuevo al planeta. Y, por supuesto, se necesitaría también comida suficiente para todos. Le daba siete días para construirla, después comenzaría a llover durante cuarenta días y cuarenta noches.

Las aguas se elevaron

La Biblia cuenta que Noé tenía seiscientos años cuando comenzó el diluvio. Obedeciendo al Señor, construyó el arca como le había sido ordenado y esperó hasta que «fueron rotas todas las fuentes del gran abismo y las cataratas del cielo se abrieron». Los animales «subieron en el Arca de dos en dos», y se iniciaron cuarenta días y cuarenta noches de lluvia ininterrumpida. Las aguas crecieron y elevaron el arca, que se alzó sobre la tierra. La lluvia cubrió los montes más altos y llegó a sobrepasarlos 7 m por encima de sus cumbres. Murió todo ser vivo sobre la tierra y solo quedaron Noé y quienes estaban con él en el Arca. Las aguas permanecieron sobre la tierra durante ciento cincuenta días, hasta que Dios dirigió un viento sobre la tierra que las hizo descender. El Arca, entonces, se posó sobre el

Construir un gran barco
Esta escena de la construcción del arca, representada como un navío de la época, pertenece al *Liber Chronicarum*, famosísimo libro en su época, editado en Núremberg en la Baja Edad Media. Se pueden apreciar las divisiones internas: la superior en el centro, era la destinada a Noé y su familia.

El anuncio de la salvación
En los mosaicos de San Marcos, en Venecia, mientras las aguas inundan la tierra y entre las olas se ven personas ahogadas, Noé recibe a la paloma que regresa con la rama de olivo en el pico. Abajo, el arca en un códice miniado del siglo XV.

monte Ararat. Noé abrió la ventana e hizo salir un cuervo para comprobar si las aguas se habían retirado; después, hizo salir en dos ocasiones a una paloma, que finalmente volvió con una rama de olivo en el pico. El diluvio había terminado, la tierra había sido liberada del agua y comenzaba una nueva vida sobre el planeta.

En busca del barco perdido

El Arca se posó sobre la cima del monte Ararat, en Turquía, donde los arqueólogos modernos la llevan buscando desde hace años, obstaculizados por la nieve y el hielo. Pero ¿cuánto hay de cierto en el relato bíblico y cuánto de mito? Para descubrirlo, desde 1829, decenas de estudiosos han afrontado escaladas y mediciones, utilizando todo tipo de instrumentos para encontrar, aunque fuese, un vestigio del Arca. En el pasado, incluso el último zar de Rusia se apasionó por esta búsqueda. También, en 1876, el lord inglés James Bryce llevó a Londres un trozo de madera, de tres mil años de antigüedad, y afirmó que había encontrado el Arca entre los hielos del Ararat, a 4.000 m de altitud. Igualmente, un explorador armenio, en 1880, declaró haber encontrado el Arca de Noé e incluso, haber entrado en ella.

Hoy en día la pasión por el Arca está más viva que nunca. De hecho, hay quien cree poseer un fragmento, como aquel que formaría la cruz venerada en el monasterio turco ortodoxo de Echmiadzin, y quien ha dedicado toda la vida a su estudio. Un investigador italiano, Angelo Palego, en 1984, inició una larga serie de expediciones al Ararat y llegó a caminar, en 1989, sobre lo que se supone que son los restos del arca, a 4.300 m de altitud; la hazaña la realizó siguiendo las indicaciones planteadas en la Biblia. Estas indicaciones las han seguido otras expediciones que, con relieves vía satélite, parecen haber encontrado una formación todavía sin identificar sobre la cima del Ararat.

Antes de Noé

Una expedición científica, organizada por el CNR italiano y la Universidad de Columbia, ha identificado en los fondos de las costas turcas del mar de Mármara algunos indicios geológicos que confirmarían la hipótesis de un antiquísimo cataclismo, que podría ser el evento que dio origen al diluvio universal narrado en la Biblia.

Los antropólogos consideran el mito del diluvio universal uno de los más difundidos de la historia de la humanidad. Se cuentan casi trescientas tradiciones distintas en todo el mundo, unidas a los mitos de la creación de diversas civilizaciones, muy distantes unas de otras.

Que este mito tiene raíces muy antiguas fue descubierto en la segunda mital del siglo pasado, cuando los arqueólogos del British Museum descubrieron en Nínive la inmensa biblioteca del rey Asurbanipal, soberano de Assur (668-627 a. C.), en la cual

El renacer del mundo
En este cuadro de Jacob Bouttas (hacia 1700), Noé da gracias al Señor con un sacrificio mientras todos los animales salen del Arca que se ha posado sobre la cima el monte Ararat. Arriba, la citada montaña, que alcanza los 5.165 m.

Una leyenda con muchas versiones
Sobre estas líneas, una imagen del Arca de Noé con sus ocupantes extraída de un manuscrito francés del siglo XV. Arriba a la derecha, en una pintura florentina de la segunda mitad del siglo XVI, Deucalión y Pirra repueblan la tierra lanzando piedras a sus espaldas, de las que crecen hombres y mujeres. Abajo, la diosa azteca Chalchihuitlicue, señora de las aguas en la cuarta era anterior a la actual; su mundo desapareció en un diluvio y los hombres se tranformaron en peces.

se encontraron miles de tablillas cuneiformes. La biblioteca contaba con obras de magia, medicina, filosofía, astronomía, historia y poesía, y entre estas, las tablillas de arcilla en las que está escrita una de las más grades epopeyas de la historia, la *Epopeya de Gilgamesh,* mítico rey de Ur, ciudad de Sumeria; un poema del tercer milenio antes de Cristo.

Cerca de treinta mil tablillas fueron llevadas al British Museum, y algunas de ellas revelaron un relato mucho más antiguo que el de la Biblia (Génesis, 6-9), donde se puede leer que «durante seis días y siete noches vino el diluvio y el viento», según le contó a Gilgamesh un gran sabio que escapó del diluvio.

La historia de la más antigua civilización mesopotámica, la sumeria, se inicia con el diluvio. En el segundo milenio antes de Cristo, la *Epopeya de Gilgamesh* era conocida en todo Oriente Próximo. Por lo tanto, se puede pensar que los autores de la Biblia conocían los relatos mesopotámicos del diluvio, aun habiendo tantas diferencias entre las dos narraciones; detalles que hacen pensar en una tradición oral mucho más antigua todavía.

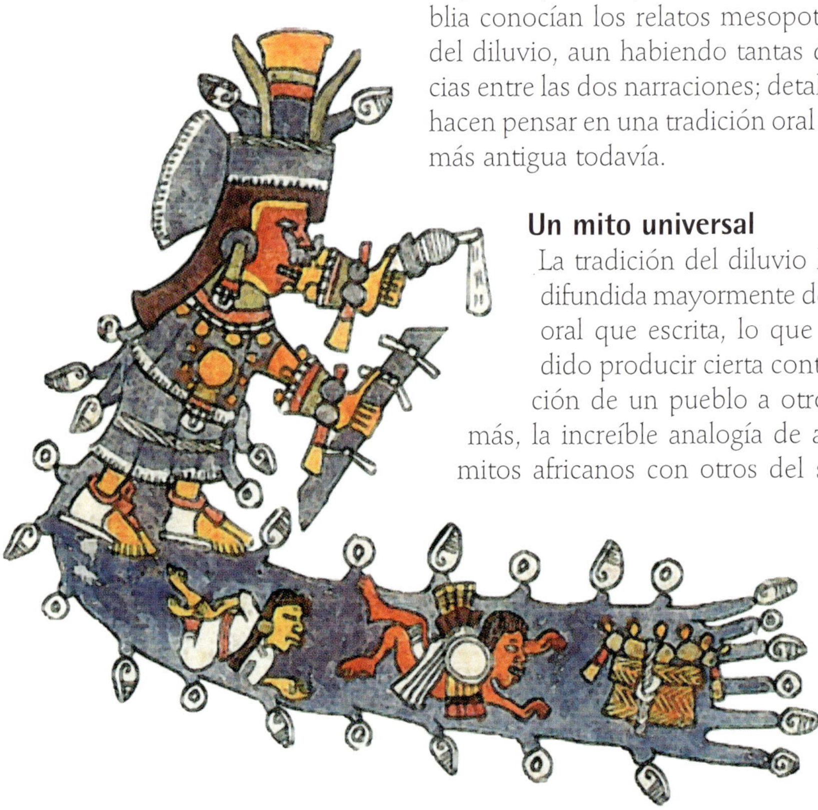

Un mito universal

La tradición del diluvio ha sido difundida mayormente de forma oral que escrita, lo que ha podido producir cierta contaminación de un pueblo a otro. Además, la increíble analogía de algunos mitos africanos con otros del sudeste asiático ha dejado atónitos a los expertos en más de una ocasión. No en todos los diluvios aparece el argumento del castigo de Dios por la maldad de los hombres. Para apreciar la increíble difusión del mito, basta con atender a lo que cuentan las tradiciones en las distintas partes del mundo.

En Alaska, la raza humana se salvó del diluvio gracias a un arca enorme; en California, según los indios de la costa norte, hombres y animales fueron arrollados por un diluvio; en Paraguay, en una era pasada, cuando el planeta estaba densamente poblado, se produjo una gran inundación, las tierras se sumergieron y algunos muchachos se salvaron gracias a un pájaro blanco; en Perú, el agua aumentó hasta sumergir las montañas más altas, tanto, que todo lo creado pereció, a excepción de un hombre y una mujer que se salvaron flotando sobre un cascarón hasta que, acabado el diluvio, el viento los devolvió a Tihuanaco. Más cercano a nosotros, en Grecia, Zeus mandó un diluvio para destruir al hombre, pero Prometeo avisó a su hijo Deucalión, que se construyó una barca; en Roma, Júpiter, enfadado con la humanidad, decidió destruirla con la ayuda de Neptuno, que originó tempestades y terremotos tan fuertes que sumergieron toda la tierra, a excepción del monte Parnaso, refugio de Deu-

calión y su mujer; en Irlanda, solo Fintan se libró del diluvio enviado por los dioses, llegó hasta la época actual sobre una ola y durmió durante siglos en la arena antes de transmitir a los sabios de Irlanda todo el conocimiento que poseía. El mito también aparece en Oriente: en China, el dios Gong Gong causó un diluvio que duró veintidós años, lo que obligó a los hombres a vivir en las montañas; mientras que en Tailandia, un hermano y una hermana, advertidos por un topo de que llegaría un diluvio, construyeron una embarcación con hojas de calabaza y, así, fueron los únicos en salvarse.

Las respuestas de la ciencia

¿Existió realmente un periodo de la historia en el que la Tierra estuvo sumergida bajo las aguas? Por lo que se sabe, los grandes cambios climáticos que vienen sucediendo desde hace un millón de años hasta la actualidad, en un periodo en el que la especie humana ya existía, han provocado una sucesión de épocas en las que grandes superficies de hielo recubrían amplias zonas del continente euroasiático y americano, y épocas más cálidas en las que los hielos se derretían. En los últimos 700.000 años, se han sucedido siete periodos glaciales, cada uno de los cuales ha durado, aproximadamente, 100.000 años.

Hace unos 7.600 años (aproximadamente en el año 5.600 a. C.) el nivel del mar Mediterráneo era unos 15 m inferior al que presenta en la actualidad. Bill Ryan y Walter Pitman, dos investigadores americanos, sostienen que hace 7.600 años, el Mediterráneo se vertió de improviso en el mar Negro, lo que provocó una gran catástrofe que puede ser la que narra la *Epopeya de Gilgamesh.* Ese acontecimiento habría sucedido inmediatamente después de la última glaciación. El agua habría cubierto tierra y pueblos a una velocidad de 2 o 3 km al día. Para salvar sus vidas, los hombres no tuvieron más remedio que partir a lugares muy lejanos, y se llevaron consigo la historia del diluvio.

Personajes mitológicos
Una leyenda india narra el diluvio del cual se salvó solo un hombre, Manu, «padre de la humanidad». Advertido por el dios Vishnu, con forma de pez, construyó una barca y se resguardó junto a otros sabios, hasta que la embarcación se posó sobre una cima del Himalaya. Abajo, Gilgamesh, el héroe sumerio, y una de las tablillas en las que se narra su epopeya.

La subida del nivel de los mares

¿Por qué el mito del diluvio se encuentra también en América y Australia? El único fenómeno geológico común a todas las áreas del globo terráqueo es el del aumento del nivel de los océanos en los últimos 18.000-20.000 años. Hace unos 14.000 años, cuando el ser humano ya ocupaba casi todas las zonas del planeta, el mar crecía 3 cm al año, y es probable que poblaciones enteras se desplazaran de un lugar a otro utilizando puentes naturales, que luego serían cubiertos por el agua. El canal de la Mancha, por ejemplo, debía de ser tierra emergida.

Las piedras de Ica, imágenes de épocas fantásticas

Un museo privado
El doctor Javier Cabrera Darquea transformó su estudio en un museo para reunir parte de las once mil piedras encontradas en Ica. En las piedras grabadas se puede ver, a la derecha, un personaje armado a lomos de un dinosaurio y, abajo, una misteriosa y antigua operación quirúrgica.

Son uno de los hallazgos arqueológicos más controvertidos de los últimos decenios. Muestran, tallado en piedra, lo que la ciencia considera imposible: hombres del pasado utilizando catalejos, complicadas operaciones quirúrgicas, la Tierra vista desde lo alto y, sobre todo, hombres y dinosaurios juntos. ¿Se trata de un hábil engaño o hace falta reescribir la historia más remota de nuestro planeta y del ser humano?

En los años sesenta, el doctor Javier Cabrera Darquea, médico quirúrgico y profesor de biología, recibió de un campesino de Ica, Perú, una piedra grabada como agradecimiento por haber salvado a su hijo. Cabrera la utilizó como sujetapapeles hasta que, hojeando un manual de paleontología, reconoció en el dibujo grabado en la piedra la silueta de un pájaro extinguido hace millones de años.

El comienzo de la búsqueda

¿Quién podía haber dibujado con tanta precisión un animal que, incluso para él, era desconocido? Cabrera localizó al campesino y el origen de aquella piedra: una gruta en el desierto de Ocucaje abierta tras un aluvión junto al río Ica, que permanece seco durante buena parte del año. Ocultas en el fango había miles de piedras talladas de distintos tamaños, desde las que tenían el tamaño de un huevo hasta las que pesaban más de 500 kg. Una especie de biblioteca de piedra, a juzgar por la cantidad de restos y, sobre todo, por los dibujos que aportaban. Las que desde entonces son conocidas en todo el mundo como las «piedras de Ica» son andesitas fuertemente carbonizadas, es decir, piedras locales de origen volcánico, de las más antiguas y consistentes de la zona. Según los expertos, deben de tener 200 millones de años, lo que equivale a 160 millones de años más que la propia cordillera de los Andes. Hasta el día de su muerte, hace pocos años, el doctor Cabrera preservó en secreto la ubicación del yacimiento, si bien difundió su riqueza en su museo personal, hoy conocido en todo el mundo. Pero ¿qué hay de especial en estas piedras que contraría tanto a los estudiosos y emociona tanto a quien las conoce?

Dibujos que no deberían existir

Según el doctor Cabrera, habría unas once mil piedras con dibujos sobre distintos temas. Son incisiones que no se encuentran en ningún otro contexto cultural. Y no solo eso, representan conocimientos que los antiguos habitantes del lugar no deberían tener. Estudiando las piedras una a una, Ca-

Incisiones difíciles
Recientemente se intentó tallar una parte de la piedra que aparece junto a estas líneas para completar los análisis. Era tal su dureza, que al hacerlo, se despedazó. ¿Quién talló aquellos complicados diseños y qué instrumento utilizó?

brera reconoció mapas de tierras desconocidas y, más sorprendente aún de Pangea, esto es, de la Tierra antes de producirse la deriva de los continentes, vista desde lo alto. Pero las sopresas no acaban aquí.

Hombres y dinosaurios

También se aprecian claramente hombres utilizando instrumentos ópticos modernos, como catalejos y telescopios, para escrutar el cielo y seguir, por ejemplo, el curso de un cometa; se distinguen operaciones quirúrgicas muy complejas, transplantes de corazón, riñón, hígado y cerebro, además de partos con cesárea. Aparecen hombres en una batalla cabalgando extraños vehículos aéreos mecánicos, plantas desconocidas en América del Sur y animales ya extinguidos con su ciclo biológico completo. Y por último, se pueden ver hombres y dinosaurios juntos, una relación que, de confirmarse, anularía los 60 millones de años que separan al último dinosaurio del primer hombre sobre la tierra. Además, el profesor Calvo, rector del Politécnico de Lima, excavando en la zona de Max Uhle Hügel, un área arqueológica protegida, ha encontrado otras cien nuevas piedras que, una vez analizadas, han resultado tener, al menos, doce mil años de antigüedad. El fenómeno de Ica ha llamado tanto la atención de expertos y aficionados, que algunos falsificadores han empezado a hacer réplicas falsas. Pero ¿puede ser que haya existido una civilización, para nosotros aún desconocida, que viviera sobre la tierra hace unos 65 millones de años con conocimientos científicos y médicos tan avanzados? Y, además, ¿a hombres y dinosaurios no los separaban decenas de millones de años? Hay quien trata de dar respuesta a estas preguntas, y quien las rechaza de pleno por considerar falsas las piedras mostradas por Cabrera.

Un mundo desconocido
En las piedras de Ica parece que está narrada la historia de un pueblo desconocido. ¿Podría ser la prueba de que la presencia de la humanidad sobre la Tierra es infinitamente más antigua de lo que creemos? Sobre estas líneas, una escena de adoración de una divinidad con forma de sol.

El Santo Grial, una búsqueda infinita

Un caballero puro
Según la leyenda, para encontrar el Grial perdido, hace falta ser un héroe puro. Solo Perceval, uno de los caballeros de la Mesa Redonda, podía emprender tal empresa. Abajo, en una pintura de 1912 del pintor alemán Ferdinand Leeke. En la página siguiente, una miniatura del siglo XIII en la que aparece Perceval con la mítica copa.

Es uno de los objetos que más llama la atención de los lectores de todas las edades: durante siglos, la historia del Grial parece no haber perdido su antigua fuerza, sino todo lo contrario. Hoy en día, y como nunca antes, es el centro de novelas, ensayos de todo tipo, películas y cómics. Pero ¿qué es realmente el Santo Grial? Su rastro histórico, así como las distintas teorías, se pierde en el tiempo y en la imaginación. El término *grial,* en francés antiguo, deriva probablemente del latín *gradalis,* que significa «cáliz, jarrón, escudilla, cuenco». Según la tradición, el Grial es la copa que Jesucristo usó en la Última Cena, la misma que después recogió su sangre tras la crucifixión. El contacto con la sangre de Jesús le transmitió grandes poderes, al igual que sucediera con la Lanza de Longino y a la Sábana Santa.

La primera vez

Todavía no se sabe con certeza cómo nació el mito del Grial, pero sí se conoce el momento en el que el término fue utilizado por primera vez. Fue en 1190, cuando murió el escritor francés Chrétien de Troyes. Su novela inacabada, *Perceval, o el cuento del Grial,* citaba por primera vez el Grial.

El joven Perceval, después de haber sido nombrado caballero de la corte del rey Arturo, llegó al castillo del Rey Pescador, donde, junto a la opulente mesa preparada, vio desfilar a unos jóvenes con objetos misteriosos: una lanza ensangrentada, dos candelabros y el Grial, descrito como una copa de oro purísimo con maravillosas piedras preciosas incrustadas, cuya entrada produce un gran clamor. Será una hostia, contenida en el Santo Grial, el sustento que mantuvo con vida al Rey Pescador herido.

¿Una copa o una piedra?

Y así fue cómo nació el mito sempiterno del Santo Grial, aunque no fue Chrétien de Troyes quien lo inventó. Después de él, otros autores también han escrito sobre la mítica copa, cambiando en alguna ocasión

su naturaleza. A comienzos del siglo XIII, el poeta alemán Wolfram von Eschenbach escribió *Parzival,* una novela cortesana como la de Chrétien pero con una diferencia sustancial: el Grial, en lugar de una copa, era una piedra mágica y la «fuente de todo bien en la tierra». Esta variación ha hecho pensar en una posible influencia de la cultura oriental más que de la celta de la novela precedente.

Esta nueva naturaleza de piedra adquirida por el Grial ha suscitado un nexo conceptual tanto con la piedra filosofal, tan venerada por los alquimistas, como con la piedra que, según una leyenda, decoraba la corona de Lucifer y cayó con él del cielo.

El preciado cáliz
José de Arimatea a los pies de la cruz recoge la sangre de Cristo, según una miniatura de comienzos del siglo XIV que ilustra el *Roman du Graal*, de Robert de Boron. Abajo, Arturo y los caballeros adorando el cáliz que sujetan dos figuras angelicales en el centro de la Mesa Redonda.

De José de Arimatea al rey Arturo

A Robert de Boron debemos el *Joseph d'Arimathie. Le Roman de l'Estoire dou Graal,* compuesto aproximadamente en 1202. El Santo Grial aparece aquí como la copa utilizada por Jesús en la Última Cena. José de Arimatea, un comerciante discípulo suyo, deseando tener algo que hubiese pertenecido a Jesús para conservar una reliquia, consiguió que el dueño de la casa donde había tenido lugar la Última Cena le diese la copa de donde el Mesías había bebido.

Los evangelios de Mateo, Marcos y Lucas cuentan que, durante la Última Cena, Jesús tomó pan, lo partió y lo dio a sus discípulos junto al vino de su copa, instaurando así el sacramento de la Eucaristía. Al día siguiente, viernes, Jesús fue crucificado. Al bajarlo de la cruz, José de Arimatea lo envolvió en una sábana, la Sábana Santa, y lo condujo a una tumba nueva, que él mismo había mandado construir. Según la leyenda del Grial, durante la preparación y el lavado del cuerpo de Jesús antes de su sepultura, José vio manar unas gotas de sangre de Su costado, justamente de la herida que el centurión Longino había provocado con su lanza, y las recogió en la copa que había servido, días antes, para la consagración de la última cena. Tiempo después, José de Arimatea partió desde Palestina en dirección a Britania para fundar la primera iglesia cristiana, y se llevó consigo lo que hoy se conoce como el Santo Grial.

Versiones contradictorias

La historia del Grial no es igual para todos. Según una parte de la tradición, la mítica copa se quedó durante algún tiempo en Inglaterra, hasta que en el siglo VI se decidió trasladarla a Roma. El sacerdote encargado de transportarla, al constatar la invasión de los lombardos, se detuvo en la isla de Comacina. Una iglesia construida en honor al Santo Grial sirvió para evocar la protección que aportó la reliquia para la resistencia de la isla. Desde allí, el Grial fue transportado a Val Codera, uno de los misteriosos lugares que se cita como posible escondite del Grial. Otra versión de la historia, que une la tradición celta y la cristiana, cuenta que Jesús, que en el pasado había estado con José de Arimatea en Cornualles, recibió de Merlín, un druida convertido al cristianismo, una copa ritual, la misma que llevó consigo a la última cena. Tras la muerte de Jesús, José volvió a Inglaterra para devolver la copa, enriquecida con el poder de la sangre de Cristo.

El Grial habría sido entregado al Rey Pescador, pariente tanto de José como de

El comienzo de la búsqueda
The Summons, Arturo y los caballeros de la Mesa Redonda llamados por una misteriosa joven a la búsqueda del Grial, un tapiz con diseño de Edward Burne-Jones (1898/1899). Abajo, el Caldero de Gundestrup, un recipiente de plata de casi 9 kg, decorado con figuras de divinidades; se encontró en Dinamarca y su procedencia y datación son dudosas (influencias tracias y celtas, siglo IV a. C.-IV d. C.).

Perceval. Cuando, tiempo después, se abatió sobre Britania la *wasteland,* una maldición, tanto espiritual como material, causada por la herida infligida al Rey Pescador con la Lanza de Longino, se perdió toda pista sobre el Grial. Y es en este momento cuando Merlín envía a Arturo para que lo encuentre a cualquier precio, porque su gracia liberará a Britania de su pesadilla. Perceval, el único caballero de la Mesa Redonda digno de encontrar el Grial, inició su búsqueda y, en muchas ocasiones, estuvo cerca, pero no consiguió alcanzar lo que era definido como «el plato en el que Jesús comió el cordero con sus discípulos el día de Pascua».

El nacimiento del mito en los países nórdicos

Antes de convertirse en un mito cristiano, la leyenda del Grial había sido, con distintas formas, un mito celta. En Europa se hablaba de jarrones, calderos y copas con un gran poder, como el Caldero de los Dagda, la «copa de la vida» de la cultura celta. El Caldero de Gundestrup puede ser un buen ejemplo.

La historia del Rey Pescador, del rey Arturo y de la búsqueda del Santo Grial por parte de los doce caballeros de la Mesa Redonda, es el resultado de la fusión de las dos tradiciones, la cristiana y la celta, y los caballeros que, como Lanzaróte, fracasaban en su misión tenían que expiar su impureza. Desde Inglaterra, el mito llegó a Europa continental y se ha conservado hasta nuestros días. Pero ¿dónde está el Grial? Según una fuente, fue transportado en el año 540 a Oriente Próximo, donde permaneció escondido durante siglos hasta la llegada de los cruzados. Cuando, a comienzos del primer milenio, los caballeros cristianos de las cruzadas llegaron a Tierra Santa, oyeron hablar de un misterioso objeto de grandes poderes, patrimonio de la tradición esotérica local.

Con toda seguridad, fueron ellos quienes difundieron el nuevo

mito por Europa una vez que regresaron a su patria. Pero se desconoce si de aquellos lugares solo trajeron el mito o también el verdadero Grial.

Un fuerte valor simbólico

En cualquier caso, no sería correcto identificar únicamente la misteriosa copa con la preciada reliquia de la última cena. De hecho, el Grial tiene un fuerte valor simbólico y esotérico. Para los alquimistas es el instrumento de conocimiento y evolución espiritual. Por ejemplo, según Julius Evola, el Grial es el centro de un rito iniciático pagano al que la Iglesia se opuso en la Edad Media. Para René-Guenon, el Grial llegó a la cristiandad desde la tradición iniciática de los druidas y representa el centro del mundo esotérico, símbolo de la religión primigenia proveniente del reino subterráneo de Agartha. Más «modernamente», Adolf Hitler lo consideraba un instrumento para conquistar el mundo, mientras que para el gran psicoanalista Carl Jung es, en realidad, un arquetipo del inconsciente; historias que se encuentran en la memoria colectiva.

Hasta la muerte
La defensa del Grial asume el valor de la defensa de la fe. En esta miniatura, el rey Arturo lo muestra como una insignia sobre su escudo. Arriba, el *Sacro Catino* de Génova, que según la tradición es el plato de la última cena de Jesús con sus discípulos.

En busca del Santo Grial

¿Dónde se encuentra el Grial? ¿Realmente forma parte del misterioso tesoro de los caballeros templarios? Según el relato de un peregrino inglés del siglo VII, está custodiado en Tierra Santa, en una capilla cerca de Jerusalén. Otra fuente, en cambio, habla del Santo Grial como el plato de la última cena, conservado hoy en día en la catedral de San Lorenzo, en Génova.

Se trata del *Sacro Catino*, una copa hexagonal de cristal verde que, según la tradición, fue tallada en una esmeralda. Los genoveses la llevaron a su tierra como trofeo después de haber conquistado la ciudad de Cesarea, en Palestina, en 1102. Fue condu-

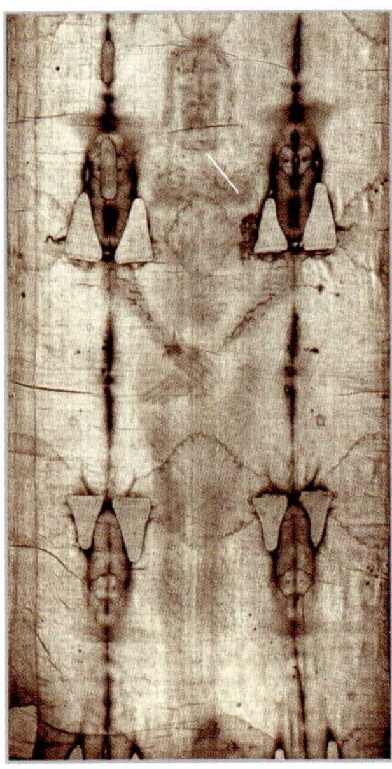

Sang Real... Santo Grial

Para la mayor parte de los apasionados de este tema, el Grial hay que buscarlo en los lugares más lejanos de la Tierra. Y no solo eso. Para muchos no está todavía claro cuál es su aspecto; se pasa de la copa al cuenco y, de ahí, a la piedra caída del cielo, al Arca de la Alianza, a un misterioso libro escrito por Jesús, a la Sábana Santa de Turín (en la fotografía) y a la piedra central de la corona de Lucifer. Tres escritores populares ingleses, Henry Lincoln, Richard Leigh y Michael Baigent, en su libro *The holy blood & the Holy Grial* (La santa sangre y el santo grial), de 1982, barajaron otra posibilidad. Según ellos, el Grial no es un objeto material, sino la línea de sangre de los descendientes de Jesucristo. En resumen, afirman que Jesús abandonó Palestina con María Magdalena y que tuvieron juntos dos hijos, que dieron origen en Francia a la dinastía de los merovingios. El Grial, por tanto, sería la misma Magdalena, «recipiente» de la sangre de Cristo. «Sang real», o sangre real, que aún seguiría corriendo por las venas de los misteriosos descendientes de Jesús, bajo la protección del fantástico Priorato de Sion. Esta teoría, además de numerosas críticas, ha dado origen a la novela de Dan Brown *El código da Vinci*, un éxito literario sin precedentes.

cida a París por Napoleón, y devuelta a Italia con daños más que evidentes. Una vez en Italia, el Grial podría estar custodiado en Bari, donde habría sido colocado en un bajorrelieve de la catedral, o en Turín, en un lugar indicado mediante la mirada de una estatua de la iglesia de la Gran Madre.

El Grial también ha sido identificado con el Santo Cáliz de la catedral de Valencia, una copa de ágata montada sobre una base medieval de oro, perlas y piedras preciosas. Según la leyenda, habría sido llevada a Roma por San Pedro y, desde allí, el diácono Lorenzo la habría llevado a la ciudad española. Otra versión hace referencia a los caballeros teutones, cuyo origen se remonta a 1190, quienes habrían confiado el Grial, recibido de los místicos sufís, al emperador Federico II para que lo protegiera durante las cruzadas. Este hecho justificaría la construcción del enigmático edificio del Castel del Monte, mandado construir por el emperador, cuya verdadera función es todavía un misterio sin esclarecer.

En Europa y más allá del océano

Otro escondite del Grial podría ser el castillo de Gisors, en Francia. Lo habrían llevado los templarios, guardianes de la valiosa reliquia desde el siglo XII, cuando recibieron de la secta «assassini», los adoradores de Baphomet, lo que para algunos no es más que el Grial. También en Francia, existen otros dos lugares en los que se habla del Grial: por un lado, el castillo de Montsegur, último baluarte de los cátaros, y, por otro, la iglesia de Rennes le Chateau, muy famosa por los acontecimientos que tuvieron lugar allí con el padre François-Bérenger Saunière como protagonista.

Regresando a Gran Bretaña, se baraja como posible escondite del Grial la capilla de Rosslyn, en Escocia, extrañamente llena de referencias templarias, aun habiendo sido construida tras la desaparición de la Orden. Más al sur, Glastonbury, en Somerset, se señala como la legendaria Ávalon y donde, en 1191, durante la tercera cruzada, se habrían descubierto las tumbas de la reina Ginebra y del rey Arturo. Allí se encuentra el pozo Chalice, donde, según la tradición, José de Arimatea habría tirado el Grial. Una leyenda que se sostiene además, por el extraño sabor a metal de las aguas del lugar.

El mito del Grial ha traspasado también el océano y ha llegado a la isla de Oak, en Estados Unidos, donde se habría escondido en el fondo de un pozo canadiense; un verdadero misterio que ha apasionado a investigadores de todo el mundo, pero que, por el momento, parece ser que no desvelará sus secretos. Igual que el verdadero Santo Grial.

Un célebre escondite
En el pozo Chalice, «el manantial del cáliz», en Gastonbury, la leyenda cuenta que José de Arimatea guardó el Grial que había llevado consigo a Inglaterra. Abajo, el rey Arturo en el mosaico de la catedral de Otranto (1165), un testimonio de que su figura y las leyendas que lo rodean han tenido siempre una gran difusión en toda Europa.

El mecanismo de Antiquitera, ¿una tecnología desaparecida?

Un misterioso instrumento astronómico
Encontrado en el mar Egeo, entre el Peloponeso y Creta, el hallazgo estaba recubierto de óxido. Las inscripciones en griego no han sido traducidas claramente todavía.

En 1900, junto a la isla de Antiquitera, entre Creta y la costa griega, se encontró una nave que se había hundido en torno al año 80 a. C. En su interior los arqueólogos hallaron lo que, a simple vista, parecía solo un bloque de metal oxidado sin gran valor. Lo que no sabían era que tenían uno de los misterios sin resolver de la historia entre sus manos. Los restos hallados bajo el agua fueron trasladados al Museo Nacional de Atenas, donde aún se conservan. Pasaron los meses y un arqueólogo, Valerio Strais, al analizar aquella masa de óxido se dio cuenta de su verdadera naturaleza: se trataba de un mecanismo complejo, compuesto por treinta engranajes con inscripciones en griego.

Pese al deterioro provocado por todo el tiempo que permaneció sumergido en agua marina, se pueden intuir los dientes de las ruedas, perfectamente modeladas en bronce. Una habilidad constructiva y de ingenio que los griegos, por lo que se conoce, no tenían en absoluto. Entonces, ¿qué es y de dónde proviene lo que hoy se conoce como el «mecanismo de Antiquitera»?

Un ordenador para las estrellas

La universidad estadounidense de Yale lo ha estudiado en profundidad. Gracias al paciente trabajo del profesor Derek De Solla Price, el mecanismo ha sido finalmente reconstruido, y se ha desvelado, así, parte de sus secretos. Se trata de una calculadora astronómica, una especie de primigenio ordenador capaz de prever las relaciones entre el movimiento de las estrellas, la Luna, el Sol y la Tierra. Su aspecto original debía de ser muy diferente al actual: se cree que el mecanismo estuvo en el interior de una carcasa y que los engranajes se podían regular desde el exterior mediante palancas. Un objeto tecnológicamente avanzado, testimonio de un conocimiento antiguo para nosotros desconocido.

Según la arqueología moderna, los griegos, como los demás pueblos antiguos, no eran capaces de construir herramientas tan sofisticadas. Algunas de sus partes, como un engranaje diferencial, son tan innovadoras que no fueron inventadas hasta el siglo XVI. Además, ¿cómo es que no se han

encontrado otros mecanismos o engranajes con las mismas características?

Los objetos fuera del tiempo

Se llaman *Ooparts,* acrónimo de *Out of Place Articles,* literalmente «objetos fuera de lugar». Nosotros los conocemos como «objetos fuera del tiempo»; cosas que no deberían existir o no, al menos, en la época a la que parece ser que pertenecen, porque su verdadero problema es el de una datación que, al mismo tiempo, sea cierta y coherente con todo lo que se sabe sobre la evolución del hombre. Con algunos restos arqueológicos, de hecho, no es suficiente con el carbono-14 o el miscroscopio electrónico, y son necesarias nuevas herramientas, siempre y cuando no se trate de falsificaciones, por supuesto.

Hace años que se discute sobre el origen y el significado de objetos como el mecanismo de Antiquitera o sobre inscripciones en lenguas desconocidas, dibujos acrósticos y hallazgos más allá del límite de lo creíble. En África, por ejemplo, se han encontrado unas estatuillas de arcilla, las *nomoli,* que se remontan a hace 17.000 años. Estas figurillas tienen una cavidad interna donde esconden una pequeña esfera de cromo y acero, materiales que entonces no existían. En definitiva, con objetos enigmáticos como la pila de Bagdad, estatuillas de arcilla, piedras grabadas que reproducen perfectamente los dinosaurios –anulando los 60 millones de años que los separan de los hombres– y otros tantos objetos inexplicables, podría ser necesario revisar los modernos parámetros históricos.

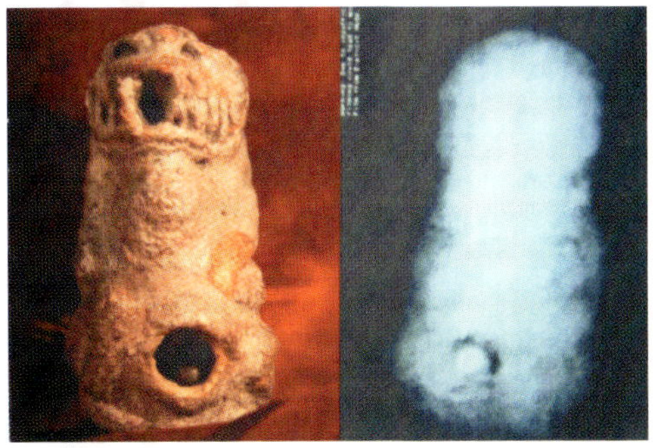

Restos inexplicables
Arriba, una antiguo objeto con forma de avión conservado en el Museo del Oro de Bogotá. Junto a estas líneas, una estatuilla *nomoli* y su radiografía que muestra en la parte inferior, la esfera de cromo y acero encerrada en su interior.

El martillo en la roca

Se conoce como el *Martillo de Londres* (junto a estas líneas), debido al nombre de la ciudad de Texas en cuyas cercanías fue encontrado en 1936. Se dice que quedó atrapado en la roca de forma natural, por lo tanto, en un contexto de fácil datación. Al principio se veía solo el mango, pero, enseguida, asomó también la cabeza de lo que parece, a todos los efectos, un martillo moderno. Existen serias dudas sobre su autenticidad, y no solo porque anularía todas las teorías sobre la evolución del hombre. No se sabe si realmente se encontró tal y como se aprecia en la actualidad, ni si se ha hecho el examen del carbono-14 sobre el mango de madera, que no parece estar fosilizado.

El dragón de Oxford, un misterio desvelado

Monstruo escupidor de fuego
En el imaginario occidental, el dragón es un ser negativo, símbolo del mal, guardián malvado de tesoros y jóvenes. Aquel que logra desafiarlo siempre está dotado de poderes positivos. Como San Jorge, que lo atraviesa con una lanza y libera la ciudad y a la princesa de la monstruosa presencia, como se puede apreciar en el detalle de la pintura de Paolo Uccello (hacia 1440) que vemos bajo estas líneas. En la página siguiente, el pequeño dragón de Oxford en el interior de la campana de cristal.

Un pequeño dragón, todavía unido al cordón umbilical, conservado en formol y proveniente del British Museum. Esta es la carta de identidad del extraño objeto encontrado por los hijos de David Hart entre las pertenencias que su abuelo almacenaba en el garaje de su casa. Un abuelo peculiar que trabajó como mozo en el British Museum a comienzos del s. XX, en cuyo almacén parece que encontró, relegado en una esquina, el extraordinario hallazgo. Llevaba consigo una carta, escrita en alemán, de 1890, en la que se hacía referencia al «horrible feto» que debía ser enviado lo antes posible y en el más absoluto secreto a Hamburgo. El pequeño dragón pasó de la familia Hart a un amigo, Allistair Mitchell, un vendedor de libros por correo, que fue entrevistado por el prestigioso periódico *Times*. En su casa se encontraba la campana de cristal con el feto. El recipiente no llegaba al metro de altura, justo el espacio necesario para contener a ese extraño animal con las alas plegadas y la cola enroscada: un dragón en toda regla, tal y como han sido imaginados desde hace siglos, si se considera que hasta el momento nadie ha visto ninguno.

¿Cómo es un dragón?

La pregunta surge espontáneamente, sobre todo cuando se debe juzgar a un ser que, presumiblemente, tiene todas las características de un dragón. Alas, cola, zarpas con uñas afiladas y hocico de reptil: todo según la tradición. Pero el equipo de televisión del programa italiano Voyager quiso profundizar en el tema, tuvo un encuentro con el señor Mitchell en Oxford y observó el extraño animal. Para empezar, llama la atención el cordón umbilical: los dragones, como el resto de reptiles, deberían nacer de un huevo y, por lo tanto, no deberían tenerlo, a no ser que los dragones pertenezcan a otra clase de animal, hasta ahora desconocida, que se pareciera a la de los reptiles, la de los mamíferos, la de los pájaros, la de los peces y la de los anfibios a la vez. Además, en la extraña criatura no hay rastro de órganos genitales. Los músculos están excesivamente desarrollados para tratarse de un feto. La piel no tiene escamas ni pelo y es demasiado lisa. Y, para terminar, las uñas tienen forma de cono, lo que no le permitiría ni arrastrarse ni arrancar la carne de sus eventuales presas.

Las dudas también surgen ante la campana de cristal que lo contiene: el líquido de conservación parece demasiado limpio para el tiempo que debería tener y no aparecen rastros de residuos en el fondo, si bien el color blanco del feto parece confirmar el poder blanqueador del formol.

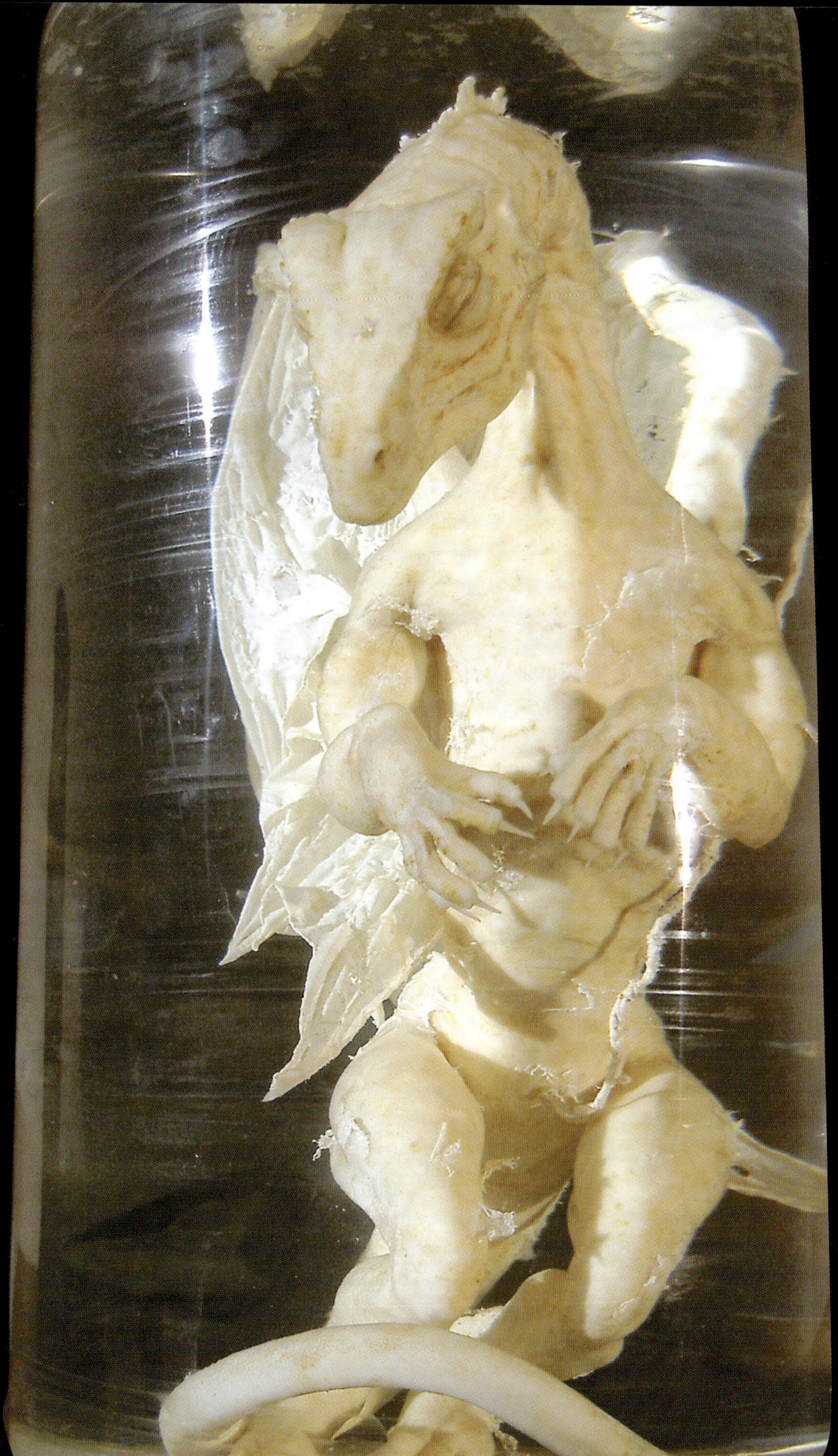

NEWS

8

Here be dragons – and then again, maybe not

The finding of a 'creature' thrown out by a museum 100 years ago may spark a fiery debate, Jack Malvern reports

Imágenes fantásticas
Estas fotos fueron publicadas en los periódicos y revistas de todo el mundo, empezando por el *Times* (sobre estas líneas). El dragón tiene hocico de saurio, alas con membranas, y las zarpas con garras afiladas, tal y como fue descrito por Marco Polo en su célebre relato de viaje. En la página siguiente, una miniatura de un códice francés del *Libro de las maravillas* (siglo xv).

Los expertos

Huelga decir que, en este caso tan extraordinario, está absolutamente prohibido abrir la campana de cristal que contiene al pequeño dragón. No es posible realizar ningún examen, ni rayos X, ni ecografías, ni biopsias, ni carbono-14. Nada de nada. Un obstáculo que solo se puede superar con el atento análisis de las imágenes; tal y como se ha hecho en la redacción de Voyager. Un antropólogo experto en la conservación de los cuerpos, un médico historiador del arte sanitario, un criptozoólogo, un químico, un grafólogo y un mago de los efectos especiales han unido sus fuerzas para llegar a un único veredicto: el dragón de Oxford, la misteriosa criatura en formol que ha despertado la curiosidad del mundo entero, no es más que una falsificación. La carta que lo acampaña no fue escrita hace cien años, sino en una época mucho más reciente.

Después de verificar estos aspectos, el castillo de naipes levantado por Allistair Mitchell ya no se sostenía. Pero, para hacerlo caer definitivamente hacía falta una prueba final, un indudable elemento objetivo. La ocasión para resolver el misterio, en realidad, no surgió espontáneamente, sino que fue provocada hábilmente. Aprovechando una de las visitas a Mitchell, el equipo de televisión consiguió coger un

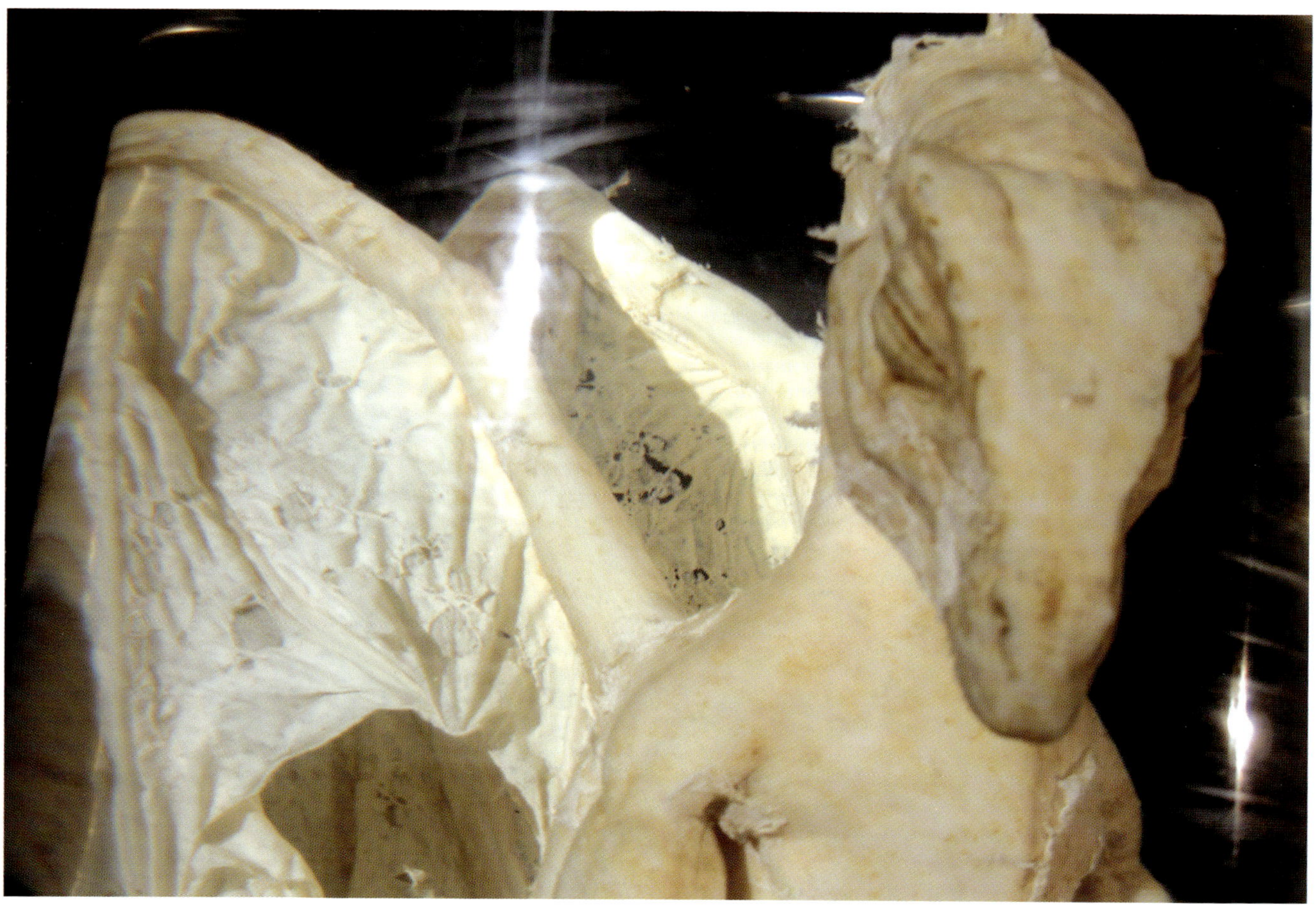

pequeño fragmento de la cera que sellaba la campana de cristal, que, en palabras de Mitchell, no se ha cambiado desde el día en que el dragón fue metido en formol. Un análisis minucioso, realizado en Italia, demostró el engaño: la pureza de la cera demuestra que su elaboración es reciente, muy lejana de aquel pretendido 1890.

La confesión en televisión

Una vez descubierto, Allistair Mitchell confesó delante de las cámaras de televisión italianas que el dragón no era más que una reproducción realizada por una empresa inglesa de efectos especiales, la Crawley Creatures. Él mismo había confeccionado la campana de cristal y la había llenado solo con agua, no formol. También la carta en alemán era creación suya, con la intención de mofarse de los científicos alemanes por los daños que habían causado a sus colegas del British Museum. ¿Era esa toda su intención o buscaba publicidad? De hecho, Mitchell es un escritor novel de novelas fantásticas que, gracias a la notoriedad obtenida con el dragón, ha encontrado finalmente un editor dispuesto a publicar sus libros.

En busca del misterio
Para creer en algo que parezca increíble hacen falta dos cosas, datos y pruebas. Roberto Giacobbo, con el equipo de Voyager, ha resuelto este misterio «moderno».

Las lámparas de Dendera, luces del antiguo Egipto

Quien dio comienzo a esta historia fue Auguste Mariette, arqueólogo francés que fundó el Museo Egipcio de El Cairo. Pero antes de esto, en 1857, realizó unas excavaciones a 70 km de Tebas, la que fue, durante casi un milenio, la capital del Bajo Egipto. Esta ciudad, que en la actualidad se llama Luxor, se encuentra a una hora de vuelo de El Cairo, junto al Nilo, y de su antiguo esplendor solo se conservan las ruinas de algunos templos majestuosos y, a pocos kilómetros, en la orilla opuesta del Nilo, el mítico Valle de los Reyes, con las tumbas de los faraones más famosos: Seti, Ramsés, Tutmosis y Tutankamon.

Mariette, atraído por el templo dedicado a la diosa Hator, inició las excavaciones en Dendera, a 70 km de Tebas. Bajo el templo encontró grandes criptas llenas de arena y detritus que, una vez despejadas, mostraron numerosas estancias cubiertas de lápidas de piedra grabada, tal y como se ve en los dibujos que realizó Mariette y en las fotografías que tomó en los años treinta, su compatriota Emile Chassinet. Pasó el tiempo y, en los años sesenta, las criptas fueron cerradas al público; alguien había robado casi todas las piedras labradas. Solo se salvó del robo una estancia, y sus paredes muestran, todavía hoy, unos grabados tan misteriosos que alientan las teorías más increíbles.

Un misterio egipcio
Arriba, uno de los relieves con las lámparas de Dendera. Sobre estas líneas, el arqueólogo Auguste Mariette y una litografía de Luigi Mayer, de 1804, que reproduce la primera recogida de restos allí donde más tarde surgió el Museo Egipcio de El Cairo. Abajo, una reproducción moderna de una lámpara de Dendera.

Los egipcios y la energía eléctrica

¿Es posible que nuestros antepasados supiesen más de lo que se cree? Tanto en Egipto como en el resto del mundo existen restos –grandes construcciones, por ejemplo– de los que todavía se sabe poco.

Dendera fue, durante siglos, un lugar de culto. Las estancias subterráneas formaban parte del primer núcleo del templo que, oficialmente, se remonta al siglo XV a. C., aunque es cierto que algunas inscripciones lo trasladan a tiempos más remotos. En cambio, la parte superior es de época tolemaica, entre los años 300 a. C. y 30 d. C., una época que finalizó con la reina Cleopatra.

¿Qué tienen de extraño los grabados conocidos como las «lámparas de Dendera»? En una de las escenas, que representa a los sacerdotes del templo celebrando ritos, se aprecian extraordinarias coincidencias con tecnologías y aparatos modernos. Se trata de un dibujo que no se ha encontrado en ningún otro lugar y es increíblemente parecido a un objeto que se creó en 1879: una lámpara capaz de emitir rayos X.

¿Flores de loto?
Las lámparas de Dendera, para los egiptólogos, son solo gigantescas flores de loto. Abajo, el faraón Akenaton adora al dios sol Atón llevándole flores de loto.

Por lo tanto, las lámparas de Dendera serían el antecedente del «tubo de Crookes», un tubo de rayos catódicos capaz de emitir rayos X. También, en este caso, existen coincidencias que alimentan las hipótesis más osadas. Será casualidad, pero el científico inglés inventor del tubo homónimo, sir William Crookes, concluyó sus estudios diez años después de publicarse los dibujos de Mariette sobre Dendera, que habían sido descubiertos después de siglos de olvido. ¿Y quién puede decir que estos dibujos, esto es, las famosas lámparas, no inspiraran sus investigaciones?

¿Una flor de loto o un generador de rayos X?

Pero no todos perciben en los grabados de Dendera algo fuera de lo normal. Para la egiptología oficial, de hecho, aquello que aparece sobre las paredes es tan solo una enorme flor de loto. En este punto las hipótesis difieren: lo que para muchos es la parte flexible de la flor, para otros es en realidad una larga cavidad de alimentación. Lo que sostiene el objeto en el medio, para los arqueólogos, es una parte de la columna dorsal de Osiris y, para los más curiosos, un componente eléctrico con un recubrimiento necesario para hacer funcionar la lámpara de Crookes.

Lo que oficialmente es una serpiente, para las teorías alternativas recuerda la *serpentina* del interior del tubo de Crookes. Y por último, el dios que, en el extremo del misterioso objeto, tiene en las manos dos puñales, símbolo de peligro, para los defensores de las teorías más arriesgadas está, precisamente, ante el punto del que salen los rayos X en el tubo de Crookes.

El helicóptero de Abydos

Otro misterioso jeroglífico ha desvelado su secreto. En Abydos, lo que parecía que representaba unos helicópteros (en la fotografía) y carros armados, en realidad resulta ser la superposición de dos jeroglíficos distintos. Como se hacía en la época, el nuevo faraón aprovechaba parte de los signos dejados por su predecesor y escribía encima. La pérdida de una parte del estuco ha modificado de manera insólita las dos escrituras. La más antigua se refiere al faraón Seti I y significa «el rey del Alto y Bajo Egipto Seti I», mientras que la segunda alude a Ramsés II, su sucesor, que promete destruir a todos los enemigos.

La Lanza de Longino, el nazismo esotérico

San Longino
Arrepentido y convertido al cristianismo, el romano Longino llevó, en adelante, una vida de santidad que terminó con su martirio y muerte por decapitación. En la basílica de San Pedro, en el Vaticano, la espléndida estatua de Bernini (1628-1638) que lo representa con la lanza en la mano está situada sobre la base de uno de los pilares que sustentan la gran cúpula.

Es la lanza con la que el centurión Gayo Casio Longino atravesó el costado de Jesús crucificado en la cruz, una de las reliquias más sagradas de la cristiandad. Para los apasionados, está considerada la segunda, en orden de importancia, después del mítico Santo Grial.

Durante, siglos ha sido el objeto de deseo de soberanos y personalidades de todo el mundo. Ha pertenecido a los emperadores Constantino, Teodosio y Justiniano, a los reyes bárbaros Alarico y Teodorico, a los reyes de Francia Carlos Martel y Carlomagno, a Federico Barbarroja y, también, a Napoleón Bonaparte.

Una lanza sagrada

La Lanza de Longino, también conocida como *Heilige Lanze* (lanza sagrada), fue encontrada en 1912 en la estancia del tesoro del palacio Hofburg, en Viena, junto a otros valiosos objetos del Sacro Imperio Romano que pertenecían a los Habsburgo. Una posesión que fue interrumpida a finales de la Segunda Guerra Mundial, cuando la locura de hombres como Hitler la recuperó de nuevo, para los anales de la historia.

Las dramáticas vicisitudes que han ensangrentado el último siglo tienen, además, otro lado oscuro. No solo se trataba del deseo de venganza de Alemania después de la derrota de la Primera Guerra Mundial y de un terrible nacionalismo y antisemitismo incipientes de dramáticas consecuencias posteriores, había más: la pasión de Adolf Hitler y de los nazis por el esoterismo como medio más eficaz para el triunfo universal de la raza aria.

La lanza de la crucifixión
En la procesión descrita en el *Perceval, o el cuento del Grial*, de Chrétien de Troyes (siglo XII), aparece junto al Santo Grial. En la página siguiente, Longino atravesando el costado de Cristo en el fresco del Beato Angélico (1438-1446), en la iglesia de San Marcos, Florencia.

Hitler y la pasión por el esoterismo

Todo comenzó en la Thule, una asociación secreta de fuerte carácter esotérico, cuyos participantes creían en una raza de hombres superiores destinados a decidir, de nuevo, el destino del mundo mirando al gran Norte como una patria ideal. De ella surgió, en enero de 1919, el Partido de los Trabajadores Alemanes, que se convirtió,

I N R I
MARTA

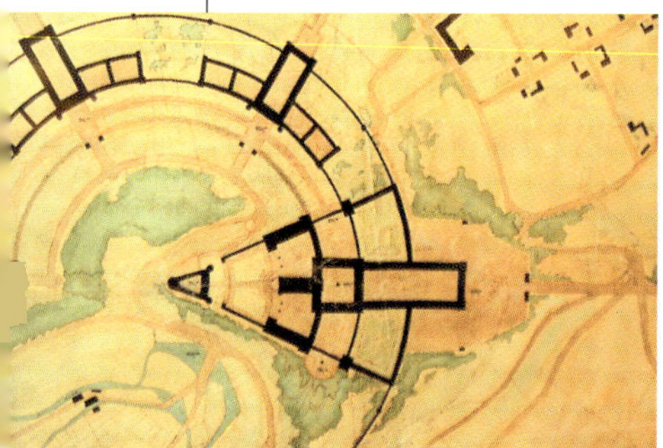

Locura nazi
El castillo, con forma de lanza (visto desde el aire y en planta), fue elegido por Hitler como centro esotérico del nazismo. Abajo, el 13 de marzo de 1938, el Reichstag celebra la ocupación alemana de Austria.

más tarde, en el Partido Nacional Socialista Alemán de los Trabajadores, a cuya dirección llegó Adolf Hitler. Así se inicia una de las páginas más tristes de la historia europea del siglo XX.

Junto a Hitler estaba Heinrich Himmler, futuro jefe de las Reichführer SS, las desgraciadamente famosas SS, apasionado del ocultismo y el esoterismo.

En la visión de Himmler, también en la de Hitler, la magia, la astrología y la religiosidad de los antiguos germanos se habían fusionado con principios de la filosofía india y con reglas de la medicina natural y salud alimentaria, tomando lo peor de cada disciplina.

El castillo de Wewelsburg, en Westfalia, en la Alemania septentrional, fue el escenario escogido para las prácticas más siniestras e inquietantes que se puedan imaginar.

Un castillo con forma de lanza

Sede permanente de la guardia del *Führer,* el castillo de Wewelsburg había sido elegido, precisamente, por su forma de punta de flecha como un auténtico reclamo a la firmeza de la Lanza de Longino.

Además, contaba con una orientación hacia el Norte, punto de referencia de Thule y de la antigua religiosidad pagana germánica.

Para Hitler, era el lugar ideal para desencadenar las fuerzas ocultas que, unidas a la potencia militar, harían triunfar el loco proyecto del nazismo.

En el interior de algunas salas del castillo se celebraban ritos para tratar de conseguir el control de la voluntad a distancia y para desencadenar energías negativas, como si de una mala película de ciencia ficción se tratara. El drama, sin embargo, es que este ha sido parte de un proyecto criminal que ha causado millones de muertos en toda Europa.

Pero el castillo de Wewelsburg no fue solo un templo del nazismo, acogió también, a la *Ahnenerbe,* una academia fundada por Himmler para buscar la justificación arqueológica, histórica y científica de la descendencia aria del pueblo alemán.

Investigadores nazis, guiados por Otto Rahn, fueron al Tíbet y a Latinoamérica en busca de la entrada del reino subterráneo de Agartha, refugio de los últimos arios, y viajaron, también, por toda Europa, Egipto, África y Antártida a la búsqueda de reliquias cristianas.

Según los nazis, todo lo que hubiese estado en contacto con Jesús, y con su sangre, les daría un poder enorme, por eso buscaban el Arca de la Alianza, el Santo Grial y la Lanza de Longino.

La Lanza como señal del final

En marzo de 1938, Hitler, austríaco de nacimiento, anexionó Austria a Alemania y, así, pudo conseguir la Lanza de Longino para llevarla a Nuremberg. Quiso que del traslado se encargasen las SS, con el propósito de tenerla vigilada. La Lanza fue importante para él, pero no tanto como esperaba.

La reliquia más deseada por el *Führer* fue recuperada por los soldados de la Inteligencia Americana en la tarde del 30 de abril de 1945; una hora y veinte minutos después, Hitler se suicidó. En las cercanías del búnker en el que se había refugiado, en el mismo instante de su muerte, los soldados rusos que habían entrado en Berlín encontaron un batallón entero de tibetanos con el uniforme nazi, que se habían suicidado, también, siguiendo un preciso ritual. La Lanza de Longino, que para los nazis debía ser el símbolo del triunfo, se ha convertido en la señal del hundimiento del reino del mal.

El sacrificio de Cristo
Fueron los ángeles quienes recogieron la sangre de Jesús en la cruz, en el fresco de Giotto, en Asís, en la basílica inferior de San Francisco (1307-1308). Abajo, el techo con una esvástica en el centro y el suelo de la sala de los *Gruppen Führer*, doce grandes iniciados de las SS, en el castillo de Wewelsburg.

El mapa de Piri Reis, un documento fuera del tiempo

Hacia el año 1510, el almirante turco Piri Reis *–re'is* en árabe significa «almirante»– en el transcurso de una batalla naval hizo muchos prisioneros. Uno de ellos, que se vanagloriaba de haber navegado con Cristóbal Colón en su viaje hacia el Nuevo Mundo, aseguraba que el marino genovés sabía perfectamente hacia dónde se dirigía porque tenía unos mapas muy antiguos. Él mismo, por suerte, poseía una copia, que entregó al almirante turco. Esto cuenta el relato, verdaderamente fantasioso, de Piri Reis. Comoquiera que sucedieran los hechos, lo cierto es que su carta de navegación, encontrada tras años de olvido en 1931, es una de las más enigmáticas de la historia.

Un testimonio desconcertante

El mapa de Piri Reis es un documento excepcional porque muestra las líneas de las costas de África occidental y de Amércia del Norte y del Sur en una época en la que todavía eran desconocidas. Además, representa fielmente las islas Malvinas, que no fueron descubiertas hasta 1592. ¿Se trata solo de pura coincidencia?

En 1953, la marina de los Estados Unidos estudió en Washington el mapa de Piri Reis. Había aspectos que no encajaban. Las regiones dibujadas tenían proporciones extrañas y, en la parte inferior, aparecían costas que no se conseguía identificar con ninguna tierra conocida.

Las conclusiones de la marina americana son desconcertantes: el mapa fue diseñado con un método de proyección (es decir, el procedimiento usado para representar la superficie del globo terráqueo sobre una superficie plana) muy sofisticado y que presupone elevados conocimientos tecnológicos y observaciones desde el aire. Asimismo, latitud y longitud, que en aquella época todavía no se utilizaban en los mapas, están fielmente representadas.

Además, las costas dibujadas en la parte inferior del mapa corresponden a la tierra de la reina Maud, en la Antártida. El problema es que están representadas libres de hielo y,

Las coordenadas justas
Las cartas de navegación eran esenciales para viajar a través de los mares: indicaban las rutas, los vientos y las corrientes, los peligros y los puertos seguros. Colón estudió muchas de ellas antes de aventurarse en el océano pero, contrariamente a lo que aparece en la pintura de arriba, no tenía un mapamundi. Abajo, la utilización del sextante, según un manuscrito del siglo XVI.

en el año 1513, el Polo Sur estaba cubierto por una capa de hielo de un espesor de más de 1,5 km. El documento de la investigación terminaba con la siguiente frase: «En absoluto se puede saber cómo los datos que aparecen en este mapa pueden conciliarse con los conocimientos geográficos de 1513».

Teorías contradictorias

Según teorías recientes, confirmadas por estudios de campo, el último periodo en el que la Antártida estuvo sin hielo concluyó hace seis mil años. Por lo tanto, la incógnita no es solo por qué un mapa de 1513 representa un continente que no fue descubierto hasta 1818, sino el hecho de que aparezcan representadas tierras en unas condiciones que no se han vuelto a repetir en los últimos seis mil años.

Pero esta es solo una hipótesis planteada por algunos investigadores; la mayoría de los expertos se niega a aceptarla y afirma que el mapa contiene múltiples errores, y que la atribución a la Antártida de las costas representadas en el sur no es tan obvia como pretenden los documentos de la marina de los Estados Unidos.

En definitiva, que para algunos, el mapa de Piri Reis es algo que, sencillamente, no debería existir.

Valiosísimo fragmento
He aquí el único fragmento que actualmente se conserva del mapa de Piri Reis y que se encuentra en el Museo Topkapi de Estambul.

Los ríos de la discordia

En el mapa de Piri Reis existen algunos errores que contribuyen a alimentar la polémica. Por ejemplo, el curso del río Amazonas, un río que, por sus dimensiones, no se puede eludir, está repetido dos veces, mientras que el río Orinoco no aparece. Hay quien sostiene que este error se debe a que el almirante turco copió el río Amazonas de dos mapas distintos. En uno de los dos ríos aparece la isla de Marajo, pero no está representada en el otro. Entonces, ¿Piri Reis se inspiró en un mapa de hace trece mil años, cuando la isla Marajo estaba unida al continente y el río Orinoco todavía no se había formado? Obviamente, esto no hace más que avivar el fuego de la polémica.

El Arca de la Alianza, ¿realidad o leyenda?

El más preciado recipiente
Moisés introdujo en el Arca de la Alianza las tablas de la ley junto al bastón con el que había desencadenado las plagas de Egipto y separado las aguas del mar Rojo, y con un poco del maná que alimentó a su pueblo durante el éxodo en el desierto.

El Arca de la Alianza es uno de los objetos más misteriosos de todos los tiempos. No ha podido ser más que imaginada, porque, admitiendo que exista, nadie la ha encontrado. Su importancia se debe a lo que contiene: las tablas de los diez mandamientos que Dios entregó a Moisés. Según la Biblia, que la describe en el libro del Éxodo, el Arca de la Alianza es un recipiente de madera de acacia cubierto, por dentro y por fuera, de oro puro y con cuatro anillas de oro en los laterales. Dos varas de madera de acacia, también recubiertas de oro, y que deben permanecer metidas en las anillas de oro, sirven para transportarla. Sobre la tapa aparecen dos criaturas aladas con cuerpo de león y rostro de esfinge. Mide unos 125 cm de largo por 75 cm de alto.

En el Éxodo se dice que Dios fulminaría a todo aquel que osara tocarla. De hecho, según la leyenda, el Arca de la Alianza posee poderes sobrenaturales, que la hacen poderosa e incontrolable. En momentos determinados puede emitir una especie de rayo cegador capaz de aniquilar a miles de personas. La Biblia se refiere a ella como el Ángel Exterminador, y gracias a sus poderes los judíos consiguieron aniquilar a sus enemigos en el siglo XIII a.C.

En busca del Arca perdida

La Biblia no cita al Arca hasta el día en que fue colocada en el Templo del rey Salomón y después, inexplicablemente, no la vuelve a mencionar. Obviamente, son muchas las teorías que hacen referencia a este objeto tan particular.

Podría haber sido destruida en el año 586 a. C., cuando los babilonios destruyeron el Templo de Jerusalén después de haberlo conquistado. Pero el Segundo Libro de los Macabeos, uno de los libros de la Biblia, narra cómo el profeta Jeremías la salvó de la destrucción llevándosela del templo para esconderla en el monte Nebo.

En cambio, el texto sagrado etíope Kebra Nagast afirma que el Arca fue donada por Salomón a Menelik, que se la confió a los monjes coptos quienes, todavía hoy,

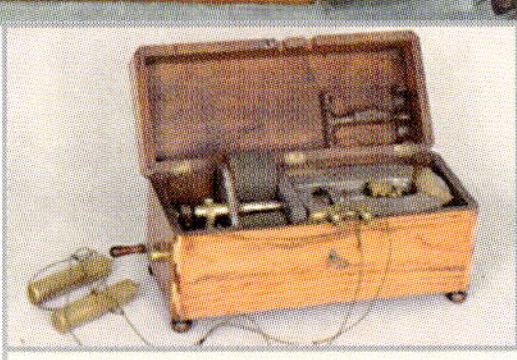

El Arca, ¿un generador de energía?

Una teoría reciente, planteada por un escritor francés, trata de dar una explicación científica a los poderes del Arca. Analizando la descripción que de ella hace la Biblia, el Arca está realizada según el mismo principio con el que se construyen los condensadores eléctricos: un recipiente de madera, material aislante, revestido por dentro y por fuera de oro. En definitiva, no se trataría más que de un potente generador de energía eléctrica capaz de producir fuertes descargas de hasta siete mil voltios. Según esta teoría, un objeto similar se puede cargar de energía si se coloca en una zona muy seca, donde el campo magnético natural pueda alcanzar los seiscientos voltios/metro vertical. Las varas enfiladas en las anillas, también de madera y, por lo tanto, aislantes, permitiría transportarla sin ser fulminado.

la custodiarían en un templo de Axum. Según otros, en cambio, estaría guarecida en la capilla del lago Tana.

En cualquiera de los casos, las hipótesis que hacen referencia a Etiopía no se pueden comprobar; los monjes se niegan a mostrarla porque se trata de un objeto demasiado «sagrado» para ellos.

De los templarios a los extraterrestres

Otra hipótesis propone que el Arca, escondida en el Templo de Jerusalén para preservarla de la destrucción, fue encontrada en la Edad Media por los templarios.

Dónde se puede encontrar en la actualidad es una incógnita. Entre las muchas teorías que existen, las hay que sugieren que, en realidad, el Arca sería una potente arma de origen extraterrestre.

El Arca de la Alianza está destinada a permanecer como objeto mitico quién sabe por cuánto tiempo más. Pero, si lo que describe la Biblia en el Apocalipsis es cierto, el Arca reaparecerá el día del Juicio Final.

Los tesoros del Templo
Salomón lleva el Arca de la Alianza al Templo de Jerusalén, según una pintura francesa del siglo XVIII. Arriba, una decoración en plata de época gótica para un rollo de la Torah con una representación del Arca.

PELÍCULAS SOBRE MISTERIOS

Desde siempre, el cine se ha inspirado en el misterio y los enigmas que rodean a personas, lugares u objetos. Este apéndice pretende ser un extracto y una pequeña guía para quien desee profundizar en esta materia o, simplemente, curiosear.

RENNES LE CHÂTEAU ROSSLYN

EL CÓDIGO DA VINCI
THE DA VINCI CODE
Género: suspense. EE. UU., 2006.
Director: Ron Howard.
Intérpretes: Tom Hanks, Christopher Fosh, Jügen Prochnow, Clive Carter, Alfred Molina, Etienne Chicot, Jean Reno, Paul Bettany, Ian McKellen, Jean-Yves Berteloot, Audrey Tautou.

LAGO NESS

LAGO NESS
Género: fantástico, 1995.
Director: John Henderson.
Intérpretes: Ted Danson, Joely Richardson, Ian Holm, Harris Yulin, James Frain, Kirsty Graham, Keith Allen, Nick Brimble, Julian Curry, John Dair.

TERROR EN EL LAGO NESS (MISTERIO EN EL LAGO)
THE EVIL BENEATH LOCH NESS
Género: terror. EE. UU.-G. B., 2001.
Director: Chuck Comisky.
Intérpretes: Patrick Bergin, Lysette Anthony, Brian Wimmer, Lysa Apostle, Vernon Wells, David Andriole.

SCOOBY-DOO Y EL MONSTRUO DEL LAGO NESS
SCOOBY-DOO AND THE LOCH NESS MONSTER
Género: animación. EE. UU., 2004.
Directores: Scott Jerald, Jeo Sichta.
Productora: Warner Bros.

INCIDENT AT LOCH NESS
Género: comedia-documental. ALEM.-G. B.-EE. UU., 2004.
Director: Zak Penn.
Intérpretes: Werner Herzog, Zak Penn, Gabriel Beristain, Russell Williams, David A. Davidson.

CASTEL DEL MONTE

STUPOR MUNDI
Género: histórico. ITAL., 1998.
Director: Pasquale Squitieri.
Intérpretes: Claudia Cardinale, Lorenzo Crespi, Giordano Bruno Guerri, Adalberto Maria Merli, Lioudmila Iassakova, Jonis Bascir.

EL DORADO

AGUIRRE, LA CÓLERA DE DIOS
AGUIRRE, DER ZORN GOTTES
Género: drama. ALEM., 1972.
Director: Werner Herzog.
Intérpretes: Peter Berling, Daniel Ades, Ruy Guerra, Klaus Kinski, Armando Polanah, Cecilia Rivera, Helena Rojo, del Negro, Edward Roland.

LA MISIÓN
THE MISSION
Género: drama. G. B., 1986.
Director: Roland Joffé.
Intérpretes: Robert De Niro, Jeremy Irons, Ray McAnally, Aidan Quinn, Ronald Pickup, Chuck Low, Liam Neeson, Barcelio Moya.

EL DORADO
Género: drama. ESP., 1987.
Director: Carlos Saura.
Intérpretes: Omero Antonutti, Lambert Willson, Eusebio Poncela, Gabriela Roel, Inés Sastre, José Sancho.

LA RUTA HACIA EL DORADO
THE ROAD TO EL DORADO
Género: animación. EE. UU., 2000.
Directores: Eric Bergeron, Don Paul.
Productora: DreamWorks.

MACHU PICCHU

DIARIOS DE MOTOCICLETA
Género: drama. ARGEN.-EE. UU.-ALEM.-G. B., 2004.
Director: Walter Salles.
Intérpretes: Gael García Bernal, Rodrigo de la Serna, Mía Maestro, Jean-Pierre Noher, Jorge Chiarella, Gustavo Bueno, Alberto Granado.

THE SECRET TREASURE OF MACHU PICCHU
Género: animación. EE. UU., 2005.
Directora: Diane Eskenazi.

CAÑÓN DEL CHACO

THE MYSTERY OF CHACO CANYON
Género: documental. EE. UU.,1999.
Directora: Anna Sofaer.
Voz del narrador: Robert Redford.

EXPEDIENTE X, 5.ª TEMPORADA
THE X FILES
Género: ciencia ficción. EE. UU., 1995.
Directores: Rob Bowman, James Contner, R. W. Goodwin, Michael Vejar.
Intérpretes: Gillian Anderson, David Duchovny.

TRIÁNGULO DE LAS BERMUDAS

ENCUENTROS EN LA TERCERA FASE
CLOSE ENCOUNTERS OF THE THIRD KIND
Género: ciencia ficción. EE. UU., 1977.
Director: Steven Spielberg.
Intérpretes: Richard Dreyfuss, François Truffaut, Teri Garr, Melinda Dillon, Cary Guffey, Bob Balaban, Philip Dodds, Justin Dreyfuss, Lance Herniksen.

EL TRIÁNGULO DIABÓLICO DE LAS BERMUDAS
Género: ciencia ficción. ITAL.-MÉX., 1978.
Director: René Cardona Jr.
Intérpretes: John Huston, Gloria Guida, María Vlady, Claudine Auger.

LOST IN THE BERMUDA TRIANGLE
Género: suspense. EE. UU., 1998.
Director: Norberto Barba.
Intérpretes: Graham Beckel, Ron Canada, Charlotte D'ambise, Christine Haag, Tom Venice.

ROSWELL Y TUNGUSKA

ROSWELL
Género: ciencia ficción, EE. UU., 1994.
Director: Jeremy Paul Kagan.
Intérpretes: Kyle McLaclan, Kim Greist, Bob Gunton, Dwigh Yoakam, Ethan Hawke, Martin Sheen, Peter MacNicol, Charles Martin Smith, Xander Berkeley.

ROSWELL
ROSWELL HIGH
Género: serie TV. EE. UU., 1999-2002.
Director: varios.

Intérpretes: Brendan Fehr, Jason Behr, Shiri Appleby, Katherine Heigl, Majandra Delfino, Nick Wechsler, Colin Hanks, William Sadler.

EXPEDIENTE X, 4.ª TEMPORADA
The X files - 4x09 Tunguska
Género: ciencia ficción. EE. UU., 1996.
Director: Rob Bowman.
Intérpretes: Gillian Anderson, David Duchovny.

THE TUNGUSKA PROJECT
Género: documental. EE. UU., 2005.
Directora: Gisele Gordon.

MARTE

MARS ATTACKS
Género: comedia. EE. UU., 1996.
Director: Tim Burton.
Intérpretes: Jack Nicholson, Glenn Close, Annette Bening, Pierce Brosnan, Danny de Vito, Martin Short, Sarah Jessica Parker, Michael J. Fox, Rod Steiger.

MISIÓN A MARTE
Mission to Mars
Género: ciencia ficción. EE. UU., 2000.
Director: Brian de Palma.
Intérpretes: Gary Sinise, Tim Robbins, Connie Nielsen, Jerry O'Connell.

PLANETA ROJO
Red planet
Género: ciencia ficción. EE. UU., 2000.
Director: Antony Hoffman.
Intérpretes: Val Kilmer, Carrie-Anne Moss, Tom Sizemore, Benjamin Bratt.

FANTASMAS DE MARTE
Ghost of Mars
Género: ciencia ficción-terror. EE. UU., 2001.
Director: John Carpenter.
Intérpretes: Ice Cube, Natasha Henstridge, Jason Statham, Clea Duvall, Pam Grier, Liam Waite, Richard Cetrone, Joanna Cassidy, Robert Carradine.

AGARTHA

HORIZONTE PERDIDO
Lost horizon
Género: aventuras. EE. UU., 1937.
Director: Frank Capra.
Intérpretes: Thomas Mitchell, Edward Everett, Jane Wyatt, Sam Jaffe, Ronald Colman, Henry Byron Warner, Isabel Jewell.

ISLA DE PASCUA

RAPA NUI
Género: aventuras. EE. UU., 1994.
Director: Kevin Reynolds.
Intérpretes: Esai Morales, Sandrine Holt, Gordon Hatfield, George Henare, Lawrence Makoare, Liseli Mutti, Zac Wallace.

ATLÁNTIDA Y MU

ATLÁNTIDA
Die herrin von Atlantis
Género: fantástico. ALEM., 1932.
Director: Georg Wilhelm Pabst.
Intérpretes: Pierre Blanchar, Jean Angelo, Brigitte Helm, Odette Florelle, Tela Tchai, Vladimir Sokolov.

LOS DEPREDADORES DEL ABISMO
I predatori di Atlantide
Género: terror. ITAL., 1983.
Director: Ruggero Deodato.
Intérpretes: Christopher Connelly, Tony King, Gioia Maria Scola, Ivan Rassimov.

ATLÁNTIDA, EL IMPERIO PERDIDO
Atlantis, the lost empire
Género: animación. EE. UU., 2001.
Director: Kirk Wise, Gary Trousdale.
Productora: Walt Disney.

GUSTAVO ROL

ROL, IL TRUCCO E L'ANIMA
Género: documental. ITAL., 2006.
Director: Nicolò Bongiorno.

JULIETA DE LOS ESPÍRITUS
Género: drama. ITAL., 1965.
Girector: Federico Fellini.
Intérpretes: Giulietta Masina, Sandra Milo, Mario Pisu, Sylva Koscina, Valentina Cortese, José Luis de Villalonga, Waleska Gert, Friedrich von Ledebur, Caterina Boratto, Luisa della Noce, Milena Vukotic, Carlo Pisacane.
N. B.: Fellini se inspiró en Rol.

CRISTÓBAL COLÓN

CRISTÓBAL COLÓN, EL DESCUBRIMIENTO
Christopher Columbus, the discovery
Género: histórico. EE. UU., 1992.
Director: John Glen.
Intérpretes: Marlon Brando, Tom Selleck, Georges Corraface, Rachel Ward, Oliver Cotton, Mathieu Carriere, Robert Davi, Nigel Terry.

1492, LA CONQUISTA DEL PARAÍSO
1492: conquest of paradise
Género: histórico. G. B.-EE. UU.-FR.-ESP., 1992.
Director: Ridley Scott.
Intérpretes: Gerard Depardieu, Armand Assante, Sigouney Weaver, Loren Dean, Ángela Molina.

CRISTÓBAL COLÓN
Christopher Columbus
Género: ficción TV. ITAL-EE. UU., 1985.
Director: Alberto Lattuada.
Intérpretes: Gabriel Byrne, Rossano Brazzi, Virna Lisi, Oliver Reed, Raf Vallone, Max von Sydow, Massimo Girotti, Claudio Aliotti.

HELENA BLAVATSKY

HELENA BLAVATSKY
Who are you, Helena Blavatsky?
Género: documental. RUS., 1991.
Directora: Karine Dilanyan.

CAGLIOSTRO

CAGLIOSTRO
Black magic
Género: histórico. EE. UU., 1949.
Director: Gregory Ratoff
Intérpretes: Orson Welles, Nancy Guild, Akim Tamiroff, Frank Latimore, Valentina Cortese, Margot Grahame.

CAGLIOSTRO
Género: biográfico. ITAL., 1975.
Director: Daniele Pettinari.
Intérpretes: Robert Alda, Bekim Fehmiu, Massimo Girotti, Curd Jurgens, Adolfo Lastretti, Luigi Montini, Anna Orso, Luigi Pistilli, Rosanna Schiaffino, Evelyne Stewart.

IL RITORNO DI CAGLIOSTRO
Género: comedia, ITAL., 2003.
Directores: Daniele Capri, Franco Maresco.
Intérpretes: Robert Englund, Luigi Maria Burruano, Franco Vito Gaiezza, Pietro Giordano, Davide Marotta, Franco Scaldati.

LAWRENCE DE ARABIA

LAWRENCE DE ARABIA
Lawrence of Arabia
Género: histórico, G. B., 1962.
Director: David Lean.
Intérpetres: Peter O'Toole, Alec Guinness, Anthony Quinn, Jack Hawkins, Omar Sharif, José Ferrer, Anthony Quayle.

NOSTRADAMUS

NOSTRADAMUS
Género: biográfico. FR.-G. B.-ALEM.-RUM., 1994.
Director: Roger Christian.
Intérpretes: Tchéky Kayro, F. Murray Abraham, Rutger Hauer, Amanda Plummer, Julia Ormond, Assumpta Serna.

NOSTRADAMUS
Nostradamus, the man who saw tomorrow
Género: biográfico. EE. UU., 1981.
Director: Robert Guenette.
Intérpretes: Orson Welles, Richard Butler, Philip L. Clarke, Ray Laska, Bob Ruggiero, Roy Edmonds, Terry Clotiaux, David Burke, Bob Bigelow.

RASPUTÍN

RASPUTÍN Y LA EMPERATRIZ
Rasputin and the empress
Género: drama. EE. UU., 1932.
Director: Richard Boleslawski.
Intérpretes: John Barrymore, Ethel Barrymore, Lionel Barrymore, Ralph Morgan, Diana Wynyard, C. Henry Gordon, Edward Arnold.

RASPUTÍN, EL MONJE LOCO
Rasputin, the mad monk
Género: drama. G. B., 1966.
Director: Don Sharp.
Intérpretes: Joss Ackland, Renee Asherson, Suzan Farmer, Derek Francis, Dinsdale Landen, Christopher Lee, Francis Matthews, Richard Pasco, Barbara Shelley.

RASPUTÍN
Rasputin
Género: drama. EE. UU., 1996.
Director: Uli Edel.
Intérpretes: Freddie Findlay, James Frain, Ian Hogg, Peter Jeffrey, Ian McKellen, Alan Rickman, Sheila Ruskin, Greta Scacchi, David Warner, John Wood.

LOS TEMPLARIOS

EL ÚLTIMO TEMPLARIO
The minion
Género: acción. EE. UU.-CAN., 1998.
Director: Jean-Marc Piché.
Intérpretes: Dolph Lundgren, Françoise Robertson, Roc LaFortune, Allen Altman, Andy Bradshaw, Michael Greyeyes.

INDIANA JONES Y LA ÚLTIMA CRUZADA
Indiana Jones and the last crusade
Género: aventuras. EE. UU., 1989.
Director: Steven Spielberg.
Intérpretes: Harrison Ford, Sean Connery, Denholm Elliot, Alison Doody, John Rhys-Davie.

I CAVALIERI CHE FECERO L'IMPRESA
Género: aventuras. ITAL., 2001.
Director: Pupi Avati.
Intérpretes: Edward Furlong, Raoul Bova, F. Murray Abraham.

EL MISTERIO DE LOS TEMPLARIOS
National treasure
Género: aventuras. EE. UU., 2004.
Director: Jon Turteltaub.
Intérpretes: Nicolas Cage, Justin Bartha, Sean Bean, Diane Kruger, Harvey Keitel.

LAS CRUZADAS
Kingdom of heaven
Género: histórico-drama. EE. UU.-ESP.-G. B., 2005.
Director: Ridley Scott.
Intérpretes: Orlando Bloom, Jeremy Irons, Eva Green, Liam Neeson, Edward Norton, Brendan Gleeson.

EL CÓDIGO DA VINCI
Ver ficha en página 230.

LEONARDO DA VINCI

VITA DI LEONARDO DA VINCI
Género: TV. ITAL., 1971.
Director: Renato Castellani.
Intérpretes: Giampiero Albertini, Giulio Bosetti, Mario Carrara, Donato Castellaneta, Renato Cestiî, Alberto Fiorini, Marta Fischer, Sara Franchetti.

LEONARDO DA VINCI, RITRATTO DI UN GENIO
Género: especial Super Quark. ITAL., 1999.
Director: Gabriele Cipollitti.
Producción: RAI.

EL CÓDIGO DA VINCI
Ver ficha en página 230.

DRÁCULA

NOSFERATU, EL VAMPIRO
Nosferatu, eine symphonie des graunes
Género: terror. ALEM., 1921.
Director: Friedrich W. Murnau.
Intérpretes: Alexander Granach, Max Schreck.

DRÁCULA
Dracula
Género: terror. EE. UU., 1931.
Director: Tod Browning.
Intérpretes: Bela Lugosi, Helen Chandler, Dwight Frye, Edward Van Sloan, David Manners.

DRÁCULA EL VAMPIRO
The horror of Dracula
Género: terror. EE. UU., 1958.
Director: Terence Fisher.
Intérpretes: Christopher Lee, Peter Cushing, Michael Cough, Melissa Striblilng, Carol Marsh, Olga Dickie, John Van Eyssen.

NOSFERATU, EL PRÍNCIPE DE LA NOCHE
Nosferatu phantom der nacht
Género: terror. FR.-ALEM., 1978.
Director: Werner Herzog.
Intérpretes: Isabelle Adjani, Klaus Kinski, Jacques Dufilho, Roland Topor, Bruno Ganz.

DRÁCULA DE BRAM STOKER
Bram Stoker's Dracula
Género: terror. EE. UU., 1992.
Director: Francis Ford Coppola.
Intérpretes: Gary Oldman, Winona Rider, Anthony Hopkins, Keanu Reeves, Richard E. Grant, Cary Elwes.

ABIERTO HASTA EL AMANECER
From dusk till dawn
Género: terror. EE. UU., 1996.
Director: Robert Rodríguez.
Intérpretes: George Clooney, Quentin Tarantino, Harvey Keitel, Juliette Lewis, Ernest Liu, Salma Hayek.

VAMPIROS
Vampires
Género: terror. EE. UU., 1998.
Director: John Carpenter.
Intérpretes: James Woods, Daniel Baldwin, Sheryl Lee, Thomas Ian Griffith, Maximilian Schell, Tim Guinee.

DRACULA'S LEGACY
Género: terror. EE. UU., 1999.
Director: Patrick Lussier.
Intérpretes: Johnny Lee Miller, Justine Waddell, Gerard Butler, Colleen Fitzpatrick, Jennifer Esposito, Sean Patrick Thomas.

VAN HELSING
Género: terror. EE. UU.-REP. CHECA., 2004.
Director: Stephen Sommers.
Intérpretes: Hugh Jackman, Kate Beckinsale, Richard Roxburgh, David Wenham, Will Kemp, Shuler Hensley, Kevin J. O'Connor, Alun Armstrong, Robbie Coltrane.

REY ARTURO Y MERLÍN

MERLÍN, EL ENCANTADOR
Sword in the stone
Género: animación. EE. UU., 1963.
Director: Wolfgang Reitherman.
Productora: Walt Disney.

LOS CABALLEROS DEL REY ARTURO
Knights of the round table
Género: histórico. G. B., 1953.
Director: Richard Thorpe.
Intérpretes: Robert Taylor, Ava Gardner, Mel Ferrer, Anne Crawford, Stanley Baker, Felix Aylmer, Robert Urquhart.

EXCALIBUR
Excalibur
Género: fantástico. EE. UU., 1981.
Director: John Boorman.
Intérpretes: Negel Terry, Helen Mirren, Nicholas Clay, Cherie Lunghi, Paul Geoffrey, Robert Addie, Emmet Bergin, Charley Boorman, Katrine Boorman, Brid Brennan.

EL PRIMER CABALLERO
First knight
Género: aventuras. EE. UU., 1995.
Director: Jerry Zucker.
Intérpretes: Sean Connery, Richard Gere, Julia Ormond, John Gielgud, Liam Cunningham, Ben Cross, Jane Robbins, Alexis Denisof, Marie Coffey.

REY ARTURO
King Arthur
Género: acción. EE. UU.-IRL., 2004.
Director: Antoine Fuqua.
Intérpretes: Clive Owen, Stephen Dillane, Keira Knightley, Ioan Gruffudd, Stellan Skarsgard, Ray Winstone, Hugh Dancy, Ray Stevenson, Til Schweiger, Charlie Creed-Miles, Joel Edgerton.

CAMELOT
Género: histórico. EE. UU., 1967.
Director: Joshua Logan.
Intérpretes: David Hemmings, Franco Nero, Lionel Jeffries, Richard Harris, Vanessa Redgrave.

NECRONOMICÓN

EL EJÉRCITO DE LAS TINIEBLAS
Army of darkness
Género: aventuras-terror. EE. UU.,1992.
Director: Sam Raimi.
Intérpretes: Bruce Campbell, Embeth Davidtz, Marcus Gilbert, Ian Abercrombie, Sam Raimi.

IL MISTERO DI LOVECRAF - ROAD TO L.
Género: terror. ITAL., 2005.
Directores: F. Greco, R. Leggio.
Intérpretes: Federico Greco, Fabrizio La Palombara, Roberto Leggio, Valentina Lodovini, Roberto Purvis.

SILENT HILL
Género: terror. FR.-EE. UU.-JAP., 2006.
Director: Christophe Gans.
Intérpretes: Radha Mitchell, Laurie Holden, Sean Bean, Deborah Kara Unger, Tanya Allen, Christopher Britton, Kim Coates.

LABERINTO

DENTRO DEL LABERINTO
Labyrinth
Género: fantástico. EE. UU.-G. B., 1986.
Director: Jim Henson.
Intérpretes: David Bowie, Jennifer Connelly, Toby Froud, Shelly Thompson, Christopher Malcom.

CÍRCULOS DE LOS SEMBRADOS

SEÑALES
Signs
Género: ciencia ficción. EE. UU., 2002.
Director: M. Night Shyamalan.
Intérpretes: Mel Gibson, Joaquin Phoenix, Rory Culkin, Abigail Breslin, Patricia Kalember.

ENIGMA

ENIGMA
Género: suspense. G. B.-EE. UU.-ALEM., 2001.
Director: Michael Apted.
Intérpretes: Daugray Scott, Kate Winslet, Saffron Burrows, Martin Glyn Murray, Jeremy Northam, Tom Hollander.

SANTO GRIAL

HIGHLANDER, THE SOURCE
Género: fantástico. EE. UU., 2006.
Director: Brett Leonard.
Intérpretes: Adrian Paul, Geofrey Bersy, Rolandas Boravskis, Jim Byrnes, Thom Fell, Stephen Rahman Hughes.

EL REY PESCADOR
The Fisher King
Género: fantástico. EE. UU., 1999.
Director: Terry Gilliam.
Intérpretes: Jeff Bridges, Robin Williams.

LOS CABALLEROS DE LA MESA CUADRADA Y SUS LOCOS...
Monty Python and the Holy Grail
Género: comedia-fantástico. G. B., 1975.
Directores: Terry Gilliam, Terry Jones.
Intérpretes: Graham Chapman, John Cleese, Terry Gilliam, Eric Idle, Terry Jones, Michael Palin, Carol Cleveland.

LANZA DE LONGINO

LA PASIÓN DE CRISTO
THE PASSION OF THE CHRIST
Género: drama. ITAL.-EE. UU., 2003.
Director: Mel Gibson.
Intérpretes: James Caviezel, Maia Morgenstern, Monica Bellucci, Ivano Marescotti, Rosalinda Celentano, Claudia Gerini, Sergio Rubini.

PIRÁMIDE DE KEOPS, TOT, ESFINGE

MUERTE EN EL NILO
DEATH ON THE NILE
Género: policiaco. G. B.-EE. UU., 1978.
Director: John Guillermin.
Intérpretes: Peter Ustinov, Jane Birkin, Lois Chiles, Bette Davis.

STARGATE
Género: ciencia ficción EE. UU., 1994.
Director: Steven Spielberg.
Intérpretes: Kurt Russell, James Spader, Jaye Davidson, Vibeca Lindfors, Mili Avital.

LA MOMIA
THE MUMMY
Género: aventuras-acción. EE. UU., 1999.
Director: Stephen Sommers.
Intérpretes: Brendan Fraser, Corey Johnson, John Hannah, Arnold Vosloo.

EL REY ESCORPIÓN
THE SCORPIO KING
Género: aventuras. EE. UU., 2002.
Director: Chuck Russell.
Intérpretes: Dwayne Johnson, Steven Brand, Kelly Hu, Michael Clarke Duncan, Peter Facinelli.

MECANISMO DE ANTIQUITERA, PILA DE BAGDAD, LÁMPARA DE DENDERA

TOMB RAIDER II, LA CUNA DE LA VIDA
LARA CROFT TOMB RAIDER: THE CRADLE OF LIFE
Género: fántastico. EE. UU.-ALEM.-G. B.-JAP., 2003.
Director: Jan de Bont.
Intérpretes: Angelina Jolie, Gerard Butler, Noah Taylor, Djimon Hounsou, Chris Barrie, Ciarán Hinds, Robert Cvanah, Robert Atiko.

ARCA DE LA ALIANZA

LOS DIEZ MANDAMIENTOS
THE TEN COMMANDMENTS
Género: drama. EE. UU., 1956.
Director: Cecil B. de Mille.
Intérpretes: Charlton Heston, Yul Brynner, Anne Baxter, Edward G. Robinson, Yvonne de Carlo, Debra Paget, John Derek, Cedric Hardwicke.

EN BUSCA DEL ARCA PERDIDA
RAIDERS OF THE LOST ARK
Género: acción. EE. UU., 1981.
Director: Steven Spielberg.
Intérpretes: Harrison Ford, Karen Allen, Paul Freeman, Ronald Lacey, John Rhys-Davies, Alfred Molina, Denholm Elliott.

NOÉ Y EL DILUVIO

GENESI: LA CREAZIONE E IL DILUVIO
Género: histórico. ITAL.-ALEM., 1994.
Director: Ermanno Olmi.
Intérpretes: Omero Antonutti, Sabir Aziz, Paul Scofield, Haddou Zoubida.

LA BIBLIA
THE BIBLE
Género: histórico. EE. UU., 1996.
Director: John Huston.
Intérpretes: John Huston, George C. Scott, Richard Harris, Stephen Boyd.

EL DRAGÓN DE OXFORD

DRAGONSLAYER
Género: fantástico, G. B., 1982.
Director: Matthew Robbin.
Intérpretes: Peter Mc Nicol, Caitlin Clarke, Ralph Richardson.

LA HISTORIA INTERMINABLE
DIE UNENDLICHE GESCHICHTE
Género: fantástico. ALEM., 1984.
Director: Wolfgang Petersen.
Intérpretes: Barret Oliver, Noah Hathaway, Barrett Oliver, Tami Stronach, Sydney Bromley, Moses Gunn, Patricia Hayes.

DRAGONHEART
Género: fantástico. EE. UU., 1996.
Director: Rob Cohen.
Intérpretes: Dennis Quaid, David Thewlis, Pete Postlethwaite, Dina Meyer, Jason Isaacs, Brian Thomson, Lee Oakes.

SHREK
Género: animación. EE. UU., 2001.
Directores: Andrew Adamson, V. Jenson.
Productora: DreamWorks.

EL REINO DEL FUEGO
REIGN OF FIRE
Género: acción, EE. UU., 2002.
Director: Rob Bowman.
Intérpretes: Christian Bale, Matthew McConaughey, Izabella Scorupco, Gerard Butler.

SHREK 2
Género: animación. EE. UU., 2004.
Directores: Andrew Adamson, Kelly Asbury, Conrad Vernon.
Productora: DreamWorks.

OVNIS

VIAJE A LA LUNA
VOYAGE DANS LA LUNE
Género: ciencia ficción. FR., 1902.
Director: Georges Méliés.
Intérpretes: Victor André, Bleuette Bernon, Brunnet, Georges Méliés.

WHEN THE MAN IN THE MOON SEEKS A WIFE
Género: ciencia ficción. G. B., 1908.
Director: Percy Stow.

A MESSAGE FORM MARS
Género: ciencia ficción. G. B., 1913.
Director: J. Wallet Waller.
Intérpretes: E. Holman Clark, Charles Hawtrey, Crissie Bell, Frank Hector, Hubert Willis.

LA COSA
THE THING
Género: ciencia ficción. EE. UU., 1951.
Director: Howard Hawks.
Intérpretes: Margaret Sheridan, Henneth Tobey, Robert Cornthwaite, Douglas Spencer, James R. Young, Dewey Martin.

EL HOMBRE DEL PLANETA X
THE MAN FROM PLANET X
Género: ciencia ficción. EE. UU., 1951.
Director: Edgard G. Ulmer.
Intérpretes: Robert Clarke, Margeret Field, Raymond Bond, William Schallert.

LA GUERRA DE LOS MUNDOS
War of the worlds
Género: ciencia ficción. EE. UU., 1953.
Director: Byron Haskin.
Intérpretes: Gene Barry, Ann Robinson, Les Tremayne, Robert Cronthwaite, Sandro Giglio, Lewis Martin.

LA INVASIÓN DE LOS ULTRACUERPOS
Invasion of the body snatchers
Género: ciencia ficción. EE. UU., 1956.
Director: Don Siegel.
Intérpretes: Kevin McCarthy, Dana Wynter, Larry Gates.

LA TIERRA CONTRA LOS PLATILLOS VOLANTES
Earth vs. the flying saucers
Género: ciencia ficción. EE. UU., 1956.
Director: Fred Sears.
Intérpretes: Hugh Marlowe, Joan Taylor.

A TREINTA MILLONES DE KILÓMETROS DE LA TIERRA
20 million miles to Earth
Género: ciencia ficción. EE. UU., 1957.
Director: Nathan Juran.
Intérpretes: William Hopper, Joan Taylor.

LÍQUIDO MORTAL
The blob
Género: ciencia ficción. EE. UU., 1958.
Director: I. S. Yearworth Jr.
Intérpretes: Steve McQuinn, Aneta Corseaut, Earl Rowe.

ME CASÉ CON UN MONSTRUO DEL ESPACIO EXTERIOR
I married a monster from out space
Género: ciencia ficción. EE. UU., 1958.
Director: Gene Fowler.
Intérpretes: Tom Tyron, Gloria Talbott, Peter Baldwin, Robert Ivers, John Eldredge, Ken Lynch, Valerie Allen, Maxie Rosenbloom.

EL PUEBLO DE LOS MALDITOS
Village of the damned
Género: ciencia ficción. G. B.-EE. UU., 1960.
Director: Wolf Rilla.
Intérpretes: George Sanders, Barbara Shelley, Marin Stephens, Michael Gwynne, John Phillips, Richard Vernon.

LA SEMILLA DEL ESPACIO
The day of the triffids
Género: ciencia ficción. G. B., 1962.
Director: Steve Sekely.
Intérpretes: Howard Keel, Nicole Maurey, Janette Scott.

2001: UNA ODISEA DEL ESPACIO
2001: a space odysey
Género: ciencia ficción. EE. UU., 1968.
Director: Stanley Kubrick.
Intérpretes: Keir Dullea, Gary Lockwood, William Sylvester, Daniel Richter.

OVNI-DESTRUIR BASE LUNAR
Kill straker, a question of priorities
Género: ciencia ficción. G. B., 1971.
Director: Lasie Turner.
Intérpretes: Ed Bishop, George Cole, Gabrielle Drake, Sonia Fox, Peter Gordeno.

EL HOMBRE QUE CAYÓ A LA TIERRA
The man who fell the Earth
Género: ciencia ficción. G. B., 1976.
Director: Nicholas Roeg.
Intérpretes: David Bowie, Rip Torn, Candy Clark, Buck Henry, Bernie Casey, Jackson D. Kane.

ENCUENTROS EN LA TERCERA FASE
Ver ficha en página 230.

ALIEN, EL OCTAVO PASAJERO
Género: ciencia ficción. G. B., 1979.
Director: Ridley Scott.
Intérpretes: Sigourney Weaver, Yaphet, Kotto, John Hurt, Ian Holm, Tom Skerritt, Harry Dean Stanton.
La saga continuó con *Aliens, el regreso; Alien³; Alien: resurrección; Alien vs. Predator.*

ET, EL EXTRATERRESTRE
ET the extra-terrestrial
Género: ciencia ficción. EE. UU., 1982.
Director: Steven Spielberg.
Intérpretes: Dee Fallace, Henry Thomas, Drew Barrymore, Peter Coyote, Robert MacNaughton.

HIDDEN (OCULTO)
The hidden
Género: ciencia ficción. EE. UU., 1987.
Director: Jack Sholder.
Intérpretes: Michael Nouri, Kyle MacLachlan, Richard Brooks.

ESTÁN VIVOS
They live
Género: ciencia ficción. EE. UU., 1988.
Director: John Carpenter.
Intérpretes: Keith David, Meg Foster.

ALIEN NACIÓN
Alien Nation
Género: ciencia ficción. EE. UU., 1988.
Director: Graham Baker.
Intérpretes: James Caan, Mandy Patinkin, Terence Stamp.

MARS ATTACKS
Ver ficha en página 231.

INDEPENDENCE DAY
Género: ciencia ficción. EE. UU., 1996.
Director: Roland Emmerich.
Intérpretes: Will Smith, Bill Pullman, Jeff Goldblum, Randy Quaid, Judd Hirsch, Tobert Loggia, Mary McDonnell, Margaret Colin, Harvey Fierstein, James Duval, Adam Baldwin.

MEN IN BLACK
Género: ciencia ficción. EE. UU., 1997.
Director: Barry Sonnenfeld.
Intérpretes: Tommy Lee Jones, Will Smith, Linda Fiorentino, Vincent D'onofrio, Rip Torn, Tony Shalhoub, Siobhan Fallon, Sergio Calderon, Kent Faulcon, Jon Gries.
Del mismo director es la secuela *Men in black II*, que se filmó en 2002.

STAR TRECK: NÉMESIS
Star treck: the nemesis
Género: ciencia ficción. EE. UU., 2002.
Director: Stuart Baird.
Intérpretes: Patrick Stewart, Jonathan Frakes, Brent Spiner, Levar Burton.

LA GUERRA DE LOS MUNDOS
War of the worlds
Género: ciencia ficción. EE. UU., 2005.
Director: Steven Spielberg.
Intérpretes: Tom Cruise, Dakota Finning, Tim Robbins, Justin Chatwin, Miranda Otto, Ann Robinson.

AUTOPSIA DE UN ALIEN
Alien autopsy
Género: comedia. G. B., 2006.
Director: Jonny Campbell.
Intérpretes: Declan Donnelly, Ant McPartin, Bill Pullman, Harry Dean, Stanton, Omid Djalili, Jimmy Carr.

Índice analítico

A

B

C

D

E

F

G

H

I

J

K

L